CHINA-AFRICA

主编—傅朗 刘继森

中非合作·广东在行动
（全三册）

人文交流篇

分册主编—刘继森 吴易明

社会科学文献出版社
SOCIAL SCIENCES ACADEMIC PRESS (CHINA)

前　言

　　2018年，中国迎来了改革开放40周年。40年来，中国不断加快对外开放步伐，与非洲各国建立了友好合作关系，中非人民友谊日益深厚，"一带一路"建设更是将中非关系推向了全新阶段。

　　作为中国古代海上丝绸之路的起点，广东省是自古以来中非人文交流最具代表性的省份。广东省与非洲的人文交流源远流长，粤非之间的古代人文交流史几乎是与广州城市发展联系在一起的。由于其得天独厚的地理位置，广州市自古就是华南地区的政治、经济与文化中心，是"中国历史上资格最深，历代相沿，唯一不衰的对外贸易港口"。2200多年来，广州一直保持着与外部世界在经贸、人文方面的交流。早在秦汉时期，中国的丝绸、瓷器和其他商品从广州出海，不断辗转，被输送到非洲东海岸；同时，非洲的香料、象牙、黄金、犀角等商品也经由广州输入中国，为促进中非经济、文化交流与繁荣做出了重大贡献。

　　新中国成立后，粤非之间的经贸往来再次起航，并且向着多方面、多层次、多样化的方向发展。2000年"中非合作论坛"的成功举行，标志着中非关系进入新的历史阶段。为落实"中非合作论坛"的相关成果和推动"一带一路"倡议，广东省从多方面推进粤非之间的人文交流合作，增进粤非之间的互相了解，出台相关政策鼓励广东企业走进非洲，并大力发挥民间组织的作用，推动广东企业与非洲企业之间的经贸合作。粤非在经济、文化、外交等方面的交流与合作，为促进中国与非洲国家之间战略伙伴关系的建立、增强民意基础、谋求共同发展与合作等做出了重大的贡献。

　　作为中国改革开放40周年的献礼之作，《中非合作·广东在行动：人文交流篇》从教育、文化与旅游、公共外交、民间往来、前景展望等方面，围绕不同的主题，较为全面地介绍与分析了粤非人文交流的方方面面，既有总览式场景描述，又有对具体事件的分析；既有对历史的回顾与总结，更有对未来的前景展望。

本书从大纲提出到最后定稿历经两年多时间，凝聚了全体编写人员的智慧与付出。由于种种主客观原因，本书还存在诸多不足，本书主编和章节撰写者对本书内容负责。

本书各章节的编写安排如下：第一章，由广东外语外贸大学吴易明教授与硕士研究生伍纯负责；第二章，由广东外语外贸大学南国商学院郑庆君教授、广东外语外贸大学梁学宏教授及中山大学硕士研究生邓思婷负责，其中该章中有关佛得角的内容由郑庆君执笔，邓思婷协助整理资料，有关埃及的内容由梁学宏执笔；第三章，由广东外语外贸大学吕继群副教授负责；第四章，由广州市国际投资促进中心原主任覃红女士负责；第五章，由广东外语外贸大学王牧副教授和张洁博士负责，其中，"粤商力量在对非投资和贸易中的现状和展望"由王牧执笔，"非洲商人来粤的历史、现状与问题"由张洁执笔；第六章，由广东外语外贸大学刘继森教授负责。

本书由刘继森、吴易明担任主编，提出本书大纲，并对全书进行了审稿。研究生伍纯同学对本书的编辑、统稿做了大量的工作，在此一并表示感谢。

刘继森、吴易明

广东外语外贸大学非洲研究院

2020 年 6 月 13 日

目　录

第一章
粤非人文交流综述

【本章导读】

2018 年，中国迎来了改革开放 40 周年。40 年来，中国不断加快对外开放步伐，与非洲各国建立了友好经济合作关系，中非人民友谊日益深厚，"一带一路"的建设更是将中非关系推向了高潮。作为中国古代海上丝绸之路的起点，广东省成为自古以来中非之间人文交流的最佳缩影。本章将回顾广东与非洲国家从古至今的人文交流情况，以时间脉络为线索，以大量史料和事实为主要依据，阐述粤非人文交流的前世今生。

广东省与非洲国家之间的人文与经济交流从古代就开始了。广东与非洲悠久的贸易关系最早可以追溯到秦汉时期。从秦朝直到葡萄牙人入侵东非，粤非之间的人文交流从未间断。新中国的成立让粤非之间的经贸往来再次起航，并且向着多方面、多层次、多样化的方向发展。2000 年中非合作论坛的成功举办，标志着中非关系进入新的历史阶段。为了落实中非合作论坛的相关成果和"一带一路"倡议，广东省从多方面推进粤非之间的人文交流合作，增进粤非之间的相互了解，出台相关政策鼓励广东企业走进非洲，并大力发挥民间组织的作用，推动广东企业与非洲企业之间的经贸合作。粤非之间经济、文化、外交等方面的交流与合作，为促进中国与非洲国家之间战略伙伴关系的建立、增强民意基础、谋求共同发展与合作等做出了重大的贡献。

一 古代广东与非洲国家的人文交流

广东与非洲的人文交流源远流长，而粤非之间的古代人文交流史几乎是与广州联系在一起的。众所周知，由于其得天独厚的地理位置，广州自古就是华南的政治、经济与文化中心，是中国历史上资格最深、历代相沿、唯一不衰的对外贸易港口。2200多年来，广州一直保持着对外联系。早在秦汉时期，中国的丝绸、瓷器和其他商品便从这里不断辗转输送到非洲东海岸，同时，非洲的香料、象牙、黄金、犀牛角等商品也从这里输入中国内地。广州为促进中非经济、文化交流与繁荣做出了重大贡献。

根据《史记·平津侯主父列传》中"使尉屠睢将楼船之士南攻百越"的记载，秦始皇于公元前219年发兵50万攻打百越（今两广地区），失利后又于公元前214年派任嚣、赵佗再次攻越。秦始皇征服岭南后，设置南海、象郡、桂林三郡，同时设立番禺（今广州）等县。黄武五年（226），三国孙吴政权将交州（包括今越南一部分、中国广西和广东）分为交州和广州，"广州"由此得名，并将治所设在番禺，即今广州城。

在汉代，地跨欧、亚、非三洲的罗马帝国正在崛起，为了展开与大秦（罗马帝国在汉代被称为大秦，在《史记》上又称为黎轩）之间的经济文化交流，当时中国开通了两条通往大秦的道路：一是陆路，即经西域抵达；一是海路，即跨越南海（包括印度洋）。中国同大秦的海上交通开始于东汉，约在公元2世纪下半叶。当时中国同大秦的陆路交通受到安息（今伊朗）的阻隔，因此走海路成为中国通往大秦的最佳方式。中国同大秦的交通往来，同时也促进了中国同非洲的交流。

汉代海上丝绸之路的起点就在广东徐闻县。根据《汉书·地理志》记载："自日南障塞（比景郡，今越南顺化灵江口）、徐闻（今广东徐闻县）、合浦（今广西合浦县）航行可五月，有都元国（今苏门答腊）；又船行可四月，有邑卢没国（今缅甸勃固附近）；又船行可二十余日，有谌离国（今缅甸伊洛瓦底江沿岸）；步行可十余日，有夫甘都卢国（今缅甸伊洛瓦底江中游卑谬附近）；自夫甘都卢国船行可二月余，有黄支国（今印度马德拉斯附近）；民俗略与珠崖相类。其州广大，户口多，多异物。自武帝以来皆献见。有译长，属黄门，与应募者俱入海市明珠、璧流离、奇石异物，赍黄金，杂缯而往。"这是汉代中国海船经南海，通过马六甲海峡在印度洋航行，直至印度的真实写照。虽然当时广州的造船业已经相当发达，可以建造载重达 50~60 吨的木船，但是木船还无法航行于大洋，只能在近海航行。藤田丰八在《前汉时代西南海上交通之记录》一文中说："当时中国船舶，未闻远航海外。是故亦无中国商人从事海外贸易的痕迹。汉使所至之国，皆给粮食，且随行之，史称：'……（外国）贾船，转送致之'，故汉使所乘之船，系外国商船。"① 因此，当时运到大秦的中国货，并不是由中国船来运送的，而是用外国船来运的，中转站即为上面史料中所提到的印度，中国又在此处购买珍珠、璧琉璃、奇石异物等。

唐代的广州既是贸易中心，又是岭南军政重镇，那时称为"广府"，而不称"广州"。根据《新唐书·地理志》记载，为了促进海上贸易的发展，唐代还开通了从我国东南沿海通往东南亚、印度洋北部诸国、红海沿岸、东北非和波斯湾诸国的海上航路——"广州通海夷道"。为了管理对外贸易事务，唐代早期建立了市舶制度，并在广州设立市舶使（又称"结好使""押蕃舶使""监舶使"），鼓励外国商人来中国进行贸易。当时的外贸盛况，据日本真人元开著《唐大和上东征传》记载，广州"江中有婆罗门（今印度）、波斯（今伊朗）、昆仑（今马来半岛、马来群岛）等舶，不知其数，并载香药珍宝，积载如山。其舶深六七丈，狮子国（在锡兰岛）、大石国（在今阿拉伯地区）、骨唐国（在吕宋岛或苏门答腊岛）、白蛮（指欧洲人）、赤蛮（指非洲人）等往来居住，种类极多"② 。为了便于对来广州的外国人进行管理，唐政府划定区域让他们定居，名为"蕃坊"（今广州光塔街一带）。

唐代广州也是一座国际文化交流频繁的城市，伊斯兰宗教和文化最早在这里和中国古老的文化进行交流，今天广州的光塔就是当时为了让居住在广州的大食（大食是唐宋时期人们对阿拉伯帝国的专称）商人们举行宗教仪式而建的。而伊斯兰教在阿拉伯人征服了北非后被北非人所接受，因此也促进了广州与北非之间的文化交流。

---

① 〔日〕藤田丰八：《前汉时代西南海上交通之记录》，何健民译，载《中国南海古代交通丛考》，商务印书馆，1936。

② 〔日〕真人开元：《唐大和上东征传》，汪向荣校注，中华书局，1979。

虽然广州在唐末一度衰落，但是宋代基本继承了唐代的对外经济贸易政策，恢复了广州的对外贸易地位。宋太祖开宝四年（971）置市舶司于广州，其主要职责包括征收税款、处置舶货、办理舶船出港和回航手续以及招徕与保护外商。在宋代，专供外国商人居住的蕃坊依然存在。根据北宋朱彧的《萍洲可谈》一书的记载："广州蕃坊，海外诸国人聚居。置蕃长一人，管勾蕃坊公事，专切招邀蕃商……"此外，为了吸引外国商人来广州贸易，早在宋代初年，对离境的外舶已实行犒宴送行的制度，以示"柔远之意"，这种宴送制度首先在广南市舶司（广州）实行。

唐宋之所以重视海洋贸易，一是为了增加国库的收入，二是为了获得所需物品，特别是奢侈品。这些奢侈品的主要来源地则是非洲。潘克胡斯特在《埃塞俄比亚经济史入门》一书中曾经指出："值得注意的是，中国人大都把非洲海岸看作是宫廷方面所重视的奢侈品的来源。"① 唐宋时期中国需要香料和象牙，而东非盛产香料和象牙，因此，中国和东非的海洋贸易自然就多了。清代屈大均曾在《广东新语》中说，外国船到广东，要送选"犀、象、香、珠之属"。这里的"象"就是象牙，"香"就是香料，这说明唐代的象牙和香料是从海外输入的。清梁廷枏《粤海关志》引北宋毕仲衍《中书备对》所载宋熙宁十年（1077）海洋贸易的情况，作了按语："《备对》所言，三州市舶司（所收）乳香三十五万四千四百四十九斤。其内明州所收惟四千七百三十九斤，杭州所收惟六百三十七斤，而广州所收者则有三十四万八千六百七十三斤。是虽三处置司，实只广州最盛也。"这不但反映出广州在北宋三大贸易港中的地位，而且反映出香料在北宋外国货中的地位。除了象牙和香料，中国还需要东非的其他商品，包括上文提到的犀角和珍珠等。

唐宋期间，中国向东非输出的商品以瓷器和丝绸为主。有阿拉伯史学家曾经说中世纪的东非史可以说是用中国瓷器写成的，可见当时中国和东非之间的贸易关系十分紧密。而最有力的证明则是在东非海岸上发现的许多中国钱币和瓷器。在东非海岸上，如摩加迪沙、布腊伐、桑给巴尔岛、马菲亚岛、基尔瓦群岛以及其他地方，都不断发现中国钱币；而在格迪、

---

① 〔英〕潘克胡斯特：《埃塞俄比亚经济史入门》，转引自张铁生《中非交通史初探》，三联书店，1973。

奔巴岛、桑给巴尔岛、坦噶尼喀和基尔瓦群岛等地，又不断发现中国瓷器或瓷器的碎片。且这些钱币以宋代的为主，少部分属于唐代，还有极少的明清时期的钱币。从亚丁湾到桑给巴尔岛的整个东非海岸都有中国瓷器的碎片，这些瓷器有宋代的、元代的和明代的。

到了南宋，由于宋高宗迁都杭州，泉州的优势逐渐展现出来，并超过广州成为第一外贸港口。元代的广州港虽然不及泉州兴旺，但仍然是中国主要港口。加上元代继续推行唐宋以来的对外开放政策，在广州建立了市舶司，广州与东非之间的海洋贸易仍在持续。摩洛哥旅行家伊本·白图泰于 1346 年到达中国，并来到了广州，评价它"论城市，它是中国几大城市之一；论市场，它是中国几大市场之一。市场中尤以陶瓷市场为最。陶瓷由这里贩运到中国各地及印度、也门等国"①。

明朝洪武三年（1370），明太祖在广州、泉州、宁波各置市舶司，并规定"宁波通日本，泉州通琉球，广州通占城、暹罗、西洋诸国"，并在上述港口设置市舶提举司，为允许前来"朝贡"的国家颁发"勘合"（凭证），以便贸易。明成祖永乐三年（1405）政府在广州十七甫设立怀远驿，建屋 120 间，用来接待外国使者和商人。1405—1433 年，明成祖命郑和前后共七次下西洋，促进了广州与非洲各国的交往。他的船队曾远达东非，访问了麻林（今肯尼亚马林迪）、木骨都束（今摩加迪沙）和卜剌哇（今索马里的布腊伐）等地。明世宗嘉靖元年至穆宗隆庆元年（1522—1567），因倭寇猖狂入侵，政府实行"海禁"，撤销宁波、泉州两地的市舶提举司，广州因此成为全国唯一对外开放的口岸。

清顺治元年到康熙二十三年（1644—1684）四十年间，为了防汉制夷和打击、毁灭反清复明势力，清朝对内实行高压政策，对外实行"寸板不许下海"和"片帆不准入口"的闭关锁国政策。这给中国的对外贸易带来了严重的负面影响，妨碍了海外市场的开拓，中国与非洲各国的经济交往和发展受到了阻碍。康熙二十三年，清政府宣布废止"海禁"政策，并于二十四年宣布广州、漳州、宁波和云台山（今江苏省连云港）四处为对外贸易口岸，分别设置粤海关、闽海关、浙海关和江海关。它标志着中国历史上长达千年的市舶制度的彻底结束，开创了我国设置海关的历史。但到

---

① 〔摩洛哥〕伊本·白图泰：《伊本·白图泰游记》，马金鹏译，华文出版社，2015。

乾隆二十二年（1757），又撤销了闽、浙、江三处海关，限定广州为单一对外口岸，直到鸦片战争爆发，西方列强用坚船利炮打开中国的大门，中国逐渐变成半殖民地半封建社会。与此同时，处在大洋彼岸的非洲大陆也正遭受着来自西方殖民者的侵略和掠夺，非洲逐渐变成欧洲列强的殖民地。

从此，中国与非洲的人文经济交流遭到阻断。1949年新中国成立后，中非之间的友好往来再次延续。

二　新中国成立后的粤非人文交流

（一）对非援助

新中国成立时正处在冷战的大背景下，为了减轻以美国为首的西方国家和苏联对中国的压力，以及巩固中非之间的外交关系并促进非洲国家的民族独立与经济发展，中国从1956年开始向非洲国家提供援助。在中国提供对非援助之初，广东省就成为第一批承担国家援非任务的省份，主要因为：（1）广东省是中国近代接受西方工业文明最早的省份之一，具有较好的援助非洲国家的工业基础；（2）中国于1957年在广州创办的中国进出口商品交易会（简称"广交会"）为非洲国家与广东省增进彼此了解提供了良好的平台；（3）广东省具有天然地理优势，是当时中国航运到达非洲最近的地方，而且广州的黄埔港是中国当时基础设施较完善的海关港口。此外，广东省毗邻港澳，具有从港澳转口的有利条件等。

20世纪60年代初，广东省在"归口管理""分省负责"体制下开始向非洲国家提供援助。截至70年代末，广东省承担了中国对马里、刚果（布）、加纳、几内亚、冈比亚、赤道几内亚等非洲国家的援助任务。

冷战背景下的广东省对非援助促进了中国对非外交战略的实现，推动了中非友好合作关系的建立。在1971年10月25日第26届联合国大会上，赞成恢复中国在联合国的合法席位的76个国家中，有26个来自非洲，其中，赤道几内亚、几内亚、刚果（布）、马里都是广东省援助的非洲国家。

中共十一届三中全会以后，中国对非洲的援助政策也作了相应的调整，援助方式由以政治利益为依托转变为以经济利益为依托，从无偿援建转向加强中非在贸易、基础设施建设方面的合作。广东一直将非洲视为重要的海外市场，20 世纪末，广东加大拓展非洲市场的力度，与非洲的经贸合作不断发展。到 2000 年，广东已经在津巴布韦、埃及、南非、毛里求斯、突尼斯、苏丹等国设立了 8 家贸易机构，在尼日利亚、南非等国开设了摩托车厂和毛毯厂。

（二）粤非医疗合作

1. 广东省援非医疗队

中非医疗卫生合作是中国援非工作的重要组成部分，也是中国对外援助最成功的典范之一。1962 年 7 月 3 日，阿尔及利亚人民获得民族独立，但随即面临医疗困境。在接到国际红十字会的呼吁和阿尔及利亚卫生部部长的请求后，中国于 1963 年 1 月向阿尔及利亚派出 3 支医疗队，由此开创了中国援外医疗队的历史。

根据卫生部的指示，广东省从 1971 年起承担了援助赤道几内亚医疗队的任务。1977 年，根据 1975 年 10 月卫生部下达的《商请承担援冈比亚医院的筹建任务与为冈派二十人的医疗队》的商请函，广东省派了第一批由 16 人组成的援冈医疗队赴冈比亚，并设立了 5 个医疗点。2006 年 7 月，中国政府与加纳政府签订了中国派遣医疗队赴加纳的谅解备忘录，2007 年中国政府和加纳政府签订了关于派遣中国医疗队赴加纳工作的议定书。首批援加纳医疗队由广东省卫生厅承派，广州市卫生局负责组建，医疗队共有 11 人。至 2015 年底，广东省向赤道几内亚、加纳等国派出医疗队员 700 余人。广东省援外医疗队成绩突出，已有 150 多名队员获得赤道几内亚政府颁发的最高荣誉"赤几独立骑士"勋章。在 2008 年和 2013 年全国援外医疗 45 周年及 50 周年纪念表彰大会上，广东省均获得对外医疗援助先进集体荣誉称号，并有多人获得先进个人荣誉称号。

这些广东援非医疗队无私奉献，在降低非洲人口死亡率、完善当地医疗卫生服务、提高当地医护人员的工作水平等方面做出了重要贡献，同时也把中国传统的医药及针灸、按摩等治疗方法带到了非洲。更重要的是，医疗队在增进中非之间的友谊、促进中非多方面的合作、树立中国友好的大国形象、增强中国软实力、推动中国参与全球公共卫生治理等方面做出了巨大贡献。

2. 广东清除疟疾项目

据联合国统计，疟疾给非洲疟疾流行国家的经济增长带来 1.3% 的 GDP 损失。在东非岛国科摩罗，疟疾流行严重，超过 90% 的人都感染过疟疾。从 2007 年到 2014 年，由广州中医药大学和广东新南方青蒿素药业股份有限公司组成的广东抗疟团队在科摩罗奋战八年，摸索出一整套适应非洲当地的医疗模式——"青蒿素复方快速灭疟项目"，并在这个疟疾严重肆虐的国家实现疟疾零死亡。独树一帜的广东抗疟模式被写入"全球清除疟疾指南"，也终于被一直持观望态度的非洲大陆所接受。现在，"青蒿素复方快速灭疟项目"已经在马拉维、多哥和南太平洋国家巴布亚新几内亚展开，而肯尼亚计划建立首个抗疟示范区。

2016 年 12 月 26 日，中国与非洲岛国圣多美和普林西比民主共和国（以下简称"圣普"）正式恢复外交关系。为帮助圣普社会推动经济发展，应圣普方请求，中方迅速组建派遣农业、抗疟、电力、通信等领域的专家团队赴圣普开展援助工作。其中，抗疟项目的实施任务交由广州中医药大学承担。根据商务部的指示，广州中医药大学立即组建了援助圣普疟疾防治顾问组，并于 2017 年 1 月抵达圣普开始工作，在圣普疾控中心设立了中国疟疾防治顾问组办公室，成立了中圣普联合抗疟工作组，指导和组织圣普开展抗疟工作。

（三）粤非经贸合作

1. 对非贸易

制造业发达的广东省与自然资源丰富的非洲在贸易上有极强的互补性。广东省对非贸易持续快速发展，发展规模逐年提升。总体来看，广东与非洲国家的进出口贸易额总量不大，但近年来发展速度较快。2000 年以来，广东与非洲国家的进出口贸易呈现良好的发展态势，其中，出口总额由 2000 年的 9.7 亿美元增长至 2017 年的 254.8 亿美元，增长了 25 倍多，同期占广东出口总额的比例也由 1.1% 上升到 4.1%；进口总额从 2000 年的 7.6 亿美元上升至 2016 年的 113.0 亿美元，增长了 13 倍多，占广东进口总额的比例由 2000 年的 1.0% 上升至 2014 年的 6.4%，而后受非洲内外部因素的影响，占比下降，2017 年占比为 2.9%，截至 2018 年仍未恢复到之前水平。但同时也可看出，2000 年以来，不管是出口还是进口方面，非洲国家贸易额在广东对外贸易中的占比均不到 7%，份额依然较小，远低于同期亚洲、欧洲和北美洲国家贸易额在广东贸易总额中的比例。同时，2000 年以来，广东对非洲国家贸易总体呈现顺差状态。

广东与非洲国家之间的贸易呈现以下特点：广东对非洲出口贸易以一般贸易为主，进口贸易以加工贸易为主；对非出口企业以民营企业为主；对非出口产品以传统劳动密集型产品（包括服装、纺织纱线、箱包、鞋类、玩具、家具、塑料制品七大类）为主，而进口则以资源类产品为主，如钻石、原木、农产品等。

2. 走进非洲

2000 年 10 月 10—12 日，在中非双方努力下，中非合作论坛第一届部长级会议在北京成功举行，会议通过了《中非合作论坛北京宣言》和《中非经济和社会发展合作纲领》，为中国与非洲国家发展长期稳定、平等互利的新型伙伴关系确定了方向。

2001 年 6 月，为落实《中非合作论坛北京宣言》，广东省政府组成广东省经贸代表团前往南非参加在约翰内斯堡举办的"2001 中国广东（非洲）贸易暨经济技术洽谈会"，洽谈会上协议成交额达 10 亿美元。2004 年 10 月 4 日和 10 日，广东省政府分别在南非最大的城市约翰内斯堡和埃及首都开罗主办"中国广东（南非、埃及）经贸合作洽谈会"。同年 10 月 13 日，广东省外经贸厅在阿尔及利亚首都阿尔及尔主办"中国广东（阿尔及利亚）投资情况介绍会"，经贸活动期间双方共签订合作项目总金额 24.3 亿美元。

2006 年 11 月举行的中非合作论坛北京峰会宣布中非将致力于构建政治上平等互信、经济上合作共赢、文化上交流互鉴的"新型战略伙伴关系"，开启了中非合作新纪元。同年，尼日利亚奥贡广东自由贸易区建立。该自贸区是中国首批 8 个境外经贸合作区之一，也是广东省政府对外经贸合作的重点项目，仅 2013—2014 年就引进企业投资 1.3 亿美元，新入园企业 31 家，创造直接工作岗位 3000 多个、间接工作岗位 8000 多个。自贸区作为一个对外经贸合作项目，也扮演着文化交流载体的重要角色。管理公司定期或不定期地举办与所在社区人员的语言和文化交流合作活动；多次捐赠中尼友好小学办公学习用品，并且联系国家开放大学，在园区进行教学；在自贸区内专门为穆斯林员工修建了礼拜坛。

2015 年 12 月 4 日，中非合作论坛约翰内斯堡峰会开幕，中国国家主席习近平在开幕式上致辞时，提议将中非新型战略伙伴关系提升为全面战略合作伙伴关系。此次峰会通过了《中非合作论坛约翰内斯堡峰会宣言》和《中非合作论坛—约翰内斯堡行动计划（2016—2018 年）》，将中非关系提升至一个全新的水平。为了落实《中非合作论坛—约翰内斯堡行动计划（2016—2018 年）》和《广东省参与建设"一带一路"的实施方案》，结合广东省与非洲国家在资源禀赋、产业结构等方面的差异性和互补性，2016 年 8 月 30 日—9 月 6 日，朱小丹省长带领广东经贸代表团一行出访南非、肯尼亚、埃塞俄比亚，并在三国分别举办经贸交流会。其中，在中国（广东）—南非经贸合作交流会中，8 组共 16 家中非单位和企业签署合作协议。

2016 年 9 月 7 日，第二届对非投资论坛在广州开幕，广东与埃及、南非、埃塞俄比亚、乌干达、塞拉利昂、加纳、刚果（金）等 7 个非洲国家签署了 9 个重点经贸投资项目合作协议，协议金额高达 25.58 亿美元，涉及航空、电力、汽车制造、陶瓷、纺织服装、渔业等领域。

3. 广交会

中国进出口商品交易会，即广州交易会（简称"广交会"），创办于1957 年春季，每年春秋两季在广州举办，迄今已有 60 余年历史，是中国目前历史最长、层次最高、规模最大、商品种类最全、到会客商最多、成交效果最好的综合性国际贸易盛会，有"中国第一展"之美誉。广交会在创办之初就成为广东与非洲商人之间贸易往来的重要平台。至 2002 年 10月的第 92 届广交会，非洲客商已从第 88 届的 3496 人增长到 5404 人，增幅为 54.6%。非洲国家十分重视广交会这个贸易平台，非洲国家驻华使节团曾参观 2015 年的第 118 届广交会，他们纷纷表示："广交会是中非贸易的重要桥梁，了解广交会的发展情况有利于我们更好地借助这个平台推广非洲特色当地产品和引进中国的优势产品。"近年来，"一带一路"建设的推进给中非贸易发展带来前所未有的新机遇。以 2017 年的第 121 届广交会为例，进口展区，"一带一路"参展商占了五成以上。共建"一带一路"国家参展企业 364 家、展位 616 个，占进口展区参展企业比例约为 58.7%。广东企业获得"一带一路"市场的追捧：充电产品在尼日利亚占有率居第一位，产品风行非洲的广州企业还为广汽传祺和格力电器走进非洲牵线搭桥。

4. 粤非农业合作

广东省位于中国大陆最南部，属东亚季风区，是大陆光、热、水资源最为丰富的地区，年平均气温 22.3 摄氏度，年平均日照数在 1750 小时左右。广东降水充沛，年平均降水量为 1300～1600 毫米，充沛的降水使广东大地全年草木葱茏，生机盎然。广东省农业主导品种有水稻、玉米、花生、薯类、蚕桑、菜心、荔枝、茶叶、花卉等。近年来，伴随着农业生产经营单位等新型经营主体数量的增加，广东省农业生产向规模化和专业化方向发展，机耕、机播、机收等农业机械化水平不断提高，农田水利设施不断完善，设施农业发展迅速。由于其得天独厚的气候条件和现代化的农业生产技术，广东省一直是中国的农业大省。

粮食短缺是大多数非洲国家面临的危机，危机最严重的国家大都地处撒哈拉沙漠以南地区。从世界范围来看，非洲土地资源丰富，拥有全球 60% 的潜在可开垦耕地，且 79% 的可开垦耕地没有进行耕种，联合国非洲专家认为非洲可成为"世界粮仓"。然而，由于种种原因，长期以来非洲粮食生产能力低下，整体上还没有解决粮食安全和粮食保障供给的问题。非洲国家粮食严重短缺的原因主要有：（1）许多非洲国家在独立后受西方现代化发展理论和苏联模式的影响，将工业化视为发展经济的灵丹妙药，长期实行进口替代工业化发展战略。这种重工轻农的发展战略导致国家对农业的投入十分有限。（2）非洲农业基础设施和生产技术落后，导致土地利用率和生产率低。（3）非洲沙漠和草原广布，降水量少或集中，土地贫瘠，加之地处热带，病虫害多发，生态脆弱，不利于农业发展。（4）一些国家政局动荡，战乱频发，影响农业发展。

粤非农业合作是粤非经贸合作的重要一环。粤非农业合作最早起源于 20 世纪 50 年代末开始的中国对非援助。1959 年，中国向刚获得独立的几内亚无偿提供粮食援助，这是中非农业合作的开端。到 20 世纪 70 年代末，中国先后帮助几内亚、马里、坦桑尼亚、刚果（布）、索马里、乌干达、塞拉利昂、尼日尔、多哥、刚果（金）、毛里塔尼亚等国实施上百个农业项目，包括农业技术试验站、农业技术推广站和一些规模较大的农场。这一阶段（20 世纪 50 年代末至 70 年代末）的中非农业合作在性质上属于无偿农业援助，在很大程度上是中国为推动建立国际政治经济新秩序而努力。此外，由于当时中国还处于计划经济阶段，中非农业合作主要由国务院统一部署，然后农业部（1970 年改组为农林部）组织各省农业厅负责实施，广东省农业厅负责水稻、棉花、甘蔗种植等农业项目。

进入 20 世纪 80 年代后，随着中国整体外交战略的调整和对外开放政策的实施，中国政府在 1983 年宣布中国同非洲国家开展经济技术合作的四项原则，即"平等互利、讲究实效、形式多样、共同发展"，中非农业合作也从单向的农业援助转向双向的农业合作。2000 年中非合作论坛的召开标志着中非农业合作进入了新的阶段，中国与非洲国家的农业合作呈现全方位、多领域、深层次的良好局面。2006 年举办的中非合作论坛北京峰会通过了《中非合作论坛—北京行动计划（2007—2009 年）》（以下简称《北京行动计划》），该计划详细阐述了中非农业合作主要集中在种植业、畜牧业、渔业、农业机械、农产品加工、动植物卫生与食品安全以及疾病防治等领域，积极探讨扩大投资合作的新领域、新方式。2018 年中央一号文件对构建农业对外开放新格局提出了要求，强调要深化与共建"一带一路"国家和地区的农产品贸易关系，积极支持农业"走出去"，培育具有国际竞争力的大粮商和农业企业集团。

广东省在农业"走出去"方面做了很多工作，与南非、埃及、津巴布韦等非洲国家均有密切联系。2018 年 4 月，赞比亚农业与商业协会主席卡洛琳·希尔旺巴（Caroline Silwamba）女士与环球广域传媒集团总裁南庚戌先生率领代表团访问广东省农业厅，就中非农业合作及农业展览业发展一事进行座谈。此外，希尔旺巴女士向广东省农业厅发出诚挚邀请，希望 2018 年 8 月广东省代表团访问赞比亚，推动广东省企业去赞比亚实地考察、交流，进一步推动广东省与赞比亚的农业合作。同月，广东省农业厅陈东副厅长接见了到访的南非东开普省副省长柯博夏尼先生一行。陈东副厅长建议从推动双方开展贸易合作，打造一批广东与东开普省的特色名牌农产品，鼓励两省农业科研机构、院校及科技企业在种业、农机、食品加工等领域开展专项合作，搭建两省农业合作载体与平台，建立两省长效交流沟通机制等五个方面积极推进农业交流合作。双方就共建共享共谋发展达成了共识。2018年5月25日，广东省农业厅与广东公共外交协会、广东外语外贸大学非洲研究院在省农业技术推广站举办了"非洲日"——粤非农业合作专题活动。马里、乌干达、尼日利亚、科特迪瓦、安哥拉、赞比亚、塞内加尔七国驻广州领事馆官员和广东省农业科研院校、企业代表，广东公共外交协会、广东外语外贸大学非洲研究院及广东省农业厅相关单位近百人参加活动。活动的举办为非洲国家驻广州领事馆官员和政府、企业、科研单位提供了便利的交流平台，进一步推动了粤非在农业领域的交流合作。

（四）粤非外交合作

截至2017年5月，共10个非洲国家在广州设立总领事馆，分别是埃塞俄比亚、马里、乌干达、尼日利亚、科特迪瓦、刚果（布）、安哥拉、赞比亚、塞内加尔、苏丹（见表1）。

表1　非洲国家驻穗总领事馆

国名	设馆日期	总领事姓名	中文名	领区
埃塞俄比亚	2009 - 06 - 14	Melaku Legesse Gebrehiwot	麦拉库·莱吉思·盖布瑞特	粤湘闽赣琼桂
马里	2011 - 07 - 18	Alima Danfakha Gakou	艾丽玛·丹法卡·加库	粤闽琼桂
乌干达	2011 - 08 - 15	Solomon Rutega	所罗曼·鲁提嘉	粤闽琼桂
尼日利亚	2014 - 07 - 09	—	—	粤琼桂
科特迪瓦	2014 - 07 - 12	Tobokoue Koyeman Francois	多博库·考耶曼·弗朗索瓦	粤闽赣琼桂
刚果（布）	2014 - 08 - 15	Elenga Albert	艾兰卡·阿尔伯特（代总领事）	粤闽琼桂
安哥拉	2015 - 11 - 06	Joao Baptista da Costa	若昂·巴蒂斯塔·达科斯塔	粤闽琼桂
赞比亚	2016 - 06 - 28	Kalimi Robert Kaela	卡利米·罗伯特·凯拉	粤闽琼桂
塞内加尔	2017 - 03 - 06	Mouhamadou El Bachir Diack	穆哈玛杜·艾尔·巴希尔·迪亚克	粤闽琼桂

续表

国名	设馆日期	总领事姓名	中文名	领区
苏丹	2017 – 05 – 15	Adam Yousif Mohamed Mohamedain	阿达姆·尤瑟夫·穆罕默德·穆哈麦丁	粤赣闽湘贵琼浙桂

资料来源：广东省人民政府外事办公室。

　　从表 1 可见，第一个在广州设立领事馆的非洲国家是埃塞俄比亚。2014 年是非洲国家在穗设馆最集中的一年，尼日利亚、科特迪瓦、刚果（布）驻广州总领事馆先后开馆。领事馆是这些非洲国家为与广东省加强合作而搭建的桥梁。在穗的非洲领事们除了关注本国国民的签证办理和在穗利益保护外，更关注强化和广东省的经贸合作。

　　截至 2017 年 12 月，广东省全省与非洲国家省、市（区）缔结友城关系 11 对。其中省级 2 对，市（区）级 9 对（见表 2）。

表 2　广东省全省与非洲国家省、市（区）友城总览

友好省、市（区）	国别	缔结友好省、市（区）	签字时间
广东省 2 对			
亚历山大省	埃及	广东省	2010 – 10 – 21
夸祖鲁 – 纳塔尔省	南非	广东省	2016 – 08 – 29
广州市 3 对			
德班市	南非	广州市	2000 – 07 – 17
哈拉雷市	津巴布韦	广州市	2012 – 09 – 03
拉巴特市	摩洛哥	广州市	2013 – 10 – 03
深圳市 2 对			
洛美市	多哥	深圳市	1996 – 06 – 07
卢克索市	埃及	深圳市	2007 – 09 – 06
佛山市 1 对			
路易港市	毛里求斯	佛山市	1989 – 01 – 27
梅州市 2 对			
维多利亚市	塞舌尔	梅州市梅县	1998 – 12 – 16
鸠比市	毛里求斯	梅州市梅县	2005 – 09 – 15
湛江市 1 对			
伊莱姆比地区	南非	湛江市	2009 – 10 – 24

资料来源：广东省人民政府外事办公室。

广东省与非洲国家省、市（区）友好城市关系的建立，大力推动了粤非之间经济、贸易、教育、科技、文化等方面的交流与合作，增进了相互间的友谊，促进了共同发展。

（五）粤非文化交流

改革开放以来，广东省与非洲国家之间的文化交往不断增加。1992—1999 年，广东省文化主管部门接待了来自非洲 23 个国家的代表团 26 批次324 人次，派出 6 个艺术表演团体 109 人，先后到毛里求斯、留尼汪、南非、突尼斯等国家和地区进行友好演出。

2006 年 11 月，中非合作论坛北京峰会通过了《北京行动计划》，双方承诺积极落实政府间文化协定执行计划，推动地方和民间开展文化交流活动，执行"非洲文化人士访问计划"。为了落实《北京行动计划》，"2008非洲文化聚焦"于 2008 年 10 月 23 日在深圳世界之窗开幕。10 月 24 日，"2008 非洲文化聚焦"特邀联展在深圳博物馆开幕，其中，由新闻出版总署组织、新闻出版总署信息中心（中国版本图书馆）承办的《铁册有情——中国出版物中的非洲》展览，展示了 500 本我国出版的非洲题材的图书，分"中国出版的非洲作品"和"中国出版的有关非洲主题的图书"两部分，吸引了众多非洲友人和国内观众。从 10 月 24 日开始，来自尼日利业、利比里亚、坦桑尼亚、南非、加蓬、乍得 6 个国家共 113 人的团组深入深圳社区进行演出，与市民共度文化周末，给深圳市民带来原汁原味的非洲文艺表演。此外，来自厄立特里亚、几内亚比绍、加纳、莱索托、利比里亚、莫桑比克、纳米比亚、南非、塞拉利昂、津巴布韦、尼日利亚、肯尼亚 12 个国家的文化官员与中国文化部外联局有关领导举行了文化政策圆桌会议，讨论"国内文化政策与对外文化交流"。

2016 年 8 月 2 日，为了落实 2015 年 12 月在南非举行的中非合作论坛约翰内斯堡峰会关于增进中非青年交流、轮流举办中非青年大联欢成果，"2016 中非青年大联欢"在广州开幕。在为期 4 天的行程中，来自 18 个非洲国家的近 200 名各界青年代表与广东省各界青年代表举行了形式多样的交流活动。大联欢期间主办方还举办了以"创青春、赢未来"为主题的中非青年创业论坛，举行青年志愿者座谈会，组织非洲青年走进社区行政服务中心，赴深圳参观华为等高新企业，欣赏舞狮、武术表演并与中方青年举行联欢会，帮助他们从不同角度了解广东、了解中国，增进中非传统友谊。

2018 年 4 月 20 日，由广东外语外贸大学非洲研究院、广东国际商会非洲投资贸易联盟、中非经贸文化交流中心共同主办的中非经贸文化周在广州开幕。纳米比亚、南非、莱索托等国驻华大使馆和尼日利亚、埃塞俄比亚、马里、塞内加尔、安哥拉、苏丹、乌干达等国驻广州总领事馆官员，以及广东经贸、文化、学术界人士 300 余人出席了开幕式。

（六）粤非民间交流

民间交往一直被认为是促进国与国之间合作交流的重要基石。随着粤非之间经济文化交流的不断深化，粤非民间交往使双方增进了对彼此的了解，为未来的进一步合作打下坚实的社会基础。

1. 广东省人民对外友好协会

广东省人民对外友好协会（以下简称"广东省友协"）是广东省省一级人民团体，也是中国人民对外友好协会的团体成员，其前身是 1956 年成立的"中国人民对外文化协会广州分会"。它以增进广东省人民与世界各国各地区人民的了解和友谊、推动国际交流与合作、维护世界和平、促进共同发展为宗旨，致力于同世界各国对华友好组织和机构、各地方社会团体和各界人士发展友好合作关系，开展相互交流，是广东省对外民间交往的一个重要窗口。改革开放 40 年来，广东省友协与非洲各国民间友好组织和各界友好人士交往密切，与肯尼亚中国友好协会、南非中国人民友好协会、肯尼亚地方政府协会、尼日利亚－中国商会、马达加斯加中国友好协会、毛里求斯中国友好协会、埃塞俄比亚人民院埃中友好小组、塞舌尔中国友好协会、埃及沙拉夫基金会、突尼斯中国友好协会、摩洛哥摩中友谊和交流协会、尼日利亚中国友好协会这 12 个友好组织签订了友好合作备忘录。截至 2018 年底，广东省共派出 12 个友好代表团访问非洲国家。

2. 广东省国际贸易促进委员会

广东省国际贸易促进委员会（以下简称"广东省贸促会"）是由广东经济贸易界有代表性的人士、企业和团体组成的全省性民间对外经济贸易组织，于 1957 年 11 月 23 日经国务院批准成立，是中国国际贸易促进委员会成立最早的地方分支机构之一。其宗旨是遵循政府的政策、法令，促进国际贸易、促进利用外资、促进企业国际化经营、促进经济合作，增进广东省人民和工商企业界与世界各国、各地区人民和经济贸易界的相互了解和友谊。广东省贸促会一直致力于广东企业与非洲企业之间的经贸合作。

2015年9月29日，由广东省贸促会、广东国际商会倡议发起的广东国际商会非洲投资贸易联盟在广州成立。该联盟的宗旨是为成员打造一个到非洲共同发展的投资贸易平台，并提供信息交流、项目研讨、融资沟通等服务，促进成员之间的互利合作、共赢共荣；其目标是组织广东企业到非洲各国寻找商机，共同发展。

此外，广东省贸促会还推动了南非洲广东总商会和肯尼亚非洲广东总商会两个境外广东商会的成立，它们成为广东与南非、肯尼亚之间贸易、投资及资源整合的桥梁，促进了粤非之间的经贸交流与合作。其中，南非洲广东总商会于2014年1月8日在南非约翰内斯堡成立，肯尼亚广东总商会于2015年6月29日在内罗毕成立。

3. 非洲广东总商会

随着国家"一带一路"倡议的提出，为推动广东对非投资发展，提升非洲当地劳动力就业水平，广东省外事办、广东省贸促会与广东新南方集团在非洲多国外交官的建议下，发起了成立非洲广东总商会的倡议。非洲广东总商会未来将带领非洲广东总商会各分会及第三方金融机构共同打造连锁园区，推广复制成功的自贸区经验；共同打造中医医疗中心，传承推广中医药文化；联合顶尖的院校和智库，成立非洲战略发展研究院；整合国内和非洲金融资源，在非洲发起成立银行。希望通过非洲广东总商会，实现在非洲汇百家机构、创百亿投资、带动十万人就业，助力非洲绿色崛起。

（七）非洲人在广东

广东省广州市是亚洲最大的非洲人聚集地。在20世纪90年代，广交会和广州批发经济吸引了大量阿拉伯人来到广州进行贸易。直到2000年前后，非洲人才开始追随阿拉伯人的步伐来到广州，并在2003—2005年形成一波非洲人来穗经商的高潮。越秀区洪桥街道的小北路一公里半径内，已成为非洲人的商贸天地。截至2017年4月25日，广州市共有在住外国人

8.8 万人，其中非洲国家人数约 1.5 万人。

广州居留的非洲人主要有三大类。第一类是属于金领阶层的贸易商人，他们到广州比较早，主要从事服装、小商品、廉价电子产品等领域的外贸工作，有的已经获得了中国居留权，甚至已经在中国娶妻生子。第二类可称为白领阶层，他们以非洲老板及中东老板为服务对象，在写字楼上班或为他们提供中介、保镖、电话卡销售等其他服务。而第三类则是出卖体力换取报酬的蓝领阶层，他们在批发市场里替进货的非洲商人搬运货物，过着拮据的生活。这三类群体都是以贸易为纽带聚集到广州的。

非洲人来穗在一定程度上促进了粤非之间的贸易往来，然而，大量非洲人涌入也给地方政府带来了一系列社会管理难题。

（八）粤非旅游

近年来，广东省与非洲国家在经济、文化、外交等方面来往密切，加上广东省地理环境独特、交通便利、文化开放、旅游资源丰富等因素，来广东旅游的非洲人呈现增长态势。

以广州市为例，根据广州市旅游局 2015 年发布的《2014 年广州旅游统计分析报告》，在 2014 年来穗外国游客中，以各大洲来划分游客来源地所占比重，亚洲依然是广州市最大的外国客源地，游客占来穗外国游客的 48.88%，位列第一；其次为非洲游客，占 20.43%；再次为欧洲游客，占 17.39%。2014 年非洲来穗游客为 61.43 万人次，同比增长 13.70%，增幅在五大洲中名列第一，反映出广州与非洲国家之间的经济联系日益紧密。

除此之外，广东省大力推进旅游强省的建设，提升旅游市场水平，加强国际旅游交流合作。广东国际旅游文化节是广东省旅游文化发展中涌现的新品牌，于 2005 年开办，2017 年的广东国际旅游文化节在珠海开幕。广东国际旅游文化节对推动广东旅游业的发展，提升广东旅游文化的地位和品位，把旅游业培育成为广东新的经济增长点，都起到不可忽视的作用。另外，广东国际旅游文化节的主要配套活动项目之一就是广东国际旅游产业博览会（以下简称"旅博会"），其前身为广东国际旅游展览会。旅博会于 2005 年在天河体育中心首次举办。经过多年打造，旅博会已成为国内参展规模最大、市场成交情况最好、旅游产品展示最齐全的国际性旅游专业展会。

第二章

粤非人文交流：教育篇

【本章导读】

随着中国实力的增长，世界上形成了一股汉语热，这在非洲国家的孔子学院中表现得尤为突出。以广东外语外贸大学在佛得角的孔子学院和艾因夏姆斯大学的孔子课堂为代表，粤非教育合作开始了新的征程。本章重点介绍了佛得角大学孔子学院汉语教学的情况，从中学阶段到大学阶段，从学历教育到社会教育，佛得角大学的汉语教学形式多样，成效显著。艾因夏姆斯大学孔子课堂自栗战书委员长授牌以来，与广东外语外贸大学的互动频繁，汉语教学吸引了许多优秀青年的加入。日前正准备将孔子课堂升格为孔子学院。

一 佛得角国家概述与中佛合作交流概况

（一）佛得角国家概述

佛得角位于距离非洲大陆西海岸（塞内加尔境内）500多公里的大西洋之上，全国由10个岛屿组成，总面积4033平方公里，是联结非洲、欧洲和美洲的重要海上港口，也是距离中国最遥远的非洲国家。佛得角总人口约54万（2016年），其中近15万人居住在首都普拉亚。总人口中黑白混血的克里奥尔人占71%，黑色人种占28%，欧洲人种占1%。宗教信仰以信奉天主教为主，也有少部分基督教徒。

15世纪末，佛得角被葡萄牙占为殖民地，殖民达4个多世纪。1975年

7月5日宣布独立，实行民主共和政体，首都设在圣地亚哥岛的普拉亚市。国家官方语言为葡萄牙语，克里奥尔语为当地民族语言。葡萄牙对佛得角的文化、经济、政治、司法有深远的影响，佛得角是葡萄牙文化和非洲文化的融合体。

（二）中佛合作交流概况

中国与佛得角于1976年4月25日正式建立外交关系。自建交以来，双方在经济、水利、医疗、教育等多方面展开了合作。中国政府为佛得角提供了大量的援助，主要援助项目包括佛得角议会堂（1985年）、国家政府办公大楼（1991年）、国家图书馆（1999年）、国家礼堂（2001年）、泡依崂水库（2006年）、国家体育场（2015年）、佛得角大学新校区（在建）等。20世纪80年代末90年代初，第一批从事商业经营的中国人来到佛得角，截至2018年在佛华人共计3000人左右。

2017年5月，中国外交部部长王毅到访佛得角，佛方表示欢迎和支持"一带一路"倡议，并期待与中国围绕建设"圣文森特岛海洋经济特区"项目展开合作。

在教育交流方面，中佛合作起步较晚。1996年，第一批获得中国政府奖学金的佛得角留学生赴中国留学，之后留学生人数逐渐增加。截至2018年，佛得角在华留学人数为400人左右。此外，中国与佛得角的教育交流甚少。尽管中国与佛得角在经济领域的合作逐渐向好，中国商人在佛的商业经营活动不断增加，但这并没有推动中佛民间交流，除了中国商店，佛得角人对中国知之甚少，遥远的海岛国家佛得角对中国民众来说也十分陌生。据悉，2011年以前，佛得角基本上没有任何学校、机构和个人从事汉语教学或进行与中国文化相关的传播活动。

2011年10月，第一批赴华留学生归国，后来就职于佛得角外交部的何塞·柯雷亚先生等人率先建立起佛得角中国友好协会（以下简称"佛中友协"），以"推进佛中两国民间交流"为宗旨，组织开展中文教学和中国文化传播活动，会员共计100多名，大部分是曾经留学中国的归国学生，以及一些对中国文化有浓厚兴趣的当地民众。2012—2018年，佛中友协每年都组织举办"中国文化周"活动，内容包括文艺节目演出、与电视台合作播放中国电影、组织乒乓球赛、举行中国文化讲座等。2014年10月，佛中友协开始在佛得角电视台录播《中文时分》（*Minuto Chinês*）节目，每月播出一次，教观众学习简单的汉语句子，同时也介绍中国传统节日和文化习俗等。2016 年正值佛中建交 40 周年，佛中友协于 2016 年 2—4 月举办了"佛中友好交流年"系列活动。

近年来，佛得角赴中国留学的学生人数快速增加，2012—2015 年，佛中友协每年都为即将赴中国留学的学生进行短期汉语培训和介绍中国国情、文化等。除留学生外，少数对中国语言文化感兴趣的社会人员也参加了培训（佛得角大学孔子学院成立后该培训停止）。此外，佛中友协还经常与当地中小学合作，走入校园，通过举办讲座或文化展台的形式向学生介绍中国。

佛中友协自 2011 年成立以来，致力于向当地民众传播中国语言文化，尽管没有形成系统的语言教学体系，但为佛得角人打开了了解中国的窗口，为佛得角汉语教学发展和两国民间文化交流做出了重要贡献，并发挥了不可忽视的推动作用。

二　佛得角大学孔子学院的建立与发展

近年来，中国经济快速发展，综合国力不断增强，中国与世界各国的交流与合作日益频繁，国际影响力不断提高，很多国家已经认识到开展汉语教学、了解中国文化的重要性和必要性。孔子学院是以教授汉语和传播中国文化为宗旨的非营利性教育机构，自 2004 年在韩国首都首尔建立第一所孔子学院以来，截至 2017 年 12 月 31 日，国家汉办已在全球 146 个国家和地区开办了 525 所孔子学院和 1113 个孔子课堂，孔子学院成为各国人民学习汉语、了解中国文化、加强互相交流的重要平台。

在中国国际影响力提升、佛中在多方面交流合作逐渐加深的大背景下，2014 年，佛中友协会长何塞·柯雷亚先生开始为佛得角申请建立孔子学院一事积极奔走，经过多番努力，终于获准与国家汉办签署协议。2015 年 2 月 9 日，时任中国国家汉办主任许琳与佛得角大学校长朱迪特·纳西门托签署协议书，同意在佛得角大学建立孔子学院，授权并委托广东外语外贸大学作为中方具体执行机构。自此拉开了广东省与佛得角教育交流合作的序幕，也使中国与佛得角的教育交流、民间文化交流等步入一个新阶段。

自 2015 年 2 月 9 日签署协议至 2015 年 12 月 18 日佛得角大学孔子学院（以下视情简称"佛大孔院"）正式成立，佛中双方进行了多次交流磋商，并做了多方面的筹备工作。

2015 年 4 月 17 日，佛中友协会长何塞·柯雷亚、副会长赫奇拉诺·巴耶萨、驻华代表索尼娅·巴罗斯、驻华秘书长窦佳乐及全国友协代表王凯、广东省友协秘书长李宏志一行访问广东外语外贸大学，就佛得角大学与广东外语外贸大学两校合办孔子学院举行了第一次会谈。广外方面，副校长方凡泉，国际合作与交流处处长蔡红、副处长吴俊峰，拟任孔子学院中方院长郑庆君，汉语国际教育中心主任于屏方及葡语教师尚雪娇等出席了会谈。

2015 年 6 月 28 日—7 月 3 日，应佛得角大学之邀请与要求，广东外语外贸大学国际合作与交流处副处长吴俊峰、拟任孔子学院中方院长郑庆君以及葡语翻译林紫琪一行专程赴佛得角大学，考察并落实办学场地，洽谈场地的装修计划，商讨项目启动所需经费，拟定授牌仪式的相关准备，等等。访佛期间，代表团还拜会了中国驻佛得角大使馆杜小丛大使，访问考察了佛得角皮亚杰大学（Jean Piaget University）了解其办学情况。

2015 年 7 月 27 日，广东外语外贸大学副校长陈建平、国际合作与交流处处长蔡红、葡语教师桑大鹏一行前往佛得角；28 日上午，广外与佛得角大学合作建立孔子学院执行协议签约仪式在佛得角大学举行。陈建平副校长与佛得角大学副校长安东尼奥·皮纳分别代表两校签署协议并发表讲话，陈建平将孔子学院铭牌授予佛得角大学。陈建平还代表广外与佛中友协会长何塞·柯雷亚签署了合作备忘录。

2015 年 9 月 9 日，佛得角大学副校长乔·卡多索、佛得角大学孔子学院外方院长阿尔明大·布里托以及佛中友协代表安娜·卡瓦略一行借赴澳门参加葡语国家汉语教学会议的机会，访问广东外语外贸大学，进一步商谈两校合办孔子学院事宜，并访问了留学生教育学院。广东外语外贸大学校长仲伟合、副校长方凡泉等接见了来宾，国际交流处处长、西语学院院长、留学生教育学院院长、拟任孔子学院中方院长等参加了会谈。

此外，拟任中方院长的郑庆君受学校之托，专门在广外国际处挂职工作了 4 个月，其间拟订了广外与佛得角大学合办孔子学院的两校执行协议，制定了佛得角大学孔院的初期发展规划，草拟了佛得角大学孔子学院章程，设计了孔子学院的教学、办公、图书馆以及文化活动场地，策划了佛得角大学孔子学院的授牌与挂牌仪式，填报了孔子学院启动资金15万美元的项目申请书，精选了孔子学院建院所需的各类教材与书目及文化用品3000余册/件，为佛得角大学孔子学院的成功建立进行了全方位的物质设计与筹备。

2015年11月9日，佛得角大学孔子学院首任中方院长郑庆君带领三名汉语教师志愿者张弛、师新昕、熊婉平到达佛得角，开始正式筹办佛得角大学孔子学院。专任汉语教师苏春于2015年12月15日到达佛得角，加入中方队伍的筹建工作。

截至2015年12月17日，在中方院长近40天没有周末、不舍昼夜的努力工作之下，孔院团队克服贫瘠非洲国家的种种艰难困苦，终于基本完成揭牌建院的各项筹备工作。2015年12月18日，佛得角大学孔子学院举行了隆重的揭牌仪式。在佛得角高等教育司司长与外交部代表的见证下，中国驻佛得角大使与佛得角大学校长共同揭牌，标志着广东外语外贸大学与佛得角大学合作建立的孔子学院正式成立。这标志着这个距离中国最遥远的非洲岛国有了第一所孔子学院，有了首个进行系统汉语教学和中国文化传播的专门机构。

2017年5月9日，在佛大孔院运营1年5个月后，佛得角大学校长朱迪特·纳西门托与佛得角教育部规划管理局局长安娜·柯斯塔分别代表佛大孔院和佛得角教育部，在佛政府办公大楼会议厅里签署了"关于佛得角中学开展汉语普及教育项目"的合作协议，中国驻佛得角大使杜小丛、佛得角教育部部长安娜·门东莎出席签字仪式并发表讲话。从建院到签署双边协议，佛大孔院用不到两年时间将汉语教学推进到佛得角的中学国民教育体系，在全球孔子学院的发展史上是不多见的，由此迎来了汉语教育在佛得角全面发展机遇，也成为佛大孔院发展史上的里程碑事件。

三　以佛得角大学孔子学院为基础的教育合作交流

佛大孔院自2015年12月18日成立至2018年6月，运营时间约为两年6个月。在此期间，佛大孔院从面向全社会民众、佛得角大学学生开设各类汉语课程，到 2016 年 12 月 10 日设立汉语水平考试（HSK）考点，再到 2017 年 5 月 9 日与佛得角教育部签订"佛得角中学开设汉语课程"合作协议，成长迅速，成果丰硕，对佛得角社会、高等教育、中等教育的影响不断加强。

（一）佛得角大学孔子学院的概况

1. 汉语教学

（1）教学规模

截至 2018 年 6 月，孔子学院共有 21 个教学点，其中包括孔子学院本部、佛得角大学、皮亚杰大学、明德卢大学、佛得角北方三岛商会、阿苏马达市 SOS 村以及在圣地亚哥和圣文森特两个岛屿的 15 所中学。佛大孔院教学规模见表 3。

表 3　佛大孔院教学规模

单位：个，人

年份	教学点数量	班级数量	教师数量	学生数量	HSK 考生数量
2016	4	22	8	500	0
2017	17	74	15	1636	35
2018	21	69	15	1553	72

注：教学点指根据场所如孔院本部、大学、中学、机构等统计的各类授课点；2018 年的统计非全年数据。

资料来源：2016—2017 年数据来自中方院长郑庆君提交给国家汉办的 2016/2017 年度总结"大事记"以及给中国驻佛大使馆《关于佛得角大学孔子学院办学的情况报告》；2018 年数据来自孔院办公室统计。下同。

（2）教材与课程类型

2016 年，佛大孔院共开设初级汉语、中国文化及文化体验、新 HSK 考试辅导、大学汉语选修、中小学汉语选修、社区初级汉语 6 类汉语课程。使用《跟我学汉语》《新实用汉语课本》《快乐汉语》《汉语乐园》《新汉语水平考试大纲 HSK 一级》《新汉语水平考试大纲 HSK 二级》等教材。

2017 年上半年佛大孔院共开设初级汉语、中国文化及文化体验、本土教师培训与汉语提高、新 HSK 考试辅导、大学汉语选修、中小学汉语选修

6 类汉语课程。下半年在上半年开设课程的基础上，新增了佛得角教育部项目的中学课程。全年使用到的教材有《跟我学汉语》、《新实用汉语课本》（1～2 册）、《精英汉语》、《快乐汉语》、《汉语乐园》、《新汉语水平考试大纲 HSK 一级》、《新汉语水平考试大纲 HSK 二级》、《新汉语水平考试大纲 HSK 三级》等。

2018 年上半年共开设初级汉语、中国文化及文化体验、本土教师培训与汉语提高、新 HSK 考试辅导、大学汉语选修、中小学汉语选修、商务汉语培训 7 类汉语课程。全年使用到的教材有《跟我学汉语》、《新实用汉语课本》（3～4 册）、《精英汉语》、《新汉语水平考试大纲 HSK 一级》、《新汉语水平考试大纲 HSK 二级》、《新汉语水平考试大纲 HSK 三级》、《新汉语水平考试大纲 HSK 四级》等。

（3）师资情况

佛大孔院运营的两年 6 个月，历经两任中方院长与公派教师（见表 4）。

表 4　佛大孔院师资情况（中方院长与公派教师）

岗位	任期	姓名	广东高校
中方院长	2015 年 11 月—2017 年 11 月	郑庆君	√
	2017 年 11 月—	周富强	√
公派教师	2015 年 12 月—2018 年 1 月	苏春	√
	2018 年 1 月—	孔晓晴	

截至 2018 年，先后有 3 批志愿者教师到岗任职，具体情况见表 5。

表 5　佛大孔院师资情况（志愿者老师）

单位：人

批次	任期	人数	专业		研究生（包括在读）	本科	广东高校
			葡语	汉教			
第一批	2015 年 11 月—2016 年 7 月	3	2	1	1	2	3
第二批	2016 年 9 月—2017 年 7 月	4		4	4		4

批次	任期	人数	专业		研究生（包括在读）	本科	广东高校
			葡语	汉教			
第三批	2017 年 9 月— 2018 年 7 月	12	1	11	9	3	10

根据表 4 和表 5 可以看出，建设运营佛大孔院，广东（广东外语外贸大学）承担了主要责任。

2. 文化教育活动

佛大孔院自成立以来，一共举办了文化教育活动 100 场，接受各大媒体报道 105 次（见表 6）。这些文化教育活动有节日庆典活动、文化教育与交流讲座、中学的中国文化日等。同时，佛大孔院还组织学生赴广东外语外贸大学参加夏令营，组织和举办中国大学生"汉语桥"预选赛，与当地体育部合作向佛得角学生教授五步拳、五禽戏和太极等中华武术与体操，等等。这些文化教育交流活动进一步加深了双方的了解与合作。

表 6　佛大孔院文化教育活动情况

年份	举办场数（场）	参与人数（人）	媒体报道次数（次）
2016	56	4500	60
2017	25	4000	35
2018	26	5000	10

（1）节日庆典活动

自成立以来，佛大孔院举办和协办了各类、多场中国传统节日文化活动，如中国春节文化大型公开课、中国电影展映周、中文歌曲大家唱、中文诗歌音乐会、汉字书写大赛等。2016 年是中国与佛得角建交 40 周年，也是佛大孔院正式运营的元年，为迅速有效地打开局面，本着"文化搭台、语言唱戏"的办学宗旨，佛大孔院在这一年里举办或协办了文化活动就高达 56 场，为佛大孔院在佛得角各界赢得了良好声誉，佛大孔院也因此被中国驻佛得角大使杜小丛称赞为"佛得角的中国文化品牌"。如为配合佛得角外交部、中国大使馆以及佛中友协的庆典活动，仅在 4 月庆祝月里，佛大孔院就在两个岛屿相继举办或协办了汉语教学公开课、中华文化游园会、中佛乒乓球友谊赛、佛得角外交部联谊会等近 10 场文化活动。2017 年 12 月为庆祝佛大孔院成立两周年，佛大孔院举办了汉字书写大赛等活动。佛大孔院还参与大学的学术周文化展演活动。

（2）中学文化体验日活动

除在本部举办文化活动，孔院也在佛得角大学以及一些中学举办或参与文化活动。从 2017 年 12 月到 2018 年 6 月，佛大孔院共在圣地亚哥岛 9 所中学成功举办了 10 次中国文化体验日活动。活动中，学生表演了中国武术、旗袍秀、中国现代诗歌朗诵、中文歌曲朗诵等节目。

（3）文化教育与交流讲座

2016 年 2 月 25 日下午，佛大孔院与佛中友协联合举办"学习在中国——中国留学经验交流会"讲座。2016 年 4 月 27 日下午，佛大孔院与佛中友协联合举办"二胡"讲座，邀请由中国文化部派出的青年二胡演奏家祝子鑫为孔院师生讲授二胡课程。2016 年 6 月 17 日，中外方院长携手，带领孔院秘书与志愿者教师在佛大 Palmerejo 校区举行了两场主题为"选择汉语，学习未来的语言"的讲座。2017 年 5 月 30 日和 6 月 15 日，专职教师苏春分别在佛大孔院和佛得角大学做了两场主题为"中国'一带一路'倡议与佛得角"的文化讲座，中外方院长担任主持。2018 年 2 月 22 日，周富强院长应邀参加佛中友协主办的佛中经贸论坛并作"一带一路"主题演讲。

（4）"汉语桥"世界大学生中文比赛

2018 年 5 月 25 日晚上，由中国驻佛得角大使馆和佛大孔院共同承办的第十七届"汉语桥"世界大学生中文比赛海外预选赛佛得角赛区决赛圆满落幕。选手赵毓翔（Wilson）摘得冠军。他代表佛得角前往中国参加"汉语桥"非洲赛区的比赛。

（5）体育部合作项目

2018 年 1 月 13 日，受佛得角体育部邀请，佛大孔院师生在普拉亚市第十届"自由长跑"的颁奖仪式上表演了中华武术，随后在 1 月 19 日受邀参与佛得角电视台《早间秀》栏目的录制，通过电视进一步宣传全民健身与中国武术。自 2017 年 11 月佛大孔院和佛得角体育部合作的全民健身"中华武术"项目正式启动以来，孔院受邀共参与了 5 次大小型全民健身推广活动，从 1 月 13 日的普拉亚"自由长跑"，1 月 21 日的老城公民日长跑活动上的表演，到 4 月 6 日的国际体育日，4 月 28 日的推广教学，6 月 2 日的社区体育推广活动上的展示与实地教学，中华武术一步步走进佛得角民众的生活。

（二）新汉语水平考试考点的设立

2016 年 12 月 10 日，佛大孔院与汉考国际教育科技（北京）有限公司在中国昆明签署《关于中国汉语考试服务合作协议》，这标志着佛得角大学孔子学院汉语水平考试考点设立，这也是佛得角的第一个 HSK 考点。2017 年 4 月 19 日，"佛得角大学孔子学院汉语水平考试考点"正式挂牌，对外公布成立。紧接着，2017 年 4 月 22 日，佛大孔院举行了首场汉语水平考试，2018 年 4 月 22 日举办第二场汉语水平考试。参加考试的情况见表 7。

表 7　佛大孔院汉语水平考试情况

单位：人，%

场次	时间	参考人数	一级	二级	三级	四级	通过率
一	2017 年 4 月 22 日	35	25/21	7/6	3/2	—	82.86
二	2018 年 4 月 22 日	72	49/44	14/13	7/5	2/1	87.5

佛大孔院建院一年多便建立了 HSK 考点，2018 年参考人数较 2017 年大幅上升，通过率也有所提升，这对于建院两年半的佛大孔院来说成绩"惊人"，进步迅速。

HSK 考点的设立和考试的开展对于佛大孔院甚至佛得角的汉语学习者来说意义非凡，这是对佛大孔院汉语教学成果的检验，HSK 也是汉语学习者申请留学中国必不可少的一环。HSK 的开展，可以让学生量化自己的学习成果，帮助其走出佛得角，为佛得角学生赴华留学、进行文化教育等方面的交流提供了可靠保证，扫除了障碍。

（三）汉语夏令营

2017 年 8 月 26 日，佛大孔院专职教师苏春带领夏令营全体成员，从佛得角普拉亚机场起程前往中国广州，进行为期 18 天的中国文化之旅活动。行前，苏老师为学员进行了三次培训。中方院长郑庆君与孔院秘书布鲁尼为团队召开了战前动员大会，并为全体团员送行；学员们于9月13日凌晨安全回到佛得角，顺利完成了文化交流和考察活动。

广东外语外贸大学留学生教育学院负责安排整个行程，领队教师全程管理和指导。学员前一周学习汉语和中国文化，后一周除了上课、考试，还进行了文化考察，参观了具有岭南文化气息的陈家祠、宝墨园，领略了花城广场、北京路的现代气息，参观了广州图书馆、省博物馆，开阔了眼界，体会到中国人民的热情好客和真诚务实。学员还应邀参加了广东外语外贸大学非洲研究院座谈会，观摩了非洲的企业；还有机会到广西进行文化考察，欣赏了甲天下的桂林山水和少数民族的歌舞表演。

四 社会教育阶段的教育合作交流

广东与佛得角社会教育阶段的教育交流主要以佛大孔院本部为依托，在佛大孔院本部、卡斯特劳社区、圣地亚哥岛阿苏马达市 SOS 村、圣地亚哥岛普拉亚市 ECO 银行班和佛得角北方商会五个教学点进行。

（一）佛得角大学孔子学院

佛大孔院本部坐落在佛得角大学普拉亚校区，学习者有中学生、大学生、在职人员和待业者。中学生主要是就读于中学12年级，准备毕业后到中国留学的学生；大学生包括佛得角大学的学生及少数其他大学的学生；在职人员所占比例较大，但很少有人来自与中资企业相关的工作单位；还有一些为高中毕业后等待申请到中国留学的学生；另一部分主要是目前没有稳定工作，兼职或待业的社会人员。具体教学情况见表8。

表8 佛大孔院本部社会教育阶段教学情况

	学生人数（人）	班级数（个）	课程类型
2016年1月25日—2月26日	74	4	汉语推广课
第一学期2016年3月14日—6月30日	62	4	初级汉语体验课、中国文化及文化体验课

	学生人数（人）	班级数（个）	课程类型
第二学期 2016 年 9 月 19 日— 2017 年 1 月 27 日	71	4	初级汉语综合课 1、2 中国文化及文化体验课、HSK 考试 辅导课
第三学期 2017 年 3 月 13 日— 6 月 30 日	104	7	初级汉语综合课 1、2、3 本土教师培训课 中国文化及文化体验课 HSK 考试辅导课
第四学期 2017 年 9 月 20 日— 2018 年 1 月 26 日	88	5	初级汉语综合课 1、2、3 本土教师培训课 中国文化及文化体验课 HSK 考试辅导课
第五学期 2018 年 3 月 5 日— 6 月 27 日	68	6	初级汉语综合课 1、2、3、4 本土教师培训课 中国文化及文化体验课 HSK 考试辅导课

（二）卡斯特劳社区

卡斯特劳是位于首都普拉亚近郊的一个社区，2016 年 9 月—2017 年 2 月与佛大孔院合作，在社区活动中心开设初级汉语学习班，面向社区居民招生，报名人数为 20 多人，年龄最小的 16 岁，最大的 40 岁。语言课为初级综合课，每周两次，每次两个小时。该社区学习者的英语水平较低，加之学习者主要对日常交际感兴趣，所以教学采用内容简单活泼的《跟我学汉语》（葡萄牙语版）。除课本内容外，汉语教师还会适当增加文化介绍和文化体验活动。2017 年 3 月，新学期佛大孔院教学任务增多，课时难以安排，所以将卡斯特劳教学点的学习者并入佛大孔院本部"初级汉语 2"的班级学习。

（三）圣地亚哥岛阿苏马达市 SOS 儿童村

2018 年 2 月 6 日，佛大孔院在阿苏马达市 SOS 儿童村的第一节汉语课正式开课。自 2017 年 12 月以来，佛大孔院多次考察阿苏马达市的 SOS 儿童村，并与负责人共同探讨开设汉语课的相关事宜。SOS 儿童村是国际知名的慈善组织，目前"村"中有 80 多个孤儿，上汉语课的学生有 20 名左右。

（四）普拉亚市 ECO 银行

银行精英商务汉语培训班项目开始于 2017 年底。随着中国与佛得角在经贸、教育等方面的交流与合作日渐深入，银行作为金融服务行业，意识到了汉语在今后的行业发展、国际投资与合作中的重要性。该项目旨在为当地银行职员提供更具专业性的汉语教学，内容涉及负债业务、资产业务、中间业务、商务活动、社会交际等，帮助银行职员在日常的柜面操作、跨境金融服务中更好地与中方进行交流讨论。

（五）佛得角北方商会

佛得角北方商会又名佛得角北方三岛商会，包括圣文森特岛（São Vicente）、圣安唐岛（Santo Antão）和圣尼可劳岛（São Nicolau），总部位于圣文森特岛明德卢市。当地时间 2018 年 4 月 9 日下午，由佛大孔院及佛得角北方商会合作开办的商务汉语班正式开课，商务汉语课在商会总部进行。2018 年 1 月，中佛两国政府签署的援佛得角圣文森特岛海洋经济特区规划项目立项换文，2 月，海洋经济特区论坛在明德卢市举行。随后，在佛中友协会长何塞·柯雷亚先生的引荐下，佛得角北方商会表示希望同佛大孔院合作开展商务汉语教学。经过多次协商，于 4 月 9 日正式开课。该课程主要面向明德卢市的公务人员、银行职员、企业及私营机构在职员工等，授课内容包括日常交际汉语、初级商务汉语及中国文化，由佛大孔院段雪梅老师负责授课。

五　高等教育阶段的教育合作交流

佛大孔院由广东外语外贸大学与佛得角大学合作创办，在佛得角大学开展汉语教学是佛大孔院工作的重点之一。随着在佛得角影响力的提升，中方于 2015 年开始即调研过的当地名校皮亚杰大学、明德卢大学也相继与佛大孔院合作，开展汉语教学。

佛得角的大学发展起步较晚，2006 年才成立全国第一所公立大学"佛得角大学"，截至目前，全国共有 8 所大学或学院，其中，公立的佛得角大学和私立的皮亚杰大学综合实力最强。

（一）佛得角大学

1. 佛得角大学简介

作为佛得角第一所孔子学院的合作承办大学，佛得角大学是佛得角国内第一所综合性大学，成立于 2006 年，其前身为佛得角教师培训学院。该学院成立于 1979 年，此后逐渐发展建立高等教育研究所（1995 年）、海洋工程研究所（1996 年）和工商管理学院（1998 年），2006 年 11 月三者合并组建佛得角大学。佛得角大学分设普拉亚校区（含 Plateau 和 Palmalejo 两个教学点）、农业学院和圣文森特分校三个校区，其中，前两个校区位于圣地亚哥岛，圣文森特校区位于圣文森特岛。佛得角大学是佛得角最大的人才培养基地，为佛得角培养了各方面的优秀人才，为国家和社会发展做出重要贡献。

佛得角大学也是目前佛得角规模最大的公立大学，在校教师约 450 人，在校学生共计 3784 名，设有 5 个学院，分别为：科学技术学院、人文社科和艺术学院、海洋工程学院、农业与环境科学学院、工商管理学院。人文社科和艺术学院下设的语言专业有葡萄牙语、英语和法语专业。2015 年 12 月佛大孔院成立，汉语成为佛大选修课程，但暂不纳入学分课程。

2. 佛得角大学的汉语教学

佛得角大学汉语课程为选修课，不计学分。截至 2018 年提供汉语选修课共计五个学期，共开设有初级汉语综合课、中级汉语综合课两个阶段的课程，每周两次，每次两个小时。受佛大本部外校区软硬件设施条件限制，文化课和 HSK 考试辅导课无法开展，孔院鼓励学习者到本部参加文化课和 HSK 考试辅导课，但效果一般。佛得角大学汉语课程具体设置情况见表 9。

表 9　佛得角大学汉语课程设置

开班时间	课程类型	班级数量（个）	学生人数（人）
第一学期 2016 年 3—6 月	初级汉语综合课	4	89

续表

开班时间	课程类型	班级数量（个）	学生人数（人）
第二学期 2016 年 11 月— 2017 年 2 月	初级汉语综合课 1	2	30
	初级汉语综合课 2	1	9
第三学期 2017 年 3—6 月	初级汉语综合课 1	2	37
	初级汉语综合课 2	1	9
第四学期 2017 年 9 月— 2018 年 1 月	初级汉语综合课 1	2	30
	初级汉语综合课 2	1	
第五学期 2018 年 3—6 月	初级汉语综合课 1	1	40
	初级汉语综合课 2	2	
	中级汉语综合课 1	1	

佛得角大学开设汉语课程的时间较长，以语言课为主，受条件限制，课型相对单一。学习者数量增长缓慢，汉语教学没有形成良好的发展趋势。

（二）皮亚杰大学

1. 皮亚杰大学简介

皮亚杰大学是一所葡萄牙私立大学，以瑞士哲学家、心理学家皮亚杰的名字命名，在葡萄牙多地设有校区，在安哥拉、巴西、佛得角、几内亚比绍和莫桑比克等地都有分校。佛得角的皮亚杰大学在普拉亚及明德卢均设有校区。该校环境优美，校园设施齐全，学习氛围浓厚，有广播室、各类实验室、阶梯教室、理疗室、图书馆等。师资力量雄厚，现任佛得角总理乌利塞斯·科雷亚·席尔瓦，佛得角非洲独立党前领袖阿里斯蒂德斯·马里亚·佩雷拉曾在该校担任教师。该大学现有学生约 2000 人，教师队伍 380 人。

2. 皮亚杰大学的汉语教学

在 2015—2017 年首任中方院长郑庆君与前后两任外方院长一道两次调研皮亚杰大学并与之洽谈合作办学的基础上，2018 年 1 月 17 日，皮亚杰大学校长 Wlodzimierz Szymaniak 博士邀请佛大孔院访问该校，继任中方院长周富强教授、外方院长艾美琳达女士、志愿者教师詹碧云和秘书伊莎一行来到皮亚杰大学，双方就该校开展汉语教学合作再次进行会谈，并最终达成合作意向。

2018 年 4 月 3 日，第一节汉语课在皮亚杰大学顺利开课，志愿者教师詹碧云担任主讲。4 月 10 日，在皮亚杰大学校长及相关负责人的积极筹备下，佛大孔院在皮亚杰大学顺利举行了汉语课程开班仪式，标志着佛大孔院与皮亚杰大学合作项目开始实施。

2018 年 4 月至 6 月，佛大孔院在皮亚杰大学开设了初级汉语综合课、中国文化课两门课程，开设 1 个班，学生数量为 26 人。

（三）明德卢大学

1. 明德卢大学简介

明德卢大学位于圣文森特岛明德卢市，是一所私立大学，成立于 2002 年，共设有 13 个本科专业、3 门硕士课程及 1 门博士课程。明德卢大学在校教师共计 105 人，在校学生约 1200 人，是目前圣文森特岛规模最大的高等教育机构。

2. 明德卢大学的汉语教学

当地时间 2018 年 4 月 3 日下午，明德卢大学迎来建校以来的第一堂汉语课。由佛得角大学孔子学院及明德卢大学合作推广，面向明德卢大学师生的汉语课程正式开始。初期开设两个班，共计报名 50 人，由佛大孔院教师段雪梅负责授课。除佛得角学生外，还有部分来自东帝汶、圣多美和普林西比、尼日利亚等国家的学生，多元的文化背景给汉语课堂带来了更多的文化交流与碰撞。

六 中学教育阶段的合作交流

佛得角教学体制共分为四个阶段，分别是：学前教育 2 年，初等教育（小学）8 年，中等教育（中学）4 年，高等教育 4 年至 5 年。小学阶段为义务教育。

随着中佛两国间合作关系日益密切，加之佛大孔院的稳步发展为佛得角教育部门树立了信心，2016 年 10 月，佛得角教育部推出"佛得角中学汉语推广五年计划"。经过多番洽谈协商，佛大孔院主持七次修改完善合作协议，佛得角教育部与佛大孔院于 2017 年 5 月 9 日正式签订佛得角中学汉语课程开设合作协议，计划从 2017 年 9 月开始正式实施，首先在普拉亚（圣地亚哥岛）9 所中学、阿苏马达（圣地亚哥岛）2 所中学和明德卢（圣文森特岛）4 所中学共计 15 所中学的 9 年级（即中学一年级）开设汉语选修课，未来将逐步扩大开设范围。协议规定孔院负责向各个教学点派遣汉语教师，提供学习资料，并逐步实施培训本土汉语教师的工作。

（一）中学汉语教学情况

早在 2016 年上半年佛大孔院中外方院长两次访问当地著名中学米拉花学校后，佛大孔院于 2016 年 10 月便开始了与中学的教学合作，在该校开设了两个班的汉语课及中国文化体验课程。2017 年 5 月签署佛得角中学汉语课程开设合作协议后，中方院长郑庆君先后在佛得角首都普拉亚、阿苏马达（圣地亚哥岛）、明德卢（圣文森特岛）三地再次进行考察，并与当地教育部及部分中学负责人员进行座谈，进一步落实各地中学项目的实施工作。

2017 年 9 月 14 日，第三批志愿者教师到岗，身为汉语教授的中方院长郑庆君亲自担纲一周的教学培训之后，志愿者教师便奔赴各自的工作岗位，其中 2 位前往圣文森特岛负责 4 所中学的汉语教学，2 位教师奔赴本岛阿苏马达市的 2 所中学，其余教师承担普拉亚市 9 所中学的汉语教学任务。

经过紧张而艰苦的筹备和培训工作，至 2017 年 10 月 23 日，两岛三地共 15 所中学 52 个教学班全面开课，汉语课程全面走进佛得角中学。截至 2018 年 6 月，中学汉语课程"五年计划"基本上完成了第一个学年的工作。在此期间，各地教师根据当地的汉语学习需要，增设新教学点，而部分中学也面向其他年级增设了新的汉语教学班（见表 10）。

表 10 佛得角中学教学点的汉语教学情况

所在地	学校名称	开课年级	时长	班级数量（个）	注册学生人数（人）	稳定学生人数（人）
圣地亚哥岛普拉亚市	E. S Amor de Deus	9	3 个学期	5	98	60
	E. S Cónego Jacinto Peregrino da Costa	9	3 个学期	7	143	31
	E. S Cesaltina Ramos	9	3 个学期	1	20	7
	E. S Achada Grande	9	3 个学期	1	15	5
	E. S Abilio Duarte	9	3 个学期	2	25	10
	E. S Domingos Ramos	9	3 个学期	2	51	15
	E. S. Regina Silva	9	2 个学期	2	52	17
	E. S Pedro Gomes	9	3 个学期	1	46	8
		11	1.5 个学期	1	13	6
		12	1.5 个学期	1	21	5
	E. S Mira Fores	12	3 个学期	1	12	9
圣地亚哥岛阿苏马达市	Liceu Amílcar Cabral	9	3 个学期	8	200	48
	Liceu Napoleão Fernandes	9	3 个学期	10	250	30
圣文森特岛明德卢市	E. S Jorge Barbosa	9	3 个学期	2	48	20
		12	3 个学期	1	40	12
	Escola Industrial e Comercial do Mindelo	9	3 个学期	1	66	12
		12	3 个学期	2	45	13
	Liceu Ludgero Lima	9	3 个学期	3	80	54
	E. S Dr. Jose Augusto Pinto	9	3 个学期	3	84	24
总计				54	1309	386

中学的汉语教学以语言综合课为主，根据学生的特点和学习需求，9 年级选用教材是葡语版的《跟我学汉语》，高年级教学班则选用《新实用汉语课本》《精英汉语》等作为教材。

2017—2018 学年是佛得角教育部中学课程项目"五年计划"实施的开始，也是"经历年"。计划初期，各校的参与热情高涨，注册学生人数多达 1309 人。但由于课程安排、学生情况等客观原因，最后缩减到 386 人。

（二）中学文化活动开展情况

中学的汉语教学除了主要的语言课外，还包括各类中国文化体验活动，据统计，2017—2018 学年，两岛三地 15 所中学举办的地区及全校性文化活动多达 13 场次，内容包括汉字书写大赛、中国文化体验、旗袍秀、功夫秀等。

此外，2017—2018 学年，每所中学利用汉语课开展的文化教学平均有 5 次，内容包括中国春节、饮食文化、剪纸、中国功夫、电影播放等。

中学文化活动作为语言课的补充，让学生对中国有了一个感性的认识，也打开了他们了解中国的一个窗口。

尽管开始存在各种困难，但佛得角中学汉语课程开设合作协议的签署和实施意义深远：第一，它促进了佛得角汉语教学的推广和发展，成为未来有望将汉语教学全面纳入佛得角国民教育体系的开创基石；第二，对孔院办学而言，协议的签署为孔院汉语教学的可持续发展创造了有利条件，较大程度上解决了人口稀少的偏远小国推广汉语教学的生源风险，也是佛得角孔院汉语教学推广工作的重要组成部分；第三，从长远来看，中学汉语课程的开设将为佛得角培养一批掌握中文、了解中国文化的年轻人，这将为中佛两国在未来深化合作培养有用的社会人才，营造良好的合作氛围，对推动粤非教育交流的进一步发展产生积极而深远的影响。

七 广东与佛得角教育交流的特点和展望

广东与佛得角的教育合作交流呈现以下特点，也是目前的不足所在。

1. 教育交流的单向性，以"中国输出"为主，没有形成双向交流互动的良好发展态势；

2. 交流形式较为单一，以"汉语教学和文化传播"为主，广东和佛得角的人员交流、校际交流与科研合作匮乏，双方对彼此的了解仍较少。

广东与佛得角的教育交流刚刚起步，尚处于初级阶段，按现在发展的良好态势，随着佛得角国内汉语学习氛围的日益浓厚，期望未来能丰富交流形式，增加学生等人员往来，更多地、多方位地开展彼此的合作。

八 广东与埃及的教育合作

（一）校际互访

1. 石佑启校长访问埃及

2018 年 10 月 30 日至 11 月 6 日，广东外语外贸大学校长石佑启访问葡萄牙、佛得角、埃及，拓展、强化孔子学院合作，开辟新的高端国际合作项目。

在佛得角大学，石佑启与纳西门托校长亲切会晤，双方回顾了自佛得角大学孔子学院建立以来两校的良好合作和频繁交流。双方表示，将以孔子学院为纽带，进一步加强两校交流与合作，拓展新的合作领域。访问期间，代表团出席了佛得角大学孔子学院理事会会议，石佑启慰问了在佛得角大学孔子学院工作的汉语教师和学生志愿者，参观了佛得角大学新校区及新校区中拟设的孔子学院办公室，并与项目承建商中国龙信集团负责人员座谈。

在艾因夏姆斯大学，石佑启与副校长 Abdel Nasser B. Singab 和 Nazmy Abdel-Hamid Abdel-Ghany 会谈。双方表示，将积极推动两校在对应学科的全方位合作，共同推动现有的孔子课堂尽快升格为孔子学院，并于近期签署两校联合培养本科生和研究生、共同授予双学位的合作备忘录。石佑启参观了艾因夏姆斯大学孔子课堂，看望了在孔子课堂工作的汉语教师。

在开罗大学，石佑启与 Aiman S. EI-Khatib 副校长会谈，双方表示将共同推动两校合作关系的建立。广东外语外贸大学与开罗大学的合作协议已经进入埃及教育部的审核程序，一旦完成签字程序，广外将是开罗大学的第一个中国合作伙伴。石佑启还访问了开罗大学文学院，与 Ahmed EL-Sherbini el-sayed 院长、Raga Ahmed Aly 和 Gamal el-Shazly 副院长、阿拉伯语系主任 Khairy Douma、阿拉伯语言文化中心主任 Fehr Mahmoud Shaker 座谈，双方表示将尽快启动学生联合培养项目和教师互访。

访问期间，石佑启拜会了中国驻葡萄牙大使蔡润、中国驻佛得角大使馆临时代办王峰参赞、中国驻埃及大使馆临时代办刘永凤公使，并与中国驻埃及大使馆教育处宋波参赞就孔子课堂建设事宜进行了专题会谈。

2. 埃及艾因夏姆斯大学校长一行访问广东外语外贸大学

2018 年 11 月 22 日，埃及艾因夏姆斯大学校长阿布德·埃瓦哈卜·伊扎特（Abd Elwahab Ezzat）一行来访，广外党委书记隋广军、校长石佑启分别会见来宾，双方就孔子课堂建设、汉语教学、教师互派、学生交换、合作研究等方面的交流与合作交换了意见。副校长焦方太、国际合作与交流处处长蔡红、留学生教育学院院长梁学宏、非洲研究院常务副院长刘继森、中国语言文化学院及信息科学与技术学院等相关单位负责人参加会见。

隋广军指出，埃及艾因夏姆斯大学是广外重要的合作伙伴。两校自 2017 年 10 月签署孔子学院执行协议以来，稳步推进孔子学院建设，取得了初步成果。通过此次来访，希望双方就孔子课堂建设及更多领域的合作开展讨论，加强交流，推动两校合作深化及两国友谊发展。

石佑启对艾因夏姆斯大学一行到访表示欢迎。他指出，广外与艾因夏姆斯大学有着良好的合作关系。自艾因夏姆斯大学孔子课堂设立以来，汉语教学、文化推广与培训等活动开展顺利。他希望双方在其他领域继续展开合作，推动两校关系发展。

阿布德·埃瓦哈卜·伊扎特校长表示非常高兴到访广外。他指出，艾因夏姆斯大学孔子课堂在当地具有良好的声誉，得到了很多学生的关注。该孔子课堂的建成，是推进"一带一路"倡议、中非合作的要求。他希望两校在艾因夏姆斯大学孔子课堂建设方面增强信息共享与交流，并将两校良好合作拓展至其他领域。

（二）埃及艾因夏姆斯大学孔子课堂

1. 签署协议

2017 年 10 月 27 日，埃及艾因夏姆斯大学孔子学院协议签署仪式在北京孔子学院总部/国家汉办举行。国家汉办党委书记马箭飞代表孔子学院总部/国家汉办与艾因夏姆斯大学校长阿布德·埃瓦哈卜·伊扎特签署了孔子课堂合作协议，广东外语外贸大学党委书记、校长隋广军代表大学与埃方校长签署了孔子课堂执行协议。广外副校长焦方太，孔子学院总部/国家汉办发展规划处处长曹叠峰，广外党办、校办、国际合作与交流处等单位负责人，以及艾因夏姆斯大学代表团等见证了协议的签署过程。

艾因夏姆斯大学孔子课堂是广外在成功建设日本札幌大学孔子学院、俄罗斯乌拉尔大学孔子学院、秘鲁圣玛利亚天主教大学孔子学院、佛得角大学孔子学院的基础上，建设的第 5 家海外孔子学院（课堂）。该孔子课堂将在孔子学院总部的指导和支持下，在两校的密切合作与积极推动下，在当地开展汉语推广和中埃文化交流活动，包括开展汉语教学、文化推广，组织中国语言文化竞赛，培训当地汉语教师，进行合作研究，等等。

埃及艾因夏姆斯大学孔子课堂的建设，是广外贯彻和落实党的十九大的最新精神，进一步响应中国文化"走出去"战略及"一带一路"倡议的一项重要举措。艾因夏姆斯大学孔子课堂的建设将全面促进两校的深度合作与交流，必将为加深中埃两国人民的相互理解、增进中埃两国的传统友谊做出积极的贡献。

2. 栗战书为孔子课堂授牌

2018 年 5 月 12—21 日，广东外语外贸大学党委书记、校长隋广军一行先后到莫桑比克、乌干达、肯尼亚进行访问，与相关政府部门、高校、科研机构及我国驻外企业人员会面，就广外和非洲著名高校交流、孔子学院的发展建设和高层次项目等洽谈合作，与马克雷雷大学签署了合作协议，并就多项合作达成共识。访问期间，隋文军校长一行受到全国人大常委会委员长栗战书、莫桑比克议长马卡莫、乌干达总理鲁贡达、中国驻乌干达大使郑竹强等人的亲切接见。

在 2018 年非洲孔子学院联席会议开幕式上，栗战书在致辞中指出，孔子学院属于中国，也属于世界。希望非洲孔子学院立足中非友好、知识共享、文化交流这个根本，既要宣传中国文化、讲好中国故事，也要向国内介绍非洲，当好中非人文交流的使者。

栗战书还为广外与埃及艾因夏姆斯大学共建孔子课堂授牌。

（三）埃及艾因夏姆斯大学孔子课堂升格计划

1. 艾因夏姆斯大学概况

艾因夏姆斯大学（Ain Shams University）是埃及的第三大综合性大学，也是中东地区著名的高校之一，位于埃及首都开罗市，始建于 1950 年。艾因夏姆斯大学是埃及最早开设中文系的大学，1958 年建立中文系。艾因夏姆斯大学的汉语言专业是这所大学的一大特色，其语言学院设立的中文系现有本科生、硕士生和博士生近 1500 人，本土汉语教师 30 多人。该校中文系是中东和非洲地区唯一的一个设施比较齐全的高等汉语教育园地。多年来，在中埃两国政府的共同关心和中埃教职员工的辛勤耕耘下，该校培养了一大批优秀的埃及汉语人才，在一定程度上为中埃两国的各项交往做出了卓越贡献，在中埃文化教育交流方面发挥着重要作用。艾因夏姆斯大学的语言学院中文系在中东和非洲地区具有极高的知名度，也是中东和非洲地区规模最大的高等汉语教学基地。埃及很多大学中文系的本土教师是艾因夏姆斯大学中文系培养出来的。艾因夏姆斯大学积极开展与其他高校的合作，和许多国内外大学建立了长期合作关系。2017 年 10 月 27 日，艾因夏姆斯大学与广东外语外贸大学签署合作办学协议，艾因夏姆斯大学孔子课堂正式成立。2018 年 5 月 30 日，艾因夏姆斯大学孔子课堂举办揭牌仪式。2018 年 10 月中方院长和第一批志愿者教师相继到任，孔子课堂汉语教学活动全面正式展开。

2. 孔子课堂发展总结

艾因夏姆斯大学孔子课堂于 2017 年 8 月获得中国孔子学院总部/国家汉办批准建立，2018 年 10 月中方院长和志愿者教师到任后，孔子课堂开始正式运作，迄今为止，孔子课堂在两个学期里已经先后培训了 1020 名学员。孔子课堂的 HSK 和 HSKK 考点在 2018 年 12 月获批，2019 年 3 月第一次举办考试，就有 316 名学生参加，其中 296 人考试合格并获得汉考国际颁发的成绩证书。艾因夏姆斯大学从中推荐了 38 名来华留学的奖学金生，其中 29 名获得国内高校批准。在 2019 年 4 月举办的埃及大学生"汉语桥"比赛中，艾因夏姆斯大学孔子课堂参加"汉语桥"比赛的选手（中文名字刘正曦）获得埃及赛区特等奖，之后在中国长沙赛区参加全球"汉语桥"比赛，进入全球选手 30 强。艾因夏姆斯大学孔子课堂举办的第七届世界文化论坛、第二届"一带一路"中非合作新实践国际论坛和 2019 年 10 月举办的埃及大学生翻译大赛获评总部优秀案例，课堂教学质量稳步提高，学生报名人数每个学期都有增长。孔子课堂计划下学期在艾因夏姆斯大学医学院和工程学院开设汉语课程，在埃及有关企业和部门开展汉语课程培训，在升格后选择适当时机在埃及有关大中小学开设孔子课堂，目前这些工作都在有条不紊的推进过程中。

3. 升格具体原因

艾因夏姆斯大学孔子课堂自 2018 年正式运营以来，汉语教学和文化活动顺利开展，报名学习的学生人数越来越多，影响也越来越大。埃及政府、中国驻埃及大使馆和埃及社会希望和艾因夏姆斯大学孔子课堂共同举办各类文化活动、有关比赛和开办汉语教学培训班的要求越来越强烈，埃及的很多大学和中学也迫切希望合作开办孔子课堂。但因为艾因夏姆斯大学孔子课堂还没有升格为孔子学院，经费和教师数量还不能满足需要，因此很多工作无法开展。但是，艾因夏姆斯大学孔子课堂的学员在埃及举办的"汉语桥"比赛、讲故事比赛、中华诗词朗诵比赛、唱响埃及比赛等各类活动中屡获大奖，孔子课堂的影响越来越大，已经完全具备了升格为孔子学院的基本条件。因此，艾因夏姆斯大学恳切希望中国孔子学院总部/国家汉办早日批准艾因夏姆斯大学孔子课堂升格为孔子学院。

4. 未来发展计划

（1）教学计划

艾因夏姆斯大学孔子课堂的教学计划于 2019 年 2 月拟定，3 月参加暑期汉语教学培训的学生有 450 人，下学期将增至 600～800 人，班级将增至 40 个班级以上。原有两批 19 名志愿者教师，上学期末（2019 年 7 月底）离任 4 名志愿者教师，现有志愿者教师 15 人，到 2020 年 2 月 8 名志愿者离任。2019 年 8 月底有 5 名新的志愿者教师和 2 名公派教师相继来艾大孔子课堂工作，2019 年 9 月—2010 年 2 月总共有 22 位公派教师和志愿者教师在孔子课堂工作。

2019 年下半年，孔子课堂计划在艾因夏姆斯大学医学院和工程学院开设汉语课程，计划在埃及的两家企业（埃及航空公司和埃及国家投资开发部）开办汉语培训班。另外，计划在孔子课堂升格后，选择适当时机向中国孔子学院总部/国家汉办申请下设大中小学孔子课堂，并根据孔子课堂招生人数和开班情况适度申请新的公派教师和志愿者教师。

艾因夏姆斯大学语言学院中文系始终保持 1300～1500 名的本科生、硕士生和博士生，还有 30 多位埃及本土汉语教师，原有 10 位志愿者教师，其中 9 位于 2019 年 7—8 月离任，暂无新的志愿者教师加入。

2019 年 11 月 16 日艾因夏姆斯大学孔子课堂举办 HSK 考试，12 月 1 日举办 HSKK 考试，2020 年 2 月或 3 月再次举办 HSK 和 HSKK 考试。此后将选拔优秀学生申请中国高校奖学金，到中国有关高校研修或攻读学位。

（2）文化活动

2019 年下半年（初步确定为 10 月 13 日），孔子课堂将主办第一届埃及大学生翻译大赛，全埃及将有 23 所大学和汉语教学机构的大学生参加比赛。

2020 年 4 月，升格后的艾大孔子学院将主办埃及大学生"汉语桥"比赛，比赛分为预赛和决赛两个阶段，届时将有大量工作要做。

广东省政府对广东外语外贸大学孔子学院工作给予大力支持，广东省政府计划在 2019 年 9—12 月或 2020 年 1—3 月或 6—8 月的适当时机（因 4 月份是"汉语桥"比赛，5 月份是埃及斋月），组织有关团体赴埃及等国的孔子学院参加文艺演出和武术体育交流等活动。艾因夏姆斯大学有很多学生热爱武术，可以组织武术或其他体育表演，适当为艾大学生进行体育辅导。艾大医学院力量很强，希望和中国国内有关中医药大学合作，派遣中医代表团到艾大进行学术交流，同时传播中医治疗、防病治病的常识和博大精深的中医文化。

5. 艾因夏姆斯大学为孔院提供的支持

孔子课堂升格为孔子学院后，艾因夏姆斯大学承诺将对艾因夏姆斯大学孔子学院提供以下支持。

为孔子学院提供办公场地。艾大为孔子课堂专门提供了办公室和会议室、接待室、资料室等相应的场地，并配备了空调、电脑、复印机、打印机、冰箱、橱柜、桌椅等必要的设备。目前正在建设孔子学院大楼，争取尽快建设和装修完成后交付使用，孔子学院大楼建成后将给升格后的孔子学院提供更为优质的办公和教学条件。

配备埃方院长和秘书等行政管理人员。孔子课堂现有埃方院长 1 名、教学秘书 2 名，负责孔子课堂的各项行政管理工作。另外还有勤杂人员 3～4 名，负责孔子课堂的安保、卫生、绿化、设备维护等常规后勤工作。待孔子课堂升格后，艾大将尽快督促孔子学院大楼的建设，力争尽快为孔子学院配备完备的图书馆、阅览室、教师工作室、会议室、计算机房、体育音乐表演舞台等，争取把艾因夏姆斯大学孔子学院办成埃及最好的孔子学院。

为孔子学院的教学活动提供力所能及的支持。随着孔子课堂（学院）注册学习的学生人数日益增多，教室紧张问题日益突出。艾大将努力协调升格后孔子学院上课的教室，争取每学期能够满足近1000名学生在孔子学院读书学习的教室和设备要求，待孔子学院新大楼建成后，教室紧张问题将迎刃而解。学校计划将来在有关学院开设汉语选修课程，并争取在适当的时机建立艾因夏姆斯大学公共汉语教学部，培养选聘本土汉语教师100～200名，先在整个艾大将中文列为全校选修课，然后逐渐发展成为全校必修课。艾大还将积极联系埃及有关企业和政府部门，开办汉语培训班，培养更多促进中埃友好合作的未来人才，通过组织有关活动，大力推动"一带一路"建设，切实深化中埃友谊与合作。

第三章

粤非人文交流：文化与旅游篇

【本章导读】

近年来，旅游在国际交往中的独特作用不断凸显，已经成为对外人文交流最活跃、最具潜力的领域之一。国家主席习近平强调："旅游是传播文明、交流文化、增进友谊的桥梁，是人民生活水平提高的一个重要指标。"中非友好关系源远流长，旅游作为人文交流的重要内容，正不断丰富和拓展着中非全面战略合作伙伴关系的内涵。改革开放以来，中国已经成为世界第一大出境旅游消费国、第四大入境旅游接待国，还拥有世界最大的国内旅游市场，国际影响力日益增强。广东作为中国改革开放的先行地和"21世纪海上丝绸之路"重要枢纽，与非洲国家在旅游合作方面进行的实践和积累的经验，必将有助于增进双方对彼此文化的认识和理解，进一步夯实中非友好的民意基础，推进中非旅游文化交流合作迈上新台阶，为中非关系健康可持续性发展提供更多正能量。

一　改革开放以来中（粤）非文化交流

1. "中华文化非洲行"

持续10个月的"中华文化非洲行"，于2004年8月13日降下了帷幕。作为新中国成立以来中国政府规模最大、样式最多、历时最长的对非文化交流项目，它从2003年11月起，在撒哈拉以南非洲国家和地区扬起了猛烈的"东方旋风"。特别是2004年7—8月，中国政府派出歌舞、杂技、武术三个演出团和"中国乐器""锦绣中华""中国刺绣"三个展览团，分赴 11 国巡演巡展，并在南非、喀麦隆和加纳三国举办"中国艺术节"，国务委员陈至立率中国政府代表团出席在南非的"中国艺术节"开幕式，更是将"中华文化非洲行"推向高潮。如果不是记者随行采访亲眼所见，很难相信中华文化给遥远非洲带来如此迷人的魅力。

（1）国家因文化更美丽

> 真的，
> 中国就像一朵鲜花，
> 散发着人类的芬芳，
> 芬芳中飘逸着爱，
> 那是对地球上和平的热爱。

这是记者从喀麦隆人民民主联盟中央委员会委员、全国作家协会主席巴斯卡尔·贝科洛·贝科洛接受采访后赠送的一本著作中，随手摘录的一段诗句，这段诗句从心底发出了非洲人民对中国及其文化的赞叹。

如果借用"中国就像一朵鲜花"来形容"中华文化非洲行"，也非常贴切。从"中国艺术节"第一站南非开始，记者就感受到这个"彩虹国度"扑面而来的对中国文化的疯狂喜爱。无论是比勒陀利亚艺术博物馆里的"中国乐器展"，还是国家剧院里湖南歌舞团的民间歌舞，无论是约翰内斯堡凯撒宫里山东武术团的中国功夫，还是开普敦艺术剧院里云南杂技团的精妙绝技……都让观众如痴如醉。

是的，国家因文化更美丽。"锦绣中华"图片展以它对非洲参观者的吸引力证明了这一点。展览通过中国当代摄影家 60 幅精美的作品，展现了一幅古代中国文明遗存与当代中国生活风貌的立体图景。在南非，记者注意到一名参观者在一幅幅美丽的自然风光和现代生活图片前驻足颔首。在采访他的时候，他说道："我原以为只有南非的自然景观十分美丽，没想到中国的自然风光更加迷人，充满着东方的神秘色彩。我一直希望能有机会访问中国，亲自踏上那片神奇而伟大的土地。今天我总算在图片中看到了万里长城和兵马俑。"在加纳，记者看到很多观众在"锦绣中华"图片展的一幅浦东新区照片前指点着，其中有人还发出疑问："这究竟是上海还是纽约？"

云南杂技团在刚果（布）的演出盛况到了"吓人"的地步。团长张建业从那里转到加纳后，兴奋地告诉记者，一次在布拉柴维尔的一个露天广场演出，原定于下午 3 点演出，由于音响没到，推后到 6 点才开演，8000 多名观众就一直不肯离去。等到开演，观众越来越多，当地官员从座位上已经看不见台上演出，连音响台都被挤得直摇晃，警察不得不朝天鸣枪，以维持秩序。团长感慨道："在刚果（布）每场演出前，当地观众看到演员练习，他们都会跟着练。演出后，当地孩子都竖着大拇指跟着我们的车追出一里地。他们真是可爱极了。"

文化是一个民族智慧和创造力的结晶，也是一个国家实力的象征。"中华文化非洲行"所到之处，都受到当地华侨的热烈追捧。他们说，在这些展演中，他们不仅看到了自己民族令人自豪的文化，也看到了祖国前进的时代脚步。正如中国驻加纳大使张克远对记者说的："中华文化非洲行其实是在非洲人民心中塑造中国的新形象。"

（2）文化因交流更生动

今天，民族的、独特的文化存在和表达正在受到来自全球化进程多方面的挑战。只有真正参与了文化交流，才能体会到不同的文化是多么珍贵和必要，享受丰富多样的文化是一件多么令人心动的事。

作为有着五千年文明史的东方大国，中国独具特色的传统文化，向来为非洲人民所心仪和钟爱。在"中国乐器"展上，来自东方国度的古今乐器，可谓件件精美、个个神秘。不仅有距今约 9000—7800 年的舞阳骨笛，也有 2400 多年前的气势恢宏的曾侯乙编钟等。它们向非洲人民无言地叙述着中华文化的源远流长。在一面虎座鸟架鼓前，一位女士正看得出神。她不敢相信，如此精美的艺术品竟然是一面鼓。她好奇地拿起旁边的鼓槌轻轻一击，"咚"的一声令她怦然心动，惊讶得差点叫出声来。

李小龙、成龙等华人影星，一直是非洲观众的偶像。山东武术团将中国闻名于世的高强武功带来了。据该团介绍，他们于 2004 年 7 月 22 日抵达赞比亚利文斯顿市的印度教礼堂演出，气势恢宏、扣人心弦的武术节目和令人叹为观止的杂技绝活，让观众喝彩不断。因座位有限，有 600 多名观众都是站着观看的，不少观众在演出结束后久久不愿离去，想见一见这些身怀绝技的演员，希望与他们合影，向他们索要签名。长期做文化外交工作的文化部外联局副局长、"中华文化非洲行"中国政府文化代表团团长李新对记者说："这就是文化交流的力量。"

文化因多样而交流，因交流而繁荣。当今，世界文化的一大主题是创造文化的多样性。而今的"中华文化非洲行"，正是践行这个世界性的主题。记得时任文化部部长孙家正在南非的开幕式上曾这样指出："中华民族有着五千年的文明史，创造了博大精深的东方文化。非洲是人类文明的发祥地之一，非洲文化艺术以其巨大的生命力和感召力及鲜明特色成为当代世界文化艺术发展的一个重要源泉。中非在文化艺术领域的友好互动，相互学习借鉴，不仅有利于推动中非友谊和友好合作关系的不断发展，而且有利于保持和发展世界文化的多样性。"的确，世界文化的长河，是由许多不同民族和国家的文化的支流交融混合而成的。它们用各自创造的文化珍品，吸引歆羡的目光，以获得文化的尊重和满足。喀麦隆，是"中国艺术节"的第二站。"中国刺绣"展在首都雅温得的国家博物馆展出时，每天吸引着络绎不绝的观众。一对正在喀麦隆度假的法国夫妇从报纸上获悉当地正在举办"中国艺术节"的消息后，专门安排时间参观，并对每一件展品都仔细观看。喀麦隆国家博物馆负责人伊莲娜女士告诉记者，许多喀麦隆人为中国刺绣的精湛技艺所倾倒，希望能为自己和朋友购买一两件用来珍藏，当得知展品只展不售时，他们无不遗憾之至。

（3）心灵因文化更贴近

文化是沟通心灵的桥梁。中国和非洲，虽然远隔万水千山，但几十年来，由于在平等、友好、互利的基础上不断加强文化交流与合作，彼此的心灵是相通的。因此，走在非洲的任何地方，彼此相见都会毫无障碍地热情招呼，亲如故人。2004年，中国政府举办"非洲主题年"活动，更是以文化为桥梁，将活动分为"请进来"——"相约北京"和"走出去"——"中华文化非洲行"两部分，这也是在文化领域对《中非合作论坛——亚的斯亚贝巴行动计划（2004—2006年）》的具体实施。而"中华文化非洲行"，在中非友好交往史上又谱写出心灵和谐的新篇章。

文化的交流的确能让彼此的心灵更加贴近。中华文化在非洲一路行走，到处撒播浓浓的亲情，这来自中国艺术家与非洲观众、非洲艺术家的交流互动、互相学习、互相欣赏、互相感动。在"中国艺术节"最后一站加纳，这种情形从加纳文化委员会主席罗杰·黑根博士接受记者采访时说的那番话中得到印证："中国总理周恩来 40 年前对加纳的访问已经成为加纳人民世代美好的回忆，这充分表明两国人民之间的友谊十分深厚。加纳人民永远也不会忘记中国对加纳不附带任何政治条件的援助，雄伟、美丽的加纳国家剧院就是中国人民赠送给加纳人民的珍贵礼物。此次中国政府在加纳举办中国艺术节就是最有力的说明。你们会看到加纳观众将以怎样的热情来迎接中国的文化使者的。"

果不其然，湖南歌舞团上午的第一场排练在由中国援建的阿克拉市标志性建筑国家剧院里，有一个节目是由两国艺术家共同演出，需要加纳国家舞蹈公司的演员参与。排练很快就结束了，但加纳艺术家们看到中国舞蹈太美了，从中获得了灵感，艺术的冲动使他们顾不得礼仪，拉住中国舞蹈演员不让走，坚持要求教他们几段舞蹈动作。没想到，这一教竟教到了下午两点。加纳艺术家们认真学习的劲头让中国演员深受感动。临别时，两国的舞蹈家们就像亲兄弟亲姐妹一样依依不舍。

艺术家与观众互动，是"中华文化非洲行"的一大特点，目的在于让两种文化瞬间靠近。无论是湖南歌舞团傅辽源和汪勇两位歌唱演员在南非演唱当地民歌《火车从南非开出》，还是汪勇走下台去同观众一起演唱《不老的爸爸》，无论是云南杂技团让观众上台一起表演，还是"中国乐器"展让参观者自由击打弹唱，都是为了让文化走进心灵，让彼此心灵更紧密地贴近。因此，无论中国艺术家们走到哪里，当地百姓总是主动打招呼，称赞"中国艺术真棒"。

2. 中国杂技走进非洲

2004 年 7 月中旬至 8 月中旬，中国文化部举办的"中华文化非洲行"遍及 11 个非洲国家，是新中国成立以来中国政府第一次对如此众多的非洲国家开展规模盛大、形式多样的文化交流活动。云南杂技团、湖南歌舞团、山东武术团 3 个演出团体先后演出约 50 场，无论走到哪里都受到了当地政府的热情接待和观众的热烈欢迎。特别是杂技表演，由于是通过高难度的形体动作表现深邃的艺术内涵，不存在语言障碍，更易引起非洲观众的极大兴趣。

云南杂技团此次在非洲的表演，融新、难、奇、美于一体，中国民族民间特色突出。"对顶花坛""高车踢碗""对手技艺""呼啦圈"等十多个多次在国内外比赛中获奖的节目逐一登场，将中国传统的杂技技巧与现代的舞蹈艺术巧妙地结合，并辅以国际流行的服装、节奏欢快的音乐和五彩缤纷的灯光，呈现奇幻的演出效果，演出现场高潮迭起。高高的独轮车灵巧地穿梭在台上，美丽的姑娘在高车上把一个个碗踢向头顶，博得观众一片掌声；魔术师变幻莫测的双手让观众看花了眼、拍红了手；"对顶花坛"难度很大，大大小小的坛子在两位演员头上、手上仿佛具有灵性，飞来飞去，令那些喜爱杂技的非洲青年惊讶不已。

尽管非洲国家的演出场所设备比较简陋，但云南杂技团的表演却没有丝毫马虎。由于喀麦隆最大城市杜阿拉没有剧院，演出地点临时选择在一家电影院，演员们只能在长约 10 米、宽不足 4 米的舞台上表演。杂技团便调整了演出内容和节目顺序，因地制宜地演出那些占地面积不大但又十分精彩的节目。1000 多名观众冒雨前来观看，给予极高评价，称赞"中国的杂技是世界第一流的杂技艺术"。在佛得角的演出是在海滨体育场进行的，尽管强劲的海风给演出带来了极大的麻烦，但精彩的表演自始至终博得观众热烈的掌声和欢呼声。在刚果（布）的演出是在一个露天广场，上万名观众将舞台围得水泄不通，演出过程中人们情不自禁地向前拥挤，将坐在前排的几位政府部长淹没在人海之中，演出的舞台也被挤得直摇晃，以至于不得不紧急出动数百名军人和警察维持秩序，才使演出得以继续进行。

为了将自己最优秀的节目奉献给非洲观众，云南杂技团自 2004 年 3 月起便开始为这次非洲之行精心挑选节目和紧张排练。在非洲巡回演出中，经常会出现预想不到的困难：由于航空公司临时改变航班，演员们有时在机场要等候十几个小时；预订的宾馆突然发生变故，演员们等候一天仍不能入住，只得在宾馆大厅里东倒西歪地抓紧时间休息……艺术家们的努力赢得了非洲人民的心。佛得角一位文化官员在演出结束后动情地说："云南杂技团的演出征服了佛得角观众，即使在大风中、烈日下也没有一名观众退场，所有的人都沉醉在你们的高超技艺之中。佛得角人民被来自遥远中国的杂技艺术深深折服。"

3. 温家宝、李长春观看"非洲的节日"综艺晚会

悠扬的歌声、奔放的舞蹈，来自非洲 9 个国家的 160 多名艺术家于 2004 年 5 月 23 日晚用精湛的技艺演绎了非洲大陆的自然、质朴和神秘。

国务院总理温家宝、中共中央政治局常委李长春在人民大会堂观看了"非洲的节日"综艺晚会。

晚会在雄壮的南非鼓乐中拉开帷幕。来自刚果（金）、毛里求斯、坦桑尼亚、埃及等国的国家艺术团先后表演了歌舞节目。刚果河畔的歌唱家引吭高歌，诉说古老河流动人的故事；毛里求斯的赛卡舞、坦桑尼亚的布戈博戈博舞、肯尼亚的班拉舞，艺术家们舞动着本民族生命的激情。演出最后，全体演员共舞中国大秧歌，晚会达到了高潮。

演出结束后，温家宝、李长春走上舞台与演职人员亲切握手，祝贺演出成功。

演出开始前，温家宝会见了非洲多国政府文化代表团团长，以及正在中国访问的博茨瓦纳外交部部长蒙帕蒂·梅拉费等。李长春参加了会见。北京市委书记刘淇、国务委员陈至立等也参加了会见并观看了演出。

参加"非洲的节日"晚会的艺术团应邀来华参加 2004 年 5 月举办的"相约北京——非洲主宾洲"活动。他们在"五一"黄金周期间在北京举行了广场演出，并于 5 月中旬参加了湖南长沙等 8 个城市举办的非洲文化节活动。

4. 非洲杂技学员汇报演出在京举行

2005 年 9 月 14 日，来自埃塞俄比亚、肯尼亚等非洲国家的 23 名杂技学员汇报演出在北京举行。文化部部长助理丁伟，非洲国家驻华外交使团团长、喀麦隆驻华大使埃蒂安以及其他非洲国家的驻华使节和外交官等观看了演出。

这批非洲杂技学员分别在河北吴桥杂技艺术学校和河南郑州杂技团进行了为期一年的杂技学习。

为落实中非合作论坛关于加大对非洲人力资源开发力度的精神，文化部自 2002 年开始以吴桥杂技艺术学校为基地，分期分批为非洲国家培训杂技演员。郑州杂技团自 2005 年初开始接纳来自非洲国家的学员。

5. 广东艺术团在非洲博茨瓦纳慰问侨胞演出

2004 年 9 月 23 日晚，国务院侨务办公室组织的广东艺术团在博茨瓦纳首都哈博罗内的国际会议中心进行慰问侨胞演出。该晚国际会议中心灯光璀璨，大红灯笼和中国结把会场点缀得一片喜庆。走进大厅，华人侨胞都被这恢宏的场面震撼了。由广东舞蹈学校 5 位年轻演员表演的欢快舞蹈《好日子》拉开了演出的帷幕，曲艺家梁玉嵘演唱的广东粤曲，笛箫演奏家谭炎健和琵琶演奏家缪晓铮演奏的广东音乐，不但令广东人如痴如醉，连外国人也大声叫好。话剧表演艺术家李仁义的配乐诗朗诵《乡愁》，使不少海外游子潸然泪下。而他和李卫东表演的相声《找师傅》又给大家带来了欢乐的笑声。歌唱家李素华一曲《祖国你好》把晚会气氛推向高潮，她考虑到当地华侨来自祖国各地，即兴清唱了东北、福建、广西的民歌，赢得一片喝彩声，她和陈前的二重唱《常回家看看》更使晚会洋溢着浓浓的亲情。

6. 广州交响乐团远赴非洲

2003 年 11 月 26 日，广州交响乐团在广东省副省长雷于蓝、省文化厅厅长曹淳亮的率领下赴巴黎参加"中法文化年"活动。此行拉开了广州交响乐团欧洲、非洲巡演的序幕，并创下广州乃至中国对外文化交流史上数个"第一"。

在结束欧洲巡回演出后，广州交响乐团一行还于 12 月 4 日飞抵埃及开罗，次日晚在开罗国家大剧院举行由中国文化部主办的"中国文化周"开幕式音乐会。这又是一项国家级的文化交流活动。音乐会上由埃及钢琴家阿罕默德·阿伯赞尔与广州交响乐团合作演出圣桑的《F 大调第五钢琴协奏曲》，下半场乐团演奏柴可夫斯基的《第五交响曲》。12 月 7 日晚广州交响乐团在埃及现代化港口城市亚历山大歌剧院举行访问埃及的第二场音乐会。

广州交响乐团是第一个进入非洲大陆访问演出的中国交响乐团。这次巡演使广州交响乐团向踏足世界五大洲的国际化发展目标又迈进了一步。

7. 广东醒狮文化在塞舌尔传承

应塞舌尔文化旅游部邀请，由广东省外办和广东省文化厅共同选派的顺德醒狮教练钟广源、周浩恒，于 2005 年 1 月 3 日至 3 月 4 日赴塞舌尔进行为期两个月的醒狮培训。两位教练在塞舌尔工作期间，克服语言不通、天气炎热、饮食不惯等各种困难，认真负责，兢兢业业，为塞舌尔当地培训了一批醒狮队员。刚开始有 40 多人报名参加醒狮队，经过两个月的严格训练，层层筛选，他们培训出一支舞狮精英队伍，受到塞方文化旅游部部长的好评，塞方 SBC 电视台对培训工作作了专题报道。在他们的努力下，经过多轮选拔，由其率领的舞狮队参加了塞舌尔一年一度的"嘉年华"国际狂欢节活动，社会反响热烈。非洲队员拜师学艺，与顺德醒狮教练结下了深厚的友谊。中国驻塞舌尔大使馆为此专门发来感谢信。

8. 深圳歌舞团远赴非洲访问演出

2008 年，深圳文化艺术在遥远的非洲大陆一展风采。由我国文化部选派，应乌干达、喀麦隆、佛得角、塞内加尔、肯尼亚五国文化部的邀请，由深圳市对外文化交流协会和市文化局组织的深圳文化交流代表团一行 22 人，4 月 28 日出发，远赴上述非洲五国，展开非洲大陆的文化交流与巡演之旅。这是深圳歌舞团首次在撒哈拉以南非洲访问演出。

2006 年 11 月，中非合作论坛北京峰会成功举办，这是中非外交史上规模最大、级别最高、与会非洲国家领导人最多的一次盛会，是中非关系新的里程碑。会议通过了《中非合作论坛——北京行动计划（2007 至 2009 年）》。中国与与会各国围绕"友谊、和平、合作、发展"这一主题，就进一步发展中非关系、建立国际政治经济新秩序等问题进行平等磋商，达成广泛共识。2008 年是执行该行动计划的重要一年，也是国家全面启动地方各个层面开展与非洲交流活动的关键一年，文化交流便是其中的重要内容。文化部考虑到 2008 年是中国改革开放 30 周年，深圳作为中国最早建立的经济特区具有象征意义，同时经过全国范围内挑选节目，最终选定由深圳代表国家出访非洲五国。

此次深圳文化交流代表团带去非洲的，是深圳歌舞团的一台集合了中国多民族文化传统特色的杂技舞蹈晚会，在非洲五国巡演 10 余场。非洲大陆自然条件艰苦，路途遥远，为保证圆满完成演出任务，深圳歌舞团的演员们除了完成日常的演出外，还利用休息时间进行了三个多月的集中排练，力争用最优秀的艺术质量和最饱满的精神风貌为非洲观众表演，展示深圳艺术魅力，为国家文化外交做出贡献。

9. 深圳艺术家非洲题材作品在深圳图书馆展出

"走进非洲——深圳画院艺术家非洲写生作品展"于 2013 年 7 月 30 日至 8 月 18 日在深圳图书馆举行，展览共展出董小明、宋承德、郑强等 9 位深圳画院艺术家的 40 余件非洲题材的水墨、岩彩及油画作品。

本次展览是该画展的第二站展出，第一站于 2013 年 6 月在深圳大学美术馆举行，颇受好评。本次参展的 9 位深圳画院艺术家先后于 2009 年、2011 年、2013 年赴非洲贝宁、肯尼亚、坦桑尼亚、埃塞俄比亚、津巴布韦进行采风、讲学等交流活动，展览的作品皆是艺术家访问回国后所创作。著名艺术批评家尚辉表示，这些艺术家都经历过新时期西方现代主义艺术潮流的洗礼，对西欧受非洲艺术影响而形成的各种流派都有较为清晰的认知，这种认知也从一个侧面让他们更加深刻地理解了非洲艺术的精华，打破传统笔墨的束缚，为水墨画植入原创性基因。

本次展览由深圳画院和深圳图书馆主办，深圳市美术家协会协办。

10. "非凡之美——非洲雕刻艺术展"在广东省博物馆隆重展出

2014 年 1 月 3 日，在送旧迎新之际，广东省博物馆隆重推出"非凡之美——非洲雕刻艺术展"。

非洲是人类文明的发祥地之一，也是一个神秘而引人遐想的大陆。撒哈拉以南非洲大陆闭塞的地理环境和热带高原的大陆气候孕育了当地独特的文明，他们留下的岩壁画、雕塑和各种加工过的饰物对于远离非洲大陆的中国人来说，是多么奇特而神秘。同时，非洲各部族又因各自的社会环境和地理环境的不同，其文化特性也表现出多样性和复杂性。

此次展览展出了木雕、骨雕、石雕等艺术品，展览共分五个部分。第一部分"生活装饰"从建筑构件和生活用品两方面表现非洲人日常生活的精雕细琢。第二部分"部落象征"展示了体现非洲社会上层阶级社会地位的各种器物。第三部分"万物有灵"则是介绍非洲神秘的宗教仪式。面具和立像是各种仪式中必不可少的重要元素，共同组成第四部分展览内容"神秘的雕像"。在该部分展览中，代表生命的女性形象雕像非常突出，是对非洲人"生命力"崇拜的形象反映。而在第五部分"热带的女性"中，工匠们对女性形象进行了非常大胆的塑造，微翘的臀部、丰满的乳房等，都绽放着一种原始纯朴的自然之美。

展览共展出 190 件展品，这些出自非洲部落"无名艺术家"的艺术品，生动地展示了非洲人民的智慧和才华。15 世纪以来，随着美洲新大陆的发现，大量非洲奴隶被贩运至美洲，非洲本土文化艺术被传播到欧美大陆，它们粗犷、原始的艺术和文化元素对近现代欧美艺术发展产生了重要影响。本次展览持续至 2014 年 3 月 2 日。

11. "中部非洲传统兵器展" 在深圳博物馆展出

2014 年 4 月 25 日, "中部非洲传统兵器展" 在深圳博物馆历史民俗馆隆重开展。展览展出欧洲几大著名博物馆及私人收藏家珍藏的 360 余件珍贵传统兵器和冶铁工具, 展品来自加蓬、刚果（金）、刚果（布）、南苏丹、中非、安哥拉、赞比亚、卢旺达、乌干达、赤道几内亚、喀麦隆、肯尼亚、布隆迪和坦桑尼亚等 10 余个非洲国家, 每件具有代表性的珍品都有 50 年以上的历史, 其中更有远自 18、19 世纪的器物, 较全面地反映出非洲传统兵器的不同艺术特色。

展览共分为三个部分: "独特的中非兵器" "中非十八般兵器" "兵器大揭秘"。通过展示实物、复原场景, 并将历史照片、珍贵纪录片与展览介绍相结合, 展览系统地展示出中部非洲不同类型的兵器以及它们的功用。展览详细介绍了中部非洲的族群如何将原始的矿石加工成粗铁, 再由铁匠利用简单的工具制成精美而致命的武器的过程。非洲铁制兵器的使用历史已有两千余年。它们除了用于狩猎、战争之外, 还是身份、地位以及权力的象征, 广泛应用在各种古老仪式与祭祀活动中。例如用于成人仪式上的鸟头斧、刻有祈祷胜利和保护战士的符号的兵器手柄等。甚至有的兵器还可充当货币使用, 用以缔结友好关系、确立婚姻关系或买卖土地。

"美" 是本次展览的重要主题。非洲工匠们将精湛的冶铁技术与丰富的造型纹饰相结合, 使兵器兼具了实用功能和美学欣赏价值。观众可以深入了解中部非洲传统兵器的技术水平、多样性及艺术美, 感受非洲文化的非凡魅力。

12. "2018 广州文化周·广东音乐非洲行" 奏响中非人文交流新篇章

2018 年 9 月 4—17 日, 中国文学艺术界联合会、中国音乐家协会和广州市委宣传部、广州市文化广电新闻出版局组派 "丝路花语" 艺术团（团队成员主要来自广东音乐曲艺团）赴南非、留尼汪（法国海外省）和毛里求斯进行 "2018 广州文化周·广东音乐非洲行" 巡演活动。巡演历时 10 天, 以 "继承和发扬丝路精神" 为主题, 先后在南非约翰内斯堡、开普敦、德班, 以及留尼汪和毛里求斯五地进行了 6 场演出, 并举办了中国音乐工作坊、"南非儿童院"慈善联欢、中国民族乐器交流座谈会等活动，与当地民众和高校师生共话丝路情谊、再续中非友谊，从人文交流合作领域助力构建更加紧密的中非命运共同体。

此次"广州文化周·广东音乐非洲行"活动委派成立于 50 年代的广东音乐曲艺团作为"丝路花语"艺术团赴非巡演的中坚力量，是在国家层面第一次组团赴非洲推介自 2006 年起列入中国第一批国家级非物质文化遗产名录的广东音乐。广东音乐作为从广府方言区发展起来的中国传统丝竹乐种，以轻、柔、华、细、浓的风格和清新流畅、悠扬动听的岭南特色赢得广府人的喜爱，是岭南民间优秀传统艺术瑰宝，《步步高》《旱天雷》《雨打芭蕉》《赛龙夺锦》《平湖秋月》等经典乐曲更是享誉世界各地。在非洲演出期间艺术家们精彩展示了岭南文化孕育的独特艺术魅力，完成了一次中华优秀传统文化与非洲当地文明的激情碰撞，用民族音乐促进了中非文明交流互鉴、交融共存。

当地时间 9 月 5 日，赴非的首场演出在南非约翰内斯堡举行，成为南非全国音乐大会开幕式的一部分，获得南非全国上下的关注。翌日，艺术团在约翰内斯堡进行了"纪念中南建交 20 周年音乐会"专场演出，以广东鼓乐《醒狮·龙舟》为序曲奏响友谊之歌，用艺术化的手法展现了中国传统庆节方式，把音乐作为友谊之礼，庆贺中南建交 20 周年。此外，艺术团在广州国际友好城市——南非德班也进行了专场演出，共叙两市友谊；前往南非开普敦大学孔子学院举办了中国音乐工作坊，与高校师生面对面；还到当地一所孤儿院开展慈善联欢活动，用音乐传递广州声音，讲述中国故事。

在南非的巡演交流结束后，艺术团于 11 日开始先后在留尼汪和毛里求斯进行了专场演出和文化交流。艺术团在留尼汪与中国驻圣但尼总领事馆联合举办"中秋音乐会"文艺演出，在毛里求斯连续举办两场"天涯共此时"中秋专场演出，特别表演了《念亲恩》《我和我的祖国》等歌曲，还与当地师生进行中国民族乐器座谈交流，以乡音解乡愁，在中秋佳节到来之际为当地华人华侨送上节日祝福。同时，艺术团秉承继承和弘扬丝路精神的宗旨，邀约留尼汪和毛里求斯当地国际友人"海上明月天涯共赏"，共同传承海丝文明，共建"21 世纪海上丝绸之路"。毛里求斯首场演出结束后，一位爱好中华文化的当地居民表示，一场又一场的演出、一次又一次的文化之旅能让中非民众增进了解、加深情谊、接纳彼此，期待看到越来越多的中华文化在当地亮相。

二　中非旅游合作的现状与成效

（一）非洲旅游资源概况

1. 丰富的自然风景

非洲大陆独特的地理位置和地貌类型造就了非洲独特的气候特征和丰富多彩的自然旅游资源，其中最著名的世界级旅游资源主要有东非大裂谷、乞力马扎罗山、尼罗河、马拉维湖、维多利亚大瀑布、撒哈拉大沙漠等。另外，非洲有广阔的热带稀树草原生态群落，其中尤以动物群最为著名，如羚羊、斑马、非洲象、犀牛、河马、长颈鹿等有蹄类食草动物和狮子、猎豹、鬣狗、豺等食肉动物。这些草原上的动物及以其为主体的众多野生动物保护区也是非洲最重要、最具代表性和最吸引人的旅游资源。

2. 悠久的名胜古迹

非洲是世界古代文明的摇篮和人类的发祥地之一，有着璀璨的古代文化和在历史长河中形成的众多名胜古迹。如东非地区的古人类遗址，埃及金字塔，亚历山大的庞贝柱，底比斯古城遗址及其神庙、地上陵寝，突尼斯的迦太基遗迹，津巴布韦的石头城遗址，埃塞俄比亚的拉利贝拉岩洞教堂，摩洛哥非斯的卡拉维因清真寺，南非的旺德韦克山洞，以及塞内加尔、肯尼亚等国的奴隶堡，大都是被列入世界文化和天然遗产名录而加以重点保护的名胜古迹。

3. 独特的风土民情

非洲地域辽阔，地域差异较大，各地、各民族受自然、历史、宗教和传统习俗等的影响，形成了绚丽多彩的民俗风情。如"森林的儿子"俾格米人和"沙漠之子"桑人等神秘民族，富有特色的居民建筑，奇特的服饰装束，形形色色的婚姻习俗，不同宗教信仰的宗教节日庆典，古老的酋长制遗风，高昂激越的音乐、粗犷刚健的舞蹈、扣人心弦的体育竞技、制作精巧的手工品等。所有这些对异国他乡的游客有着巨大的吸引力。

（二）中非旅游交流现状

近年来，随着中非关系进入新的发展时期，双方的旅游交流在规模、形式和数量上都有新突破，取得了新进展。

1. 中国公民赴非旅游持续增长

近年来，随着中非友好往来的不断深入和非洲旅游基础设施建设的加强，非洲等长线旅游目的地越来越受到中国游客的欢迎。自2002年埃及成为非洲第一个中国公民组团出境旅游目的地以来，马达加斯加、喀麦隆、卢旺达、塞内加尔、苏丹、贝宁、尼日利亚等也成为中国公民组团出境旅游目的地。中国在非洲批准开放的旅游目的地国进一步增加。目前，赴非洲旅行的中国游客在出境总人数中所占的比例不高，但增长十分显著。2009年，中国大陆公民首站到访非洲共38.16万人次，比2008年增长18.5%。按旅游人数排名，中国游客前往非洲旅游的目的地目前主要集中在安哥拉、南非和埃及，而肯尼亚、毛里求斯、津巴布韦、坦桑尼亚、突尼斯、加蓬等国家作为新兴旅游目的地，正日益受到中国游客的青睐。据国际评级机构穆迪最新数据，从2012年起，中国赴非旅游人数年增速达30%。

近年来，中非之间经贸和旅游交往日益频繁，更多的中国游客愿意把旅游目的地选在非洲。中国旅游研究院发布的数据显示，过去三年中非双边入出境人数基本保持稳定，2017年全年，中非双边旅客互访达142.61万人次，其中，中国游客旅非79.78万人次，非洲游客旅华62.83万人次。

携程所做的一项消费调查显示，2018年上半年，以商务出行为目的前往非洲的机票订单占总体赴非订单的15%，比上年同期增长50%以上。同时，2018年前7个月，通过携程旅游平台购买各类旅行产品前往非洲的游客，比上年同期增长约40%，毛里求斯、肯尼亚、摩洛哥、南非、突尼斯都是中国游客青睐的目的地。

驴妈妈相关负责人则表示，赴非游人次已连年增长，非洲已经成为中国出境游的新兴热门目的地，2018年1—8月，驴妈妈平台赴非旅游人次同比翻倍，其中30～50岁的中青年游客成为出游主力，占比近八成，避暑、摄影、观光成为非洲游三大热门主题。而中青旅遨游网的赴非游客数据显示，非洲地区逐渐成为关注深度游、品质游、个性化旅游、猎奇游的中国游客首选目的地，近五年中青旅遨游网赴非洲游客人数累计超5万人，近两年平均增长速度在40%以上。

2. 非洲国家加大宣传推介力度

随着中非友好关系的发展，非洲各国也持续加大对赴非旅游的推介力度，努力为中国游客在非洲旅游提供便利。2015年7月10日，中国与肯尼亚旅游文化推介会在北京举行，旨在对接"一带一路"倡议，促进中肯旅游互通互惠。2016年6月27日至7月1日，南非旅游局在北京、西安、广州、杭州4个城市举办了"行走南非极致体验"的旅游推介会，进一步在中国推广南非旅游资源。2016年10月27日，乌干达共和国驻华大使馆在北京举办了乌干达旅游线路推介会，充分展示了乌干达的旅游美景。

3. 双方国家人员往来更加便利

近年来，中国与非洲各国政府间致力于开通更多连接双方的直达航线。截至2009年底，中国已与赞比亚、坦桑尼亚、安哥拉、苏丹等13个非洲国家正式签署政府间航空运输协定，与7个非洲国家草签航空运输协定。截至2018年5月31日，持普通护照中国公民可以享受入境便利待遇的非洲国家和地区增加到19个，其中包括2个可互免普通护照签证国家，3个单方面允许中国公民免签入境，14个单方面允许中国公民办理落地签证。

4. 非洲国家大力发展旅游业

近年来，越来越多的非洲国家意识到旅游业对于国民经济发展的重要意义，把旅游业视为振兴本国经济的一个新途径，纷纷出台了一系列优惠政策以大力开发旅游业。肯尼亚、埃及、摩洛哥等许多非洲国家制定了有利于发展旅游的优惠政策，开放旅游市场，以免税、减税、低税以及财政补贴等方式吸引旅游者和投资者；同时，这些国家还积极扩大对外宣传，努力改善旅游配套设施，吸引外资修建旅游饭店和度假村，大力开发新的旅游产品，完善金融等配套服务体系，注重旅游从业人员培训。

（三）中非旅游合作成效

1. 丰富了中非合作体制机制

"'一带一路'国际合作高峰论坛""中非合作论坛""中国—南非高级别人文交流机制"等一系列多边、双边外交机制，让中非友好关系不断深化，也推动了双方旅游合作交流持续向好。2016 年 5 月 19 日，莫桑比克总统纽西、毛里求斯第一副总理沙·杜瓦尔以及南非、埃及、马达加斯加等非洲国家代表来京出席首届世界旅游发展大会。与会期间，国家旅游局局长李金早专门会见了部分国家与会代表，就旅游交流合作深入交换了意见。2017 年 4 月 19—23 日，国家旅游局副局长魏洪涛率团赴埃塞俄比亚出席了"中国出境旅游高级别会议"。会议期间，各国旅游部门负责人纷纷与中国代表团会谈，表现出了强烈的合作愿望。2017 年 4 月 24 日，国家旅游局副局长王晓峰率团，在南非行政首都比勒陀利亚举行了"超乎想象的中国"主题旅游推介会。会前，王晓峰还与南非旅游部部长卡萨·托可泽勒就双方关心的旅游投资、人才培训等话题进行了友好交流。截至 2017 年 4 月 12 日，国家旅游局已与埃及、摩洛哥、尼日利亚、坦桑尼亚、津巴布韦、马里、南非、肯尼亚、马达加斯加、毛里求斯 10 个非洲国家签署了双边旅游合作文件。

2. 拓宽了中非公共外交渠道

除了国家政府层面的合作外，中国与非洲国家地方政府间通过缔结友好城市等方式开展更加灵活和积极的合作，进一步发挥城市特色，加强旅游等人文领域的实质交流与合作，取得了较好的成效。据中国国际友好城市联合会统计，截至 2017 年底，中国与 33 个非洲国家缔结友好省州和城市分别为 52 对和 83 对，合计 135 对。2012 年，浙江省旅游局组织旅游推介团，访问了南非西开普省旅游、投资和贸易促进局，重点向对方展示了浙江省丰富的旅游资源，增进了双方旅行商的互通了解。2015 年 11 月 6 日，在南非夸纳省德班市举行的"中国（广东省）—南非（夸纳省）经贸旅游合作交流会"上，广东省旅游协会与德班旅游局签署合作备忘录，得到了当地政府的高度肯定。

3. 夯实了中非合作人文基础

互联互通的关键是人心相通。中非全面战略伙伴关系的建设需要加大人文交流以促进民众间的对话和理解，营造开放包容的外部环境。在双方交通、签证便利化等措施推进下，中国与非洲国家游客互访规模逐渐增加，已互为重要的客源市场和出境旅游目的地。据国家旅游局统计数据，截至 2016 年，30 个非洲国家和地区已成为中国公民组团出境旅游目的地。中非旅游双向交流规模已超过 170 万人次。双方人员的频繁往来，推动了民众间的直接沟通与交流，促进了不同文明之间的交流互鉴。

三　中非旅游合作的机遇与挑战

中非经贸关系发展迅速，但人文交流相较于中非政治和经贸关系仍显滞后，导致中非部分领域的合作缺乏文化内生力和可持续发展动力。开展中非旅游合作，不仅有利于促进中非多边和双边框架下的人文交流，还可借助旅游业的"溢出效应"推动双边经贸、人文关系全面发展，通过游客往来增加中非民众的双向认知度和增进文化互信，符合新时期中国"开拓旅游外交，构建旅游对外开放新格局"的战略目标。

（一）中非旅游合作的广阔前景

尽管近年来非洲国家非常重视旅游业的发展，并采取了各种措施扶持旅游业的发展，中国赴非洲旅游的游客数量不断增加，但在出境旅游公民当中占比仍比较小，非洲丰富的旅游资源仍未能被中国大众所熟知。同时，在推进旅游业发展过程中，由于自身实力有限，非洲国家迫切需要与其他国家和地区加强旅游合作，大力改善基础设施、提高国家的信息化水平、提升旅游业服务质量等，以吸引更多游客赴非旅游。近年来中非经贸关系快速发展，双方高层领导人互访频繁，中非合作论坛等机制性合作日益密切，这些都为中非旅游合作提供了坚实的基础和保障，中非旅游合作的前景十分广阔。

2015 年，在第六届中非合作论坛上发布的《中非合作论坛——约翰内斯堡行动计划（2016—2018 年）》主要阐述了未来三年中非在经济社会领域合作的规划和内容，体现了双方互利互惠、共同发展的合作精神。其中，关于旅游方面的行动计划包括四个方面的内容：一是拓展旅游领域合作，鼓励开通更多直航航线，增加旅游领域投资，提升旅游安全度和品质，扩大以技巧培训为导向的人员交流，培育非洲新的经济增长点；二是继续为各自公民赴对方国家和地区旅游提供便利，并支持对方在本国、本地区境内举办旅游推介活动；三是中方欢迎更多的非洲国家申请成为中国公民出境旅游目的地；四是鼓励和支持中非互设旅游办事处，鼓励和支持中国企业到非洲投资建设宾馆和景点等旅游基础设施。这一行动计划的推出，再次表明了中国政府全力支持非洲旅游业的健康快速发展，中非旅游合作在未来还有较大的拓展空间。

（二）中非旅游合作的制约因素

1. 双边旅游合作机制不完善

目前，中非旅游合作仍以行政手段主导机制建设为主，缺乏市场调节、协商解决、人文融合及法律规范等多重合作机制的保障，立体合作机制构建尚不完善；合作主体以中央政府及地方政府为主，旅游企业影响力弱，行业协会存在缺位现象；合作层次较为单一，缺乏次区域旅游协同合作战略。

2. 双边民众缺乏了解与认知

中非民间交流与了解仍很欠缺，非洲普通民众对中国的了解不够全面。西方国家在非洲的影响根深蒂固，在语言、文化、教育、宗教信仰、意识形态、思想观念等方面深刻地影响了非洲。非洲人了解中国的主要途径是西方媒体，而西方媒体对中国的评价往往存在偏颇，很多判断不够客观。同时，语言障碍在某种程度上限制了中非之间的民间交往。

3. 非洲旅游地存在安全风险

尽管非洲各国目前的政治局势日趋缓和与稳定，但由于历史的、社会的各种原因，长期政治动荡的影响还未根本消除，战争和军事政变导致的政治不稳定还时有发生，内战和动乱、恐怖主义、社会治安状况不佳、自然灾害和艾滋病等疾病的蔓延，成为制约非洲旅游业发展的重要因素。另外，非洲科技相对欠发达，资金结算方式相对落后，加上中国游客习惯携带现金结账，从而更加大了游客财物的不安全性。

4. 旅游地基础设施不够完善

资金短缺是制约非洲国家旅游业发展的重要因素，也是非洲各国面临的共同难题。非洲国家的资金短缺集中表现在三个方面：一是外债负担较为沉重；二是国内储蓄率极低；三是外部净流入资金日趋减少。这直接导致非洲国家对旅游业的资金投入非常有限，有的国家旅游基础设施还很不完备，可进入性差，食宿、接待等方面还存在各种问题，这些直接影响非洲旅游业的发展。如目前坦桑尼亚国内只有少数饭店达到国际星级酒店的标准，大多数中小饭店和私人饭店的接待水平与服务能力还比较差。坦桑尼亚虽然成立了国家酒店协会，但对旅游酒店的管理还是比较落后的，许多城市和旅游区的饭店管理欠规范，服务质量和管理水平都比较低下，还存在设备陈旧、信誉度差等问题。因此，改善旅游基础设施、丰富旅游产品，以及通过有力的促销手段改变非洲的形象都将是今后非洲旅游业的重要任务。

四 推进中非旅游合作的措施

中非旅游合作对于中非双方既有机遇，也有挑战。我们要寻找到切实可行的办法，加强相互了解，推进中非旅游合作可持续发展。

（一）充分发挥国家、地方政策、旅游企业的作用

国家作为中非双边旅游合作的主导者，主要承担制订旅游合作框架协议、消除各国旅游签证壁垒、搭建旅游合作平台、加强对外旅游基础设施建设投资等方面的工作。

地方政府主要承担制订符合本地旅游发展实际的旅游发展规划与政策、保护和开发地方旅游资源、协调和促进地区内旅游业的发展合作、完善地区基础旅游设施建设、培育地区旅游人才等方面的工作。

旅游企业和旅游机构主要承担开发旅游产品和旅游线路、联合旅游营销以及提升旅游服务水平等方面的职责。未来中非双方可考虑通过成立跨国旅游企业、加强跨国旅游企业合作等方式来加速中非旅游产业的发展，

尤其要同非洲国家具有地区和国际影响力的大型跨国旅游企业开展合作，这些企业在非洲旅游行业标准的制订与规范确立方面享有重要话语权。

（二）建立旅游合作组织

中国与非洲国家可以构建多边国际组织，创立常设机构，设立旅游合作组织，主要管理双方旅游合作方面的事情，促进中非旅游的发展与合作。并且，应该给游客公布各国的旅游信息。同时需要实现各国之间的旅游政策法规、旅游资源、旅游产品等信息的沟通，做好政治与经济风险的预警与危机的应对，对于重大问题应尽快地公布，并且在政府保障能力范围内让旅游各项基础设施正常地运转。

（三）完善基础设施建设

首先，基础设施的建设对旅游活动的有效开展至关重要，其完善与否是旅游活动能否如期进行的关键。比如提供方便的交通，包括增加空运量以及航线。其次，旅游目的地居住、餐饮、休闲、购物等的适宜、便捷也至关重要。最后，还要完善相关的旅游准则和安排，订立旅游行业的相关标准。

（四）建立高效服务平台

1. 提高电子商务水平

电子商务不但节约了消费所占用的时间及空间，而且省去了各种额外的花费，并且可以将国内外所有最新的消息呈现在信息平台上。中非要想实现高效合作，电子商务的应用将必不可少。

2. 实现旅游标准化和信息化

因为中非经济发展水平有较大差异，中非旅游业的发展出现一些不稳定也是较为正常的，尤其是相关的制度及管理，做不好的话很容易导致信息不能畅通交流。因此，中非应制订国际相关行业标准，充分学习世界先进国家和地区旅游合作经验，尽快将旅游合作标准完善起来；还要建立相关信息的交流机制，分别用双边的文字公布各国的法律条文、规章和制度等，以便于提供更完善的旅游服务；同时，防范旅游中存在的漏洞及风险并进行公布，制订紧急应对措施及保险机制，使旅游业高效快速发展。

（五）加大人才培养和研究

联合培养人才是推进中非旅游合作的基础条件。一方面，旅游行业涉及面广，对从业人员综合素质要求较高；另一方面，非洲与中国在文化、宗教、语言、民俗方面差异较大，开展中非旅游合作亟须培养一批掌握汉语、熟悉中非文化和宗教知识、具备跨文化交际能力的旅游从业人员，包括外语翻译、旅游营销与管理人员、信息技术人员等人才。

第四章
粤非人文交流：公共外交篇

【本章导读】

公共外交是政府外交的有益补充，是党和国家总体外交的重要组成部分，是我国外交工作的重要开拓方向。它形式灵活多样，交流方便快捷，成效不拘一格。广东公共外交工作主要通过广东公共外交协会牵头开展。广东自古就是中国海上贸易和移民出洋最早、最多的省份之一，与世界各地的交往非常密切。作为我国改革开放的窗口，广东始终坚持实行对外开放政策，积极开展公共外交，通过举办"广交会""亚运会""大运会""第二届对非投资论坛"等一系列重要国际会议和活动，向世界展示广东发展成就和中国国家形象。广东积极拓展对外交流合作，与各国建立了良好的关系，共缔结国际友好城市183对，外国驻穗总领事馆数量达61家。截至2018年6月，协会总共与35个国家的47个友好组织签署了友好合作备忘录。

一　公共外交概述

"公共外交"是一个从国外引进的概念，美国学者格里恩（Edmund Gullion）在1965年首次使用"公共外交"一词。此后，虽然不同国家有不同学者对这一概念进行过不同的定义和阐释，但是有三点是共同的：由政府主导；以外国公众为对象；以提高本国形象为目的。根据公共外交在中国的实践和研究现状，可以将公共外交界定为：一国的政府、企业、社会组织、公众等各方从各种角度向外国公众介绍本国国情，说明本国政策，解释外国对本国的不解之处，并同时在国际交流中了解对方的有关观点，目的是提升本国的形象，改善外国公众对本国的态度，进而影响外国政府对本国的政策。

可以认为，在国家交往活动中，只要是有公众参与的国际交往就属于公共外交的范畴。换句话说，"公共外交"指的是"政府外交"以外的对外交流方式，包括官方与民间的各种双向交流。

在我国，公共外交是党和国家总体外交的重要组成部分，是我国外交工作的重要开拓方向。在世界多极化、经济全球化、社会信息化、文化多样化深入发展的大背景下，公共外交日益成为国家软实力和竞争力建设的重要载体，受到世界各国的高度重视。党的十八大以来，以习近平同志为核心的党中央，把公共外交提升到国家战略高度。党的十八大报告明确提出，要"扎实推进公共外交和人文交流"。习近平总书记在中国人民对外友好协会成立 60 周年纪念大会上指出，"要重视公共外交，广泛参加国际非政府组织的活动，传播好中国声音，讲好中国故事，向世界展现一个真实的中国、立体的中国、全面的中国"。随着我国综合国力的增强和国际地位的提升，国际社会对中国的关注度越来越高。大部分国家对中国经济社会发展取得的巨大成就表示赞赏，也有部分西方国家借机说三道四，散布"中国威胁论""中国强硬论""中国傲慢论"，对我国的国际形象造成负面影响。它们对我国政治、经济、文化、社会、生态文明建设的偏见更是屡见报端。在中国与世界高度依存、紧密融合的今天，我们比以往任何时候都更需要向世界展示一个真实的中国，比以往任何时候都更需要公共外交。通过公共外交推进民心相通建设，实现彼此互信，才能进一步谈及其他领域的互联互通。

"国之交在于民相亲，民相亲在于心相通。"习近平主席在"一带一路"国际合作高峰论坛圆桌峰会开幕式上明确指出："民心相通是'一带一路'建设国际合作的重要内容。""让广大民众成为'一带一路'建设的主力军和受益者。"公共外交是实现民心相通的重要途径，要通过开展形式多样的人文交流活动，增进与共建"一带一路"国家人民的友好往来，做好增信释疑、凝心聚力、扩大共识的工作。通过大力传播中华民族优秀传统文化，深刻阐释"一带一路"的共商、共建、共享思想，突出和平、和睦、和谐、合作理念，不断扩大"一带一路"的民意基础和社会基础。

党的十九大报告提出推动构建新型国际关系、推动构建人类命运共同体是新时代中国外交的总目标。2017 年 12 月，中共中央办公厅、国务院办公厅印发《关于加强和改进中外人文交流工作的若干意见》。2017 年 12 月 28 日，习近平总书记在接见驻外使节时强调，要推进公共外交能力建设。我国公共外交工作迎来又一个春天。五年多来，中国以更为积极主动、自信的姿态开展公共外交，形成了具有中国特色的公共外交模式。在参与主体上，形成了政府主导、多方参与公共外交的格局；在内容上，主要致力于讲好中国故事，积极贡献中国方案；在形式上，突出中国元素，加强人文交流；在目标指向上，旨在广交朋友，夯实全球伙伴关系网络。

在开展公共外交各主体中，中央层面的中宣部、外交部、国务院新闻办、教育部、文化和旅游部等部门居于主导地位，它们通过调动各种资源，集中力量开展一些大型公共外交与人文交流活动，并赋予这些活动较高的权威性。2012 年 8 月，外交部新闻司公共外交办公室升格为外交部公共外交办公室。2012 年底中国公共外交协会成立，主要职责是动员、协调、组织社会资源和民间力量开展公共外交活动，服务国家整体外交大局。在地方政府层面，上海、天津、广东、南京等省市建立了近 20 家地方性公共外交协会。截至 2018 年 6 月，广东省地级以上市成立了 16 家公共外交协会，区级市成立了 1 家公共外交协会，在全国处于领先地位。地方协会因地制宜，结合自身优势特色开展了丰富多彩的活动。

除了政府之外，媒体、高校、企业等各种社会力量或非政府组织，社会精英、出境游客和海外华人华侨等个体在塑造中国形象、提升国家软实力、开展公共外交方面也发挥着越来越重要的作用。特别是在政府鞭长莫及的领域或不方便出面的时候，它们的重要作用便凸显出来了。其实，国家形象与软实力是通过一个个具体的人物与事件展现出来的，每个人都可能成为公共外交的使者。

广东公共外交工作主要由广东公共外交协会牵头开展。广东公共外交协会是 2011 年 12 月经中共广东省委批准，在广东省政协业务指导下开展对外交往的社团组织，是中国公共外交协会正式成员，依托人民政协这一平台，具有层次高、联系广、影响大等特点。广东公共外交工作坚持正确的政治方向，高标准定位和开展各项工作。适应新形势新要求，自觉把公共外交工作放到国际国内两个大局中思考，放到全省经济社会发展全局中谋划，放到省政协整个工作中部署，始终把开展公共外交寓于人民政协对外交往的各项工作中，更加主动地宣介中国特色社会主义政治发展道路，让世界更深入理解中国特色社会主义协商民主制度，不断壮大知华知粤友好力量，为我国和平发展营造良好的国际舆论环境。同时，通过公共外交知识的普及，积极引导国内民众和社会舆论正确客观看待我国发展所面临的机遇和挑战，正确理解中央对外方针政策。

二 改革开放以来粤非公共外交实践

2015 年 12 月，中国国家主席习近平在中非合作论坛约翰内斯堡峰会（以下简称约翰内斯堡峰会）上宣布将中非关系提升为全面战略合作伙伴关系。中非双方领导人共同绘制了中非关系发展的新蓝图，开启了中非合作共赢、共同发展的新时代，在中非关系发展进程中具有里程碑意义。自约翰内斯堡峰会召开以来，中非双方紧密协作，克服全球经济低迷的不利影响，就落实约翰内斯堡峰会成果达成一系列共识，取得了看得见、摸得着的成果，展现出中非合作发展的勃勃生机。中非合作发展迎来了新的历史机遇。

非洲是"一带一路"的重要节点，也是中国推进"一带一路"建设的重要方向和落脚点。广东作为"21 世纪海上丝绸之路"起点省份之一，历史上就与非洲有着良好的人员往来和贸易联系。在"一带一路"建设中，广东在中国与非洲的交流合作中有明显的区位优势。近年来，广东与非洲国家在经贸投资、基础设施建设、农业、旅游等领域都开展了富有成效的交流与合作。

2016 年 9 月，由广东省人民政府、国家开发银行和世界银行联合主办的第二届对非投资论坛在广州成功举办。此次论坛是落实习近平主席提出的中非全面战略伙伴关系下"十大合作计划"的重要举措，也是广东积极参与"一带一路"愿景与行动，加快推进国际产能合作，实现经济转型升级的重要契机。

当前，广东经济发展进入新常态，处于全面深化改革、加快转型升级的关键时期，正大力实施创新驱动发展战略，积极参与"一带一路"建设，推进更高水平对外开放。非洲是当前世界政治经济格局中的重要一极，与广东互补性强，合作前景广阔。广东将以地方友好合作平台为依托，努力在更高水平、更广领域、更大舞台上推进与非洲的互利合作，将习近平主席与非洲各国元首达成的共识转化成看得见、摸得着的成果。中非关系进入历史最好时期，面临着前所未有的发展机遇，这为地方政府间进一步开展全方位交流合作提供了良好契机，开展广东与非洲的合作可谓天时、地利、人和俱备。

综上所述，粤非公共外交工作主要从广东公共外交协会、广东省外办、广东省友协等部门的实践展开。现有收集到的资料表明，粤非公共外交最早始于文化交流。

1983年5月至1985年，应肯尼亚总统莫伊的请求，受国务院文化部委托，广州杂技团为肯尼亚培训了24名9～16岁的杂技学员，组建了肯尼亚第一个杂技团。

截至2017年12月26日，广东省与非洲国家共结友好城市11对，其中省级友城2对；与尼中友协等14个友好组织签署了合作备忘录；自2009年埃塞俄比亚在广州设立第一个非洲总领事馆至2017年5月15日，共有10个非洲国家在穗设立总领事馆。

1983年以来，广东与非洲国家在省级层面交流往来达200余次，这给双方发展带来了积极影响。一是增进了政治互信和相互了解。在与对方政府高层的会晤中，粤方主动宣传推介广东，表达了广东与各国在经贸、文化、旅游、农业、基建等领域加强合作的意愿。通过会谈，双方增进了对彼此政治体制和经济社会发展情况的了解和认同，就进一步开展多领域务实交流合作达成了共识，有力地夯实了广东与非洲的友好交往基础。二是推动了各领域务实合作。本着推动实质交流、促进互惠合作的精神，双方政府官员就开展具体领域的务实合作进行了探讨。例如2017年广东省政协代表团访埃期间，代表团与亚历山大省以及卢克索省政府分别进行了交流和座谈，明确了将在经贸投资、基础设施建设、农业、旅游、文化、人文交流等领域深化互利合作。访纳米比亚期间，代表团与纳方重点就推动在经贸、旅游、基建、渔业等领域合作进行磋商。访赞比亚期间，双方强调，长期以来，中国与赞比亚是风雨同舟、患难与共的好朋友、好伙伴、好兄弟，应充分发挥两国政治互信、经济互补、人民友好三大优势，加强友好交流，深化务实合作，实现合作共赢、共同发展。双方一致赞同发挥赞比亚驻广州总领事馆的桥梁平台作用，深化在经贸、基础设施建设、农业、旅游、地方政府交往等领域的合作。

三 粤非公共外交建议

近年来，广东公共外交协会通过"请进来"和"走出去"双向发力，用中国文化的软实力和生动感人的艺术形式，向非洲各国宣介我国的新型政党制度和人民政协制度以及政策主张，讲述中国故事、广东故事，传播中国声音、广东声音，有力增进了国外公众对中国和广东的了解，培育了对华对粤友好力量，增进了国际社会对推动构建人类命运共同体理念的认同，取得了良好效果。为将人文交流与合作理念融入对非交往各个领域，建议如下。

（一）加强双方互联互通，促进人员往来

广东是中国的南大门，广州白云国际机场已开通到达世界五大洲共200多个目的地的国际航线。广东在互联互通建设领域具有技术、人才和资金等方面的优势，双方加强合作互补性强，前景广阔。广东将以推进"21世纪海上丝绸之路"建设为重要契机，增加集装箱国际班轮航线，开通更多空中直航航线，积极与非洲国家开展互联互通建设，促进两地人员往来。

（二）加强在医疗卫生领域，尤其是中医药领域合作

非盟《2063年议程》提出了完全遏制埃博拉等传染病和热带病、大幅降低非传染性疾病发病率、将非洲人民的人均寿命提升至75岁以上的发展目标。广东省医疗技术发达，在治疗非洲常见的疾病，如疟疾、霍乱等方面经验丰富。双方在医疗领域合作前景广阔。2017年5月，来自埃塞俄比亚的谭德塞博士当选世界卫生组织新任总干事，成为世界卫生组织自1948年成立以来首位来自非洲地区的总干事。他的当选对提高发展中国家卫生事业水平具有积极意义。同样在2017年5月，广东公共外交协会与广东省中医院、广东外语外贸大学非洲研究院共同举办"让中医药走进非洲"体

验活动，非洲多国驻穗总领事馆总领事以及官员出席活动，亲身体验了针灸、刮痧、拔罐、按摩等多项中医特色疗法和适宜技术，取得良好效果。广东省拥有广州中医药大学、广东省中医院等医疗与科研机构，双方可以加强在中医药领域的务实合作，造福非洲人民。

（三）加强双方在旅游、友城交往领域的交流与合作

非洲旅游资源丰富，其自然地理环境和历史文化景观具有独特性。非洲还是人类文明最早的发祥地之一，对于外国游客有很大的吸引力。广东作为中国的旅游大省，每年出境游旅客总数超过 700 万人次。双方在旅游业合作前景广阔。在友城交往方面，目前广东省与埃及亚历山大省、南非夸纳省已经结为友好省。2016 年广东省政协代表团出访期间，广东省与纳米比亚埃龙戈省、赞比亚卢萨卡省签署了建立友好合作关系备忘录，成为准友城。希望双方依托友城平台，促进广东与非洲国家地方政府在更多领域开展务实合作，造福两地人民。

（四）加强教育、文化和青少年交流

目前，广东与非洲教育培训合作密切，双方高校间交流合作取得新成就。中山大学与南非开普敦大学签署了关于师生交换、科研合作的协议。暨南大学与南非罗德斯大学签署学术交流协议等。中山大学、暨南大学、广东外语外贸大学与非洲国家高校合作，共建了南非开普敦大学孔子学院、南非罗德斯大学孔子学院和佛得角大学孔子学院。非洲来粤留学的学生数量快速增长，双方在教育领域合作成效显著。2016 年 8 月，由中国外交部、中国人民对外友好协会等部门主办的"2016 中非青年大联欢"活动在广州举行。该活动旨在落实中非合作论坛约翰内斯堡峰会成果，加强中非青年交流，增进中非青年友谊。青年代表着中非友好的未来，是中非各领域交流合作发展的生力军。广东与非洲应进一步加强青少年之间的友好交流，不断加深相互理解和友谊，共同推动中非友谊的大船驶向美好的明天。

在对非公共外交工作中，广东公共外交协会充分利用、借助广交会和广东省贸促会平台，成功举办了两届"广交世界 共赢发展"交流会，用讲故事的形式向世界生动说明中国和平、开放、合作、共赢的发展理念，说明与中国的合作商机无限，前景广阔。交流会主题鲜明、形式新颖，讲

述广东故事，展示广东文化，树立广东形象，诠释"中国梦"，在海内外反响热烈。广东公共外交协会的出访活动、研讨会、报告会等都举办得十分成功。我们要善于把各种资源优势整合运用好、有效发挥好，让更多社会力量参与公共外交，多领域、多渠道、多层次开展公共外交，深化同非洲相关机构、重要智库、主流媒体、知名人士等的交流与合作，面向世界广交深交朋友，扩大广东的国际知名度。同时，积极探索开展公共外交的新渠道、新方式，寻找新的突破口，把广东公共外交协会工作做出规模、做出影响、做出成效，不断开创广东公共外交工作新局面。

四　粤非公共外交有关情况及大事记

（一）非洲各国华侨华人情况

1. 博茨瓦纳华侨华人情况

中国、博茨瓦纳两国于1975年1月6日建交。中国曾给予博茨瓦纳真诚的援助，为两国关系的发展打下了良好的基础。目前，中、博两国关系稳定发展，在台湾、人权等问题上，博茨瓦纳一贯支持中国。

博茨瓦纳当地的华侨华人数量增长较快，每年的增幅达3%~4%。目前保守估计，有5000人左右，绝大多数来自祖国大陆（内地），其中福建人最多，约占总数的一半，其余主要来自北部和西部。台湾来的不到20人，香港来的有100人左右。中国移民中，入当地国籍的较少。该国移民法规定必须在当地连续生活10年以上，会当地语言，才能入籍。目前入籍的仅姓李的医生一家，取得永久居留权的有四五人。来博茨瓦纳时间最长的中国人是1967年来的罗先生，少数是10年前来的，其余大多数为近几年移居的，目前99%愿意继续在这里生活。

2. 留尼汪华侨华人情况

留尼汪（法）是印度洋西部的一个火山岛，位于毛里求斯岛和马达加斯加岛之间，面积为2512平方公里，人口约为70.7万。主要为法国血统人，另外有印度人、马达加斯加人和非欧血统人。居民多信奉天主教，也有信奉伊斯兰教的。通用语言是夹杂当地方言的法语。

20世纪末，留尼汪有华侨华人2.5万~3万人（其中华侨50人），占当地总人口的5%。他们主要分布在北岛：圣但尼市1万人；南岛：圣皮埃尔市、顶磅市、圣保罗市1.5万人。广东梅县人占70%，南顺人占15%。留尼汪华侨华人的移入形式基本是亲属团聚。其形成的年代大致为：1949年以前移入者1.8万人（不少人已经过世），50—70年代移入者5000人，80年代移入者2000人。目前，当地出生者占华侨华人总人口的85%。

3. 马达加斯加华侨华人情况

马达加斯加（以下简称马国）是联合国宣布的最不发达国家之一，交通等基础设施落后，生活环境差，贫困人口占总人口的75%。一般来说，这样的国家对新移民是缺乏吸引力的，但事实上从20世纪90年代中期至今，马国的"新侨"几乎是从零迅速增长到两万多人，接近当地"老侨"的数量，成为马国华侨华人社会的重要力量。

在马国华侨华人社会里，有"老侨"和"新侨"之分，"老侨"指在马国本土出生的华侨，"新侨"则是指新华侨华人特别是20世纪90年代后来马国的新移民。

20世纪90年代初，一些援助马国的中资企业和驻马国机构的工作人员，发现马国存在巨大的商机，开始留在当地发展或回国后重返马国，成为马国的一批"新侨"。初期他们主要从事进出口贸易，收购马国质优价廉的红木、海参、拉菲草等当地"土特产"运回中国销售，挣了不少钱。由于这些人的示范效应，从1995年开始，"新侨"大量涌入马国，主要是将日用品、服装、副食品、建材等中国商品特别是广东的产品进口到马国。2002年马国内乱前，新移民的数量达到一个高峰，至今已超过两万人。"新侨"主要从事贸易活动，目前已开始从单一的进出口贸易向加工、餐饮、娱乐等行业发展，出现了"FDC"和"天桥"等较大的公司，新移民的经济实力不断壮大。

4. 毛里求斯华侨华人情况

毛里求斯是印度洋中战略地位十分重要的一个岛国，距非洲东海岸2200多公里，面积为2040平方公里。人口约为130万，居民多信奉印度教、伊斯兰教和基督教，主要讲印地语、克里奥尔语，官方语言是英语。

20世纪末，毛里求斯有华侨华人约4万人，占该岛总人口的4%。华侨华人半数以上居住在首都路易港。

5. 南非华侨华人情况

根据国务院侨办统计资料，南非华侨华人数量约为 35 万。南非有 120 多个社团，包括南部非洲粤港澳总商会、南非和平统一促进会、南非顺德联谊会、南非客属联谊会、南非紫荆会等。

南非华侨华人经济的主角来自我国香港、澳门、台湾地区以及内地（大陆）的广东、福建、北京、上海、江苏、浙江等省市，港、澳、台商主要从事纺织、电脑、家用电器等行业，内地（大陆）商家主要从事餐饮服务、超市经营、贸易等。新生代华侨华人受过良好教育，成为专业人士，有些进入政府高层。

6. 肯尼亚华侨华人情况

相关资料显示，目前在肯尼亚工作生活的华侨华人数量约有 6000 人，基本都是"新侨"，主要分布在内罗毕和蒙巴萨等地，从事贸易、餐饮、中医等工作。

2005 年 1 月 18 日，在中国驻肯尼亚大使馆的指导下，肯尼亚华侨华人代表本着自愿原则组成肯尼亚华人华侨联合会。肯尼亚华人华侨联合会是跨地域的华侨华人社团，也是肯尼亚唯一华侨华人社团。创会会长为韩军，现任会长为郭文昌。

7. 尼日利亚华侨华人情况

20 世纪末，尼日利亚有华侨华人 1 万人，约占当地总人口的千分之一，多数未加入当地国籍。"老侨"多讲粤语，"新侨"约占华侨华人总数的 40%，多持中国护照。华侨华人主要分布在拉各斯、卡诺、卡杜纳、依巴丹等地。

尼日利亚有 2 个侨团。一个是尼中友好协会，系半官方机构，由华侨华人和当地人共同组成。另一个是中国商会，以中资机构人员为主体，2000 年成立。

8. 莫桑比克华侨华人情况

目前有据可查的第一批闯荡莫桑比克的华侨是来自广东省江门五邑地区的木匠，他们于 1875 年先后来到马普托和贝拉港。

目前莫桑比克的华侨华人有2400人左右，主要集中在马普托、贝拉、南普拉，三地有1500人左右，主要从事木材加工、农业、国际贸易、批发零售、工程承包等，在莫桑比克大学等莫国主要高校中还有一批来自台湾的侨胞任教。

9. 纳米比亚华侨华人情况

纳米比亚位于非洲的西南部，紧邻安哥拉、博茨瓦纳、赞比亚和南非。纳米比亚是中国人于20世纪70年代开拓的新的商贸聚集地。据了解，目前旅纳华侨中最早来到纳米比亚的是台湾人李澄原先生一家，他们于1989年自南非转至纳米比亚，当时主要经营中国餐饮业。1997年以后，华侨人数呈井喷状发展，仅仅四年，至2001年，华侨人数就从原来的约50人迅速增长到3000多人，经营的店铺从不足20家增长为600多家。

据统计，现在旅居纳米比亚的华侨约有5000人，他们中持有长期居留签证的约为2000人，其余大多持一到两年期工作签证。值得注意的是，在纳米比亚没有一个中国人加入该国国籍，是典型的华侨社会。

10. 塞内加尔华侨华人情况

据估计塞内加尔有华侨华人3000～5000人，多为广东、福建人。2013年在我国驻塞内加尔使领馆登记确定的华侨人数约为700人。

塞内加尔中国人联谊会暨和平统一促进会是已知的唯一华侨华人社团。会长李吉才，是非洲大通国际贸易公司董事长，与当地政府关系融洽，在当地从事政府采购业务。

（二）广东与非合作情况

1. 文化

（1）外国留学生

20世纪70年代末80年代初，在广东的外国留学生主要分布在中山大学、中山医学院（中山大学中山医学院前身）与广州医学院（现广州医科大学）。后陆续有外国留学生到达华南农业大学、暨南大学、广州外国语学院（广东外语外贸大学前身）、华南师范大学等院校就读。1985年，外国留学生达到134人。该年在粤的外国留学生有"三多"的特点，即新生多、第三世界学生多、非洲学生多。此后，在粤非洲留学生数量逐年增长。其中学习医学、农学的多为第三世界和非洲国家学生。

（2）广东对非文化援助

1982 年 6 月至 1989 年 2 月，我国派出 6 名专业技术人员援建刚果（金）人民宫。除了完成本专业的文化援助任务外，还积极配合完成水电工程。协助铺设专业管道 47 公里、电缆 32 公里、各种用途专业电线 140 公里；同时编写技术教材 24 章 34000 多字，为刚果（金）人民宫培训 10 名电影舞台专业人员。

2. 经贸

（1）中国（广东）—坦桑尼亚经贸交流洽谈会

2015 年 6 月 26 日，由广东省贸促会在坦桑尼亚举办。来自中坦两地的能源、机械制造、工程基建等九大领域的 200 多家企业参加会议。现场签订产能合作项目 8 个，投资总额 8.52 亿美元。

（2）中国（广东省）—南非（夸纳省）经贸旅游合作交流会

2015 年 11 月 6 日，由广东省贸促会联合省旅游局在南非夸纳省德班市举办。来自广东省能源、机械制造、工程基建、医药、汽车、摩托车、物流、旅游、鞋业、食品等领域的 80 多家企业和 100 多家南非企业及中外媒体共 210 多人参加了活动，并进行商务洽谈与交流。广东省贸促会与南非德班工商会签订合作协议，广东省旅游协会与德班旅游局签署合作备忘录。5 家广东企业与合作伙伴签署贸易投资协议，协议金额 1.38 亿美元。

（3）广东（约翰内斯堡）商品展览会

2014 年 11 月 13—15 日，由广东省商务厅在约翰内斯堡举办。广东省参展企业 252 家，展位 302 个，展出产品包括消费类电子产品、太阳能以及节能产品、流行服饰配件、服装及面料、婴儿及儿童用品、礼品及赠品、家居用品、五金及建材等。展会吸引来自南非、赞比亚、莱索托、博茨瓦纳等南部非洲国家共 7020 位专业买家参观。

（三）对非交流大事记

1. 广东公共外交协会

2012 年

5 月 12 日晚上，由广东省政协办公厅、省繁荣粤剧基金会主办的"中华之声——2012年名家名曲广东演唱会"在中山纪念堂举行，广东公共外交协会向44个外国驻穗领事馆的总领事夫妇或者领事馆代表发出邀请函，其中波兰、越南、柬埔寨、印尼、比利时、希腊、印度、挪威、墨西哥、阿根廷、厄瓜多尔、智利、土耳其、意大利、美国和乌干达共16个国家派出代表出席。演唱会由京剧、河北梆子、越剧、黄梅戏、豫剧、粤剧六大剧种领军人物演出，节目精彩纷呈，展现了中国传统戏剧的魅力，具有深厚的中华文化思想和内涵，受到外宾的一致赞赏。这促进了中国与外国的文化交流，增进了彼此的了解和友谊。

11月28日晚上，由广东公共外交协会和广东省人民对外友好协会共同主办的"粤韵情，世界风2012广东国际交流合作周——公共外交之夜"交响音乐会在广州星海音乐厅举行。省政协主席黄龙云，省政协副主席、广东公共外交协会会长汤炳权，省政协副主席唐国忠，省政协副主席、广东公共外交协会副会长王珣章，省政协秘书长、办公厅主任、广东公共外交协会副会长杨懂，省外办主任、广东公共外交协会副会长、省人民对外友好协会会长傅朗，参加"广东国际交流合作周"活动的国际友城嘉宾、国际友好组织嘉宾、各国驻穗领事馆官员、外国专家和嘉宾，广东公共外交协会领导，省政协机关领导、各专委会主任、专职副主任，省外办领导，广东公共外交协会会员等共约1000人出席音乐会。"公共外交之夜"音乐会是"广东国际交流合作周"系列活动之一，旨在通过音乐搭建友好平台，以乐会友，传递友谊，加深了解，加强人文交流与合作。

2013 年

3月18日上午，广东公共外交协会副会长陈文杰，出席在北京朝阳悠唐皇冠假日酒店六层云霄厅举办的"中国企业在非洲——合作、创新、共赢"主题论坛。论坛由中国公共外交协会主办，中华全国工商业联合会、国家开发银行协办。外交部、商务部、非洲国家驻华使馆、工商联、中非发展基金、中国企业代表及专家学者就相关问题开展互动交流。

10月15日晚上，广东公共外交协会在广州广交会展馆中央平台举办"广交世界 共赢发展"交流会。省政协副主席、广东公共外交协会副会长王珣章，省政协副主席唐豪，省政协原副主席、广东公共外交协会会长汤炳权，省政协秘书长、办公厅主任、广东公共外交协会副会长杨懂，省政府副秘书长刘晓捷，省政协副秘书长杜重年、邵忠、黄庆勇、叶晓世，广东公共外交协会副会长吕伟雄、中国对外贸易中心主任、省政协外事侨务委员会副主任、广东公共外交协会副会长王志平，以及省政协机关有关厅级领导，省有关单位和各主承办单位负责同志，广东公共外交协会会员代表，各国驻穗总领事馆官员，来自26个国家的广交会境外客商，在粤外商投资企业高管等300多名嘉宾出席交流会。

2014 年

8 月 28 日下午，"广交世界　共赢发展"暨共建"21 世纪海上丝绸之路"交流会在广州召开。外国驻穗总领事馆官员、外国商协会代表和世界500 强企业驻穗高管齐聚一堂，共商合作发展大计。广东省政府副省长招玉芳、广东公共外交协会会长汤炳权出席交流会并致辞，交流会由省政协秘书长、办公厅主任、广东公共外交协会副会长杨懂主持。

此次交流会由广东公共外交协会主办，广东国际商会、省商务厅、省文化厅、省友协、广东外商投资企业协会、南方报业传媒集团、广东广播电视台等共同承办。交流会围绕共建"21 世纪海上丝绸之路"主题，以演讲分享和自由交流相结合的形式，促进中外政府官员、商协会代表、企业家的思想碰撞，推动广东与世界各国在经贸、科技、旅游、文化等方面的交流合作。

2015 年

10 月 17 日晚，由广东公共外交协会主办的"广交世界　共赢发展2015"——推进"一带一路"建设交流活动在广州举行。省政协主席、广东公共外交协会会长王荣，省政府副省长陈云贤，省政协副主席、广东公共外交协会副会长王珣章，省政协秘书长、广东公共外交协会副会长杨懂，外国驻穗总领事馆官员，各国在粤商协会代表，世界500 强企业驻穗高管，广交会境外客商代表，广东公共外交协会部分会员，以及省市有关单位负责同志等300 多人出席。王荣代表广东公共外交协会向莅会的嘉宾和朋友们表示热烈欢迎。

此次活动由中国对外贸易中心、广东省文化厅、中国国际贸易促进会广东省委员会、广东省人民对外友好协会、广东外商投资企业协会、南方报业传媒集团、广东广播电视台承办和协办。

11 月 2 日，由广东公共外交协会、广东省人民对外友好协会和广东教育国际交流协会主办的"广交世界　共赢发展"暨"魅力广东　助我圆梦"在粤留学生交流活动在华南理工大学顺利举行。省政协副主席、广东公共外交协会副会长王珣章，省政协外事侨务委员会主任、广东公共外交协会副会长吴锐成，华南理工大学党委书记杜小明，省教育厅副巡视员胡振敏，暨南大学副校长宋献中，南方医科大学副校长王前，全国外国留学生教育管理分会副会长贺向民等领导出席会议，协会常务理事、华南理工大学国际教育学院院长安然主持交流活动。华南理工大学、中山大学、暨南大学、南方医科大学、广东外语外贸大学、深圳大学、南方报业传媒集团、广东广播电视台等承办单位的有关领导和代表，各国驻穗总领事馆官员以及在粤近千名留学生代表出席了此次活动。

交流活动上，来自华南理工大学、中山大学、暨南大学、南方医科大学、广东外语外贸大学、深圳大学的留学生代表进行了文艺表演比赛。此次留学生交流活动由广东公共外交协会牵头主办，邀请在粤留学生讲述他们在中国、在广东生活的所见所闻、所思所感，加深他们对中国文化、岭南文化的理解，展现各国留学生的风采风貌；也通过留学生向世界传递中国梦的内涵，展现广东的魅力，打造广东对外形象新名片。

2016 年

12 月 19 日下午，由广东公共外交协会、广东省人民对外友好协会、广东教育国际交流协会主办，暨南大学、广东高等教育学会外国留学生工作委员会承办，中山大学、华南理工大学、华南农业大学、南方医科大学、广州中医药大学、华南师范大学、广东外语外贸大学、深圳大学、南方报业传媒集团、广东广播电视台协办，广东省教育厅、各国驻穗总领事馆、广东公共外交协会各理事单位支持及参与的 2016 "魅力广东　助我圆梦"在粤外国留学生交流活动在暨南大学礼堂举行。来自各高校的近两千名在粤留学生参与活动。

2017 年

2 月 20 日—3 月 1 日，应马达加斯加中国友好协会、南部非洲粤港澳总商会、埃塞俄比亚联邦民主共和国工业部邀请，省政协民族宗教委员会主任郭晓莉率广东公共外交协会代表团一行 5 人赴马达加斯加、南非、埃塞俄比亚进行为期 10 天的友好访问。

访问期间，代表团拜访了三国邀请方、驻外使领馆，与当地华侨社团、华人华侨、中资企业代表座谈，看望慰问了省政协海外列席侨胞和广东公共外交协会海外理事，宣传介绍广东经济社会发展情况，访问取得了圆满成功。

省政协外事侨务委员会专职副主任施志全参与了出访。

3 月 21 日晚，广东公共外交协会在广东省民主党派大楼举办首届 2017 年春茗酒会暨音乐会，省政协主席、广东公共外交协会会长王荣出席并致辞，省政协副主席林木声，省政协副主席、广东公共外交协会副会长王珣章，省政协秘书长吴伟鹏，50 多家外国驻穗总领事馆官员，省政协机关、各专委会、省文化厅、省外办、省各民主党派、广东公共外交协会以及省内 8 个地级市公共外交协会的负责同志和广东公共外交协会部分理事等出席活动。

本次春茗酒会暨音乐会是广东公共外交协会首次举办的人文交流盛会，赢得了广东省主流媒体和社会各界的广泛关注和好评。活动通过"春茗"搭线，架起了与外国驻穗总领事馆的友谊之桥。

5 月 12 日下午，傅朗常务副会长一行拜访（东莞）华坚集团，并与华坚集团董事长张华荣等进行座谈。傅朗提出了以下意见：一是建议华坚集中力量做好非洲事业；二是利用省对外资源，在非洲之外的其他国家做好华坚事业；三是华坚办学问题，前期做好详细咨询。

5 月 25 日，由广东公共外交协会和广东省中医院联合主办，广东外语外贸大学非洲研究院协办的"让中医药走进非洲"体验活动在广东省中医院大学城分院举行。来自非洲埃塞俄比亚、马里、乌干达、尼日利亚、科特迪瓦、刚果（布）、安哥拉、赞比亚、塞内加尔、苏丹的 10 国驻穗总领事馆总领事以及官员共 17 人出席。

广东公共外交协会常务副会长、省政协外事侨务委员会副主任傅朗致欢迎词。他指出 5 月 25 日是"非洲日"，同时祝贺埃塞俄比亚外交部与卫生部前部长谭德塞先生于近日当选第 70 届世界卫生组织新一任总干事。他强调，把中医药带到非洲，造福非洲人民，是众所期盼的。

领团一行还参观了骨伤、康复、检验、传统疗法、中药房等科室，体验了艾灸（雷火灸、隔姜灸、温针灸）、体针、刮痧、耳穴压豆、拔罐疗法、按摩等多项中医特色疗法和适宜技术。

广东省政协外事侨务委员会专职副主任施志全、广东外语外贸大学非洲研究院常务副院长刘继森等参加了活动。

6月2日上午，应华南理工大学国际教育学院院长安然的邀请，广东公共外交协会办公室派员出席了华南理工大学国际教育学院主办的"如何让留学生讲好中国故事——理论与实践探索"研讨会；下午出席了其主办的"一带一路助我圆梦"留学生朗诵比赛，并担任比赛评委。

6月21日—7月1日，省政协外事侨务委员会副主任、广东公共外交协会常务副会长傅朗率广东公共外交协会代表团赴毛里求斯、马达加斯加、塞舌尔进行了为期11天的友好访问。代表团分别拜会了三国政府有关部门、毛里求斯中国友好文化协会会长李基昌、马达加斯加中国友好协会会长祖哈等，听取了我国驻毛里求斯大使李立、驻马达加斯加大使杨小茸和驻塞舌尔大使余劲松对开展公共外交和外事侨务工作的指导意见，并与当地中资企业和华侨华人社团座谈，还与毛中友好文化协会签署了友好合作备忘录。

省政协副秘书长黄庆勇、汕头市政协主席谢泽生等参加访问。

6月29日下午3—4时，塞内加尔共和国驻广州总领事馆在广州市天河区珠江新城华夏路26号雅居乐中心14楼1404举行塞内加尔驻穗领事馆正式开馆仪式，应领事馆诚挚邀请，广东省外事侨务委员会办公室副主任黎琴和广东公共外交协会办公室人员出席开馆活动。

7月13日，广东公共外交协会办公室派员出席参加上海市政协对外友好委员会、上海公共外交协会联合中国公共外交协会等在上海举办的"中国企业走进金砖国家和新兴经济体"研讨会。广东公共外交协会办公室相关人员陪同参加。

9月19—23日，广东公共外交协会和省友协共同主办的"2017广东公共外交周"系列活动在广州举行。系列活动包括以"'一带一路'背景下传统文化的继承与合作——共商务实合作、共享持续发展"为主题的高层次国际论坛、"公共外交之夜"之《船说》专场演出、岭南文化展暨广东公共外交协会友好合作备忘录签署仪式等，并安排中国前外交官联席会一行赴东莞参加第四届"海丝博览会"。

12月14日下午，由中山大学承办的2017"魅力广东　助我圆梦"在粤外国留学生交流活动在梁銶琚礼堂举行，省政协副主席王珣章致辞，傅朗常务副会长为获得一等奖的高校代表颁奖，并参加授旗仪式。广东公共外交协会秘书长施志全及办公室人员参加交流活动。

2018 年

3 月 15 日上午，广东公共外交协会常务副会长傅朗拜访省农业厅厅长郑伟仪，双方围绕在对非工作上邀请广东外语外贸大学非洲研究院为企业授课、政府与研究院间的交流以及信息共享等方面进行沟通与合作，协会办公室人员陪同。

3 月 27 日晚，广东公共外交协会在广州举行 2018 年春茗招待会。省政协主席、广东公共外交协会会长王荣出席并致辞。省政协副主席刘日知、邓海光、袁宝成、黄武、张嘉极，省政协秘书长、广东公共外交协会副会长吴伟鹏，以及来自 50 多家外国驻穗总领事馆的官员，省有关部门负责人，各界人士和广东公共外交协会会员共约 200 名中外嘉宾欢聚一堂，共话发展。

招待会上，中外嘉宾还一起欣赏了由广东省歌舞剧院精心编排的歌曲、舞蹈、杂技、粤剧、魔术等精彩文艺节目，对广东公共外交协会为搭建中外文化交流平台所做的努力表示赞赏。

5 月 25 日，广东公共外交协会与广东省农业厅、广东外语外贸大学非洲研究院和广东新南方集团共同主办了以中非农业合作和中非医疗合作为主题的"非洲日"专项活动。

2. 省政协外事侨务委员会（以下简称"外侨委"）对非交流大事记

2011 年

3 月 25 日晚，王珣章副主席在广州白天鹅宾馆会见宴请赞比亚爱国阵线总书记怀恩特·卡宾巴率领的代表团一行。张祥海副主任参加会见与宴请。

8 月 5—16 日，应南部非洲粤港澳总商会、泰国广肇会馆、柬埔寨参议院秘书处邀请，专职副主任张超美，委员李妙娟、林佑钦，特聘委员曾邦藩访问三国，出席在曼谷举行的第六届"世界广东同乡联谊大会"，拜访华侨华人社团、我国驻外使领馆和柬埔寨参议院等。

8 月 29 日—9 月 9 日，吕伟雄主任、仲德昌副主任率省侨办侨情调研组赴毛里求斯、塞舌尔、肯尼亚进行侨务资源调研。

2015 年

4 月 12 日中午，省政协主席王荣在深圳会见埃塞俄比亚联邦院议长卡萨·特克勒伯尔汉率领的代表团一行。深圳市政协主席王穗明，省政协秘书长杨懂，外侨委主任吴锐成等参加了会见。

9 月 7 日上午，外侨委吴锐成主任在广州会见纳米比亚全国委员会主席阿瑟·卡佩雷一行。

11 月 2 日下午，省政协副主席、广东公共外交协会副会长王珣章出席"广交世界　共赢发展"暨"魅力广东　助我圆梦"在粤留学生交流活动并讲话。外侨委主任、广东公共外交协会副会长吴锐成等出席活动。

12 月 16—18 日，应全国政协外事委员会邀请，马里经济、社会和文化理事会主席阿达哈率代表团到广东省进行友好访问。12 月 17 日晚，省政协副主席王珣章在广州会见并宴请代表团一行。外侨委副主任李延辉全程陪同代表团在广东的访问。

2016 年

1 月 7 日，外侨委主任吴锐成在广州会见埃及开罗华语妇女团主席黎馨馨，听取关于企业"走出去"在海外创业发展的意见建议。

7 月 24—26 日，应全国政协副主席、中国经济社会理事会主席杜青林邀请，几内亚经济社会理事会主席迪亚洛一行到广东访问，外侨委专职副主任施志全前往白云机场迎送，并全程陪同代表团在广东的活动。

2017 年

1 月 4 日，省政协民族宗教委员会主任郭晓莉、外侨委专职副主任施志全，会见南部非洲粤港澳总商会会长陈玉玲一行，并就外侨委代表团2017 年赴南非访问相关事宜进行商议。

1 月 9 日上午，省政协外侨委主任吴锐成、专职副主任施志全在广州会见南非华人警民合作中心主任吴少康一行，交流南非有关华人华侨社团如何更好发展等相关事宜。

2 月 20 日—3 月 1 日，省政协民族宗教委员会主任郭晓莉率访问团一行 5 人，赴马达加斯加、南非、埃塞俄比亚进行为期 10 天的友好访问。外侨委专职副主任施志全随团出访。

3 月 21 日晚，广东公共外交协会在广东省民主党派大楼举办 2017 年春茗酒会暨音乐会。省政协主席、广东公共外交协会会长王荣出席并致辞。省政协副主席林木声，省政协副主席、广东公共外交协会副会长王珣章，省政协秘书长吴伟鹏以及50多家外国驻穗总领事馆官员，省政府有关部门负责同志，省各民主党派负责同志，省政协机关领导，各专门委员会负责同志，部分地级市公共外交协会领导和广东公共外交协会理事等参加活动。

3月22日，马达加斯加中资企业协会会长刘杰率中国—马达加斯加贸易博览会组委会路演团一行来访，外侨办协助安排代表团一行拜访省商务厅、省贸促会等部门。外侨委主任吴锐成、副主任傅朗会见代表团一行并座谈。

5月23日中午，外侨委副主任、广东公共外交协会常务副会长傅朗在广州出席非洲驻穗领团午餐交流会。

5月25日下午，外侨委副主任、广东公共外交协会常务副会长傅朗，外侨委专职副主任施志全出席由广东公共外交协会和广东省中医院联合主办、广东外语外贸大学非洲研究院协办的"让中医药走进非洲"体验活动。

6月15日中午，外侨委副主任、广东公共外交协会常务副会长傅朗在广州会见宴请塞舌尔中国友好协会会长廖俊侨一行。

6月20日上午，外侨委主任吴锐成在广州会见马达加斯加侨胞伦永坤一行。外侨委副主任、广东公共外交协会常务副会长傅朗，外侨委专职副主任施志全参加座谈交流。

6月21日—7月1日，外侨委副主任、广东公共外交协会常务副会长傅朗率广东公共外交协会代表团赴毛里求斯、马达加斯加、塞舌尔进行友好访问。省政协副秘书长黄庆勇随团出访。

7月31日，外侨委副主任、广东公共外交协会常务副会长傅朗于广州花园酒店会见我国驻纳米比亚前大使忻康顺。

8月8日，王荣主席率广东省政协代表团赴埃及、纳米比亚、赞比亚三国进行友好访问。省政协秘书长、办公厅主任吴伟鹏、外侨委副主任傅朗陪同出访。外侨委专职副主任施志全前往机场送行。

8月30日，外侨委副主任傅朗在广州会见海外侨胞、赞比亚中国和平统一促进会会长李维祥一行。

9月19—23日，外侨委副主任、广东公共外交协会常务副会长傅朗出席"广东公共外交周"系列活动。

12 月 29 日晚，外侨委副主任、广东公共外交协会常务副会长傅朗在广州会见并宴请外国驻穗领团团长、乌干达驻穗总领事馆总领事鲁提嘉。

2018 年

1 月 30 日上午，外侨委主任谭一鸣在广州会见曾列席省政协会议的南非侨胞陈云生一行。外侨委专职副主任施志全参加座谈交流。

3 月 27 日晚，广东公共外交协会在广州举办 2018 春茗招待会。省政协主席、广东公共外交协会会长王荣出席并致辞。省政协副主席刘日知、邓海光、袁宝成、黄武、张嘉极，省政协秘书长、广东公共外交协会副会长吴伟鹏以及省有关部门负责同志，省政协机关领导和各专门委员会负责同志，广东公共外交协会理事等参加活动。

3. 省政府外事办公室（以下简称"外办"）对非交流大事记

（1）与南非夸祖鲁－纳塔尔省交往大事记

2013 年 11 月 26 日，广东省外办主任傅朗在广州会见南非驻上海总领事陶博闻，共同探讨广东与夸祖鲁－纳塔尔省（以下简称"夸纳省"）发展友好关系事宜。

2014 年 4 月 21 日，广东省外办副主任苏才芳在广州会见南非夸纳省办公厅主任维克多，双方均表达了发展互补合作、早日签署两省发展友好关系备忘录的愿望。

2015 年 11 月 6 日，广东省副省长招玉芳率团访问南非夸纳省。在此期间，会见夸纳省玛布亚库鲁副省长，并共同签署《中华人民共和国广东省与南非共和国夸祖鲁－纳塔尔省发展友好合作关系的备忘录》。同日，两省在德班成功举办中国（广东省）—南非（夸纳省）经贸旅游合作交流会，并安排广东企业家赴理查德湾工业开发区考察，取得良好效果。

2016 年 5 月 17 日，全国友协正式批复同意广东省与夸纳省建立友城关系。

2016 年 8 月，广东省省长朱小丹计划率政府代表团访问南非夸纳省，与夸纳省省长共同签署两省正式结好协议。

2016 年 9 月 8—10 日，夸纳省执行委员齐卡拉拉率团访粤。9 日，朱小丹省长会见齐卡拉拉一行，就推动落实两省签署的合作协议进行探讨。

在此期间，代表团还访问了东莞、深圳。

（2）与亚历山大省交往大事记

2008年7月14日，广东省外办傅朗主任率广东省外事代表团访问亚历山大，并与阿迪勒·拉比卜省长进行亲切会谈，双方对建立友好省关系达成共识。

2009年11月，广东省邀请亚历山大省出席广东省开展的国际友城交往30周年系列庆祝活动，该省议会议长计划率团出席，后因临时原因取消。

2010年6月23日，广东省外办副主任胡伟率广东省外事工作组访问亚历山大，与阿迪勒·拉比卜省长共同签署了两省发展友好交流与合作关系备忘录。双方进行了亲切愉快的会谈，并提出年内正式签署结好协议书的意向。

2010年10月21日，广东省省长黄华华与阿迪勒·拉比卜省长共同签署了两省结好协议。

2016年12月，广东省外办副主任李政华率广东省礼宾警卫工作组访问亚历山大省，与该省外事部门负责人进行会见。

2017年8月，广东省政协主席王荣率省政协代表团访问亚历山大省，与亚历山大省省长穆罕默德·苏丹先生亲切会见，并就加强两省友好省际合作广泛交换了意见。

2018年1—2月，亚历山大省省长家属访问广东，加深了对广东的认识，深化了两地友好合作。

（3）与非洲各国交往大事记

2004 年

8月29日，省委副书记刘玉浦会见来粤出席首届"中非青年联欢节"的非洲代表团。

10月2—17日，广东省委书记张德江率中国共产党代表团访问南非、埃及、阿尔及利亚三国并参观考察了一批社会、经济、文化项目。

2006 年

11月16—17日，非洲14国高级审计官员到广东省深圳市参观考察。

2007 年

12月26—28日，由广东省青年联合会负责接待的非洲十国青年代表一行 98 人来粤进行为期 3 天的访问。代表团亲身体验了广东在高等教育、青年创业、经济建设方面所取得的成就。

2008 年

2 月 19 日，雷于蓝副省长会见并宴请南部非洲发展共同体卫生访问团，双方就卫生及传统医药方面的合作进行了深入探讨。

4 月 28 日，深圳艺术团远赴非洲访问演出。

10 月 28 日，省政协副主席汤炳权会见并宴请了毛里求斯工党总书记德瓦南·维拉索米率领的代表团一行 6 人。汤炳权相信考察团此行访问广东，对进一步促进中毛友好，推动广东与毛里求斯在经贸、旅游等领域的合作将发挥积极作用。

2009 年

8 月 26 日，省政协副主席陈蔚文会见并宴请了尼日尔经济社会和文化理事会主席谢富·阿马杜一行。陈蔚文表示，广东省政协愿加强同尼日尔经济社会和文化理事会及其他机构的联系与往来，开展多层次、多形式的交流与合作。

12 月 17—20 日，第三届非洲国家驻华大使巡讲团访粤，探讨如何在我国法律框架下对在粤非洲人员进行管理，加强双方的信息沟通和对问题处理的协调；与华南农业大学、中山大学非洲留学生代表，长隆国际集团公司的非洲员工进行了座谈，了解他们在粤的学习、工作和生活情况。

2010 年

3 月 12—13 日，布隆迪第一副总统萨欣古武访粤。萨欣古武表示，希望双方加强农业机械化、贸易、医疗和教育方面的交流，并建议广东外语外贸大学和布隆迪的大学建立友好学校关系，在非洲设立战略研究中心。

5 月 13—14 日，马里国内安全和民防部部长萨迪奥·加萨马率地方政府代表团一行 5 人访粤。

5 月 19 日，省委宣传部副部长李守进会见并宴请非洲国家新闻媒体工作者研修班成员，详细介绍了广东经济社会及传媒业发展情况。

5 月 31 日—6 月 2 日，喀麦隆丰班巴盟王国苏丹恩乔亚（Ibrahim Mbombo Njoya）率传统酋长代表团一行 6 人访粤。

7 月 11—13 日，刚果（金）国民议会对华友好小组主席卢孔加（Felicien Lukunga Katanga）一行 5 人访粤。双方就中刚两国人大/议会的职能、相关工作以及广东省对欠发达地区开展对口支援建设等情况进行了深入的交流。

10月29日，省政协副主席温兰子会见并宴请了到访的津巴布韦副总理科扎尼·库佩一行。库佩介绍了津巴布韦国内局势的恢复情况以及妇女事业发展状况，并诚挚邀请温兰子副主席出席第二年在津巴布韦召开的全非洲妇女大会。

2011 年

3月25日，省政协副主席王珣章会见并宴请了赞比亚爱国阵线总书记怀恩特·卡宾巴率领的代表团一行。卡宾巴表示将不断努力增进赞中两国及两国人民的友谊与合作。

4月18—22日，尼日利亚尼中商会代表团访粤；4月21日晚，省友协副会长王世彤在广州与尼日利亚尼中商会首席执行官马修·乌克维签署了双方建立友好合作关系备忘录。

9月14日，省友协胡伟副会长代表广东省友协与肯尼亚地方政府协会会长科瑞斯、秘书长姆博嘉共同签署了《中华人民共和国广东省人民对外友好协会与肯尼亚地方政府协会建立友好合作关系谅解备忘录》。

2012 年

1月3日，佛山陶艺家潘景新等三人启程前往莱索托，进行为期两个月的陶艺讲座、培训。

10月10—13日，加纳中国人民友好协会代表团一行17人访粤，表示计划于2013年在粤设立领事馆。

2013 年

1月3日—3月4日，由广东省外办和广东省文化厅共同选派的顺德醒狮教练钟广源、周浩恒赴塞舌尔进行为期两个月的醒狮培训。

3月21日，省外办傅朗主任会见非洲国家联合新闻团，介绍了广东近期经济社会发展状况。

6月25日，省友协副会长胡伟在穗会见了毛里求斯国会议员、毛中友协会长李基昌先生。双方同意进一步加强广东省友协与毛中友协的交流并就开展交流的方式和机制进行了探讨。

7月4—11日，广东省外办副巡视员、省友协常务理事丁华率广东省友好代表团一行5人访问南非、肯尼亚。省友协分别与南中人民友协、肯中友协签订了建立友好合作关系备忘录。

7月18日起，南航的航线网络将拓展至非洲的内罗毕、拉各斯、约翰内斯堡、卢萨卡等各大城市。

9月13日，省农业厅陈正辉副巡视员接待了非洲英语国家农业管理研修班来自13个非洲国家的23名农业官员，并简要介绍了广东农业农村发展概况及广东省与非洲农业交流合作情况。

9月26—29日，肯尼亚纳库鲁郡郡长基努希亚·穆布古率政府代表团一行21人访粤，并与省友协就具体合作项目进行了探讨，初步拟定了明后两年的合作意向。

11月17日，省委常委、组织部部长胡泽君会见非洲政党与妇女组织干部研修班代表团，马伊加团长表示，希望通过访问促进广东与非洲各国在妇女事业方面的交流与合作。

2014 年

1月3日，"非凡之美——非洲雕刻艺术展"在省博物馆隆重开幕。

11月27—30日，肯尼亚友好经贸代表团访粤。蒙巴萨郡副郡长海泽·伊莎贝尔表示肯方愿与广东结为友好省郡关系。

12月4日，顺德区与马达加斯加塔马塔夫市政府签订友好合作备忘录。

12月11日，省政府召开援非医疗专家座谈会，欢送第4批援加纳医疗队员和赴西非国家开展防控埃博拉出血热培训专家。

12月17日，省委书记胡春华、省长朱小丹会见非洲国家驻华使节团，提出双方将充分利用与非洲在资源禀赋和经济结构等方面的互补性，进一步加强基础设施建设、能源资源、旅游、农业、人文等领域的对接合作。

2015 年

4月2日，省友协欧阳江旋常务理事出席"最后的非洲——林晶华摄影展"开幕式，该活动由广东美术馆主办，广东省人民对外友好协会和埃塞俄比亚驻广州总领事馆共同协办。

4月17—18日，佛得角中国友好协会代表团访粤，省友协副会长李政华表示，广东欢迎佛方以孔子学院、广东自贸区等平台为切入点，开拓粤佛两地在经贸、旅游、教育等领域合作，推动两地交流与发展。

6月26日，省外办罗军副主任与非洲驻穗领团召开交流座谈会，就非洲公民来粤的签证申请种类、工作签证延期、临时租住登记、非洲公民在边检关口遇到的问题进行了详细的解答。

8月25—27日，马达加斯加友华团体代表团一行4人访粤。代表团团长祖拉桑介绍了她作为马达加斯加孔子学院院长，在当地开展汉语文化教学的情况。

9月7日，省政协外事侨务委员会吴锐成主任在广州会见纳米比亚全国委员会主席阿瑟·卡佩雷一行。

10月28—31日，非洲驻华使节团访问广东。省长朱小丹表示将推动双方结成更多的友好省州、友好城市，扩大在双边贸易、双向投资、基础设施建设、农业、旅游、文化、教育等领域的务实合作。

11月6日，由广东省人民政府主办，广东省贸促会联合广东省旅游局承办的中国（广东省）—南非（夸纳省）经贸旅游合作交流会在夸纳省德班市成功举行。

11月12—15日，塞舌尔共和国维多利亚市市长杰奎琳·穆斯塔·贝尔一行2人访问广州，市长陈建华会见并共同签署两市加强交流合作备忘录，广州市与维多利亚市结为友好城市。

12月7日，省委常委、省纪委书记黄先耀会见南非非洲人国民大会总司库。双方表示希望两地继续加强合作，推动经贸、投资、基础设施建设、旅游等领域友好交流与互利合作。

2016 年

1月16日，由文化部对外文化联络局、深圳市文体旅游局、福田区委宣传部（文体局）主办，深圳市美术家协会、福田区公共文化体育发展中心承办的"驰骋在非洲的荒原——张闯非洲写生作品展"在福田文化馆·书画主题馆拉开帷幕。

1月22—30日，广州市人民政府侨务办公室唐忆春副主任率广州侨务访问团一行4人到南非与毛里求斯进行侨务访问，增进了广州市侨务部门与当地侨社团及侨胞的联络交流。

4月28日，省友协副会长余卫华于4月28日在广州会见并宴请了加蓬中国友好协会代表团。朱阿萨团长表示希望密切与广东省友协的联系，共同推动两地关系发展。

5月17日，省侨办党组书记曾庆荣在广州会见了南部非洲粤港澳总商会会长陈玉玲、南非顺德联谊会会长卢伟亮。

5月17—27日，广东省人社厅巡视员陈康团、广东省友协副会长李春燕率友好代表团一行6人访问了肯尼亚、赞比亚、毛里求斯三国，听取了相关领域的人才引进、人才培训需求和投资机会介绍，并就两地经贸、旅游、教育等领域的合作充分交换了意见。

7月22日—8月1日，以顺德区政协副主席黄燕霞为团长的顺德区侨务友城代表团前往毛里求斯、马达加斯加、法属留尼汪岛访问。

8月2日，由全国友协、外交部和共青团中央主办，省友协、省外办、团省委和省青年联合会承办的"2016中非青年大联欢"在广州开幕。副省长何忠友、全国友协副会长林怡和非洲驻华使团团长、马达加斯加驻华大使维克多·希科尼纳出席开幕式并致辞。

9月11日，共青团广州市委员会派出13名志愿者赴塞舌尔服务1年。

10月9日，省长朱小丹在广州会见了由科特迪瓦国家企业事务、手工业及中小企业部部长阿祖马纳·穆塔耶率领的科特迪瓦政府代表团。穆塔耶表示，希望加强与广东在农业、建筑、医疗等领域的交流合作。

10月26日，省委常委、常务副省长徐少华会见非洲国家审计官员代表团，代表团实地体验了中国审计机关运用信息技术提高审计质量和效率的做法并表示感谢。

11月7日，毛里求斯华商总会访问团一行6人到访佛山，市外事侨务局局长张兵会见了访问团一行。

11月14日，省外办罗军副主任召集省公安厅、省监狱管理局等有关单位与非洲国家驻穗领事馆进行座谈交流。

12月26日，广东省卫生和计划生育委员会召开第6批援加纳医疗队出征欢送会。

2017 年

4月15日，外交部新闻司、广东省外办邀请中非新闻交流中心第四期项目记者赴越秀区登峰街实地考察外国人服务和管理工作，以促进非洲各国对来华、来穗非洲人的生活工作情况有更加客观、全面的了解。

5月18日，省外办主任、省友协会长陈秋彦在礼宾府会见了马达加斯加总统府总统项目、领土整治和装备部部长纳尔松·拉菲迪马纳纳（Narson Lafidimanana）一行，表示希望两地携手，进一步加强人文交往，开展更多的文化交流合作项目。

8月10—13日，尼日利亚卡诺埃米尔萨努西二世率团访粤，旨在学习广东发展经验，加强两地的民间交往、地方交流和产能投资方面的合作，并欢迎广东企业前去卡诺投资。

9月1日，广东省梅州市张晨副市长率领的代表团一行到访南非探望侨胞。

9月6日，省政协主席王荣在广州会见了非洲国家驻穗领团，表示要加强广东与非洲各国在经贸、旅游、文化、医疗等领域的友好交流与务实合作。

10月3日，南非广州商贸文化交流协会在约翰内斯堡举行成立大会，陈玉玲荣当第一届会长。

10月4日，由广州市侨联"亲情中华"艺术团和西开普省广东商会暨同乡会组织的中秋联欢晚会在南非开普敦隆重举行。

10月12日，第十四届中博会"一带一路"专项行动2017之"广东行——走进非洲"系列活动在广州举行。工业和信息化部中小企业局副局长秦志辉、中国国际贸易促进委员会培训中心主任凌凤杰、贝宁驻华大使西蒙·阿多韦兰德出席会议并致辞。

12月8日，省人大常委会副主任罗娟会见南非议会合作治理与传统事务委员会主席达卡尼一行。达卡尼表示，希望通过加强交流，学习中国在扶贫攻坚、民族融合、党派合作以及教育培训等方面的经验和做法并促进青少年交流。

12月22日，由深圳市福田区委书记肖亚非带领的代表团抵达南非开普敦，与西开普省广东商会暨同乡会举行了座谈。肖亚非表示，广东商会应响应习近平主席的"一带一路"倡议，在开普敦当地传播来自中国的声音，使南非人更了解喜爱中国。

2018 年

1月5日，省卫生计生委召开广东省援外医疗工作座谈会，总结第6批援加纳医疗队和首批援斐济医疗专家组工作情况，欢送即将出征的第29批援赤道几内亚医疗队和首批援多米尼克医疗队。

2月9日，由广州市政府发起，德班理工大学孔子学院和德班—广州友好城市协会联合承办的非洲大陆首个"全球高塔亮灯活动"在南非德班市政厅隆重举行。

4. 省政府侨务办公室（以下简称"侨办"）对非交流大事记

2012 年

12 月，广东省原省长、时任全国人大华侨委员会副主任黄华华率团访问津巴布韦、南非、毛里求斯，受到侨界的热烈欢迎。

2013 年

3 月 8—17 日，应津巴布韦华商联合会、博茨瓦纳华人慈善会、南部非洲粤港澳总商会邀请，省侨办组织"新春慰侨访问团"出访上述三国，访问团由省侨办主任吴锐成担任团长，团员有省政府办公厅邹佩英，省侨办外联处范培、陈泽伟以及秘书处何新中。出访为期 10 天，访问团克服了时间紧、任务重的困难，共走访了津巴布韦哈拉雷、博茨瓦纳卡萨尼、博茨瓦纳哈博罗内、南非约翰内斯堡、南非开普敦 5 个城市，按计划访问社团、侨胞，顺利完成出访任务。

5. 省人民对外友好协会（以下简称"友协"）对非交流大事记

（1）出访大事记

1983 年，副省长杨立访问扎伊尔共和国；

1996 年，副省长杨立访问扎伊尔共和国；

1998 年，省委副书记、深圳市委书记张高丽访问南非；

2000 年，省委副书记、深圳市委书记张高丽访问肯尼亚、津巴布韦、毛里求斯；

2001 年，省政协主席郭荣昌访问南非；

2005 年，全国人大华侨委员会副主任委员、省友协名誉会长张帼英访问南非；

2007 年，由省直有关部门及重点企业组成的广东省友好代表团访问非洲；

2011 年，省政府副秘书长刘晓捷访问肯尼亚，与肯尼亚地方政府协会签订了友好合作备忘录；

2013 年，省外办副巡视员、省友协常务理事丁华访问了南非、肯尼亚，并分别与南中人民友协、肯中友协签订了友好合作备忘录；

2014 年，省外办副主任、省友协副会长李坚访问了马达加斯加，与马中友协签订了友好合作备忘录；

2015 年，省外办副主任、省友协副会长李政华访问了埃塞俄比亚、坦桑尼亚、肯尼亚，与埃塞俄比亚人民院埃中友好小组签订了友好合作备忘录；

2016 年，广东省人社厅巡视员陈康团和省友协副会长李春燕率团访问肯尼亚、赞比亚、毛里求斯。

（2）接待非洲访问团大事记

1979 年，毛里塔尼亚毛中友协主席默·乌·塞加尔访粤，索马里工会代表团访粤，毛里塔尼亚代表团访粤，索马里全国工人联合会主席阿里访粤；

1980 年，马达加斯加友好团访粤；

1981 年，突尼斯总统夫人瓦西拉·布尔吉巴访粤；

1983 年，苏丹友好、团结、和平全国委员会主席艾哈迈德·赛义德·哈姆德访粤；

1984 年，卢旺达农技人员代表团访粤，马达加斯加革命先锋党（执政党）政治局委员西蒙·皮埃尔访粤，科特迪瓦司法界人士代表团访粤；

1985 年，贝宁人民革命党中央政治局委员及党中央教育和扫盲委员会主席阿尔芒·蒙特罗访粤；

1986 年，安哥拉友协代表团访粤；

1987 年，莱索托王国玛莫哈托王后访粤，毛里塔尼亚救国军事委员会常务书记穆罕默德·乌尔德·西迪亚访粤，津巴布韦社会人类学教授恰特女士访粤；

1989 年，加纳友好人士代表团访粤，塞内加尔中国友好合作协会主席马乌杜·塞义尼·姆邦格访粤；

1991 年，毛里求斯中国友好文化协会代表团访粤；

1992 年，毛里求斯战斗运动党代表团访粤，埃及前总理穆斯塔法·哈里勒夫妇访粤；

1993 年，埃及亚洲团结委员会代表团访粤，扎伊尔共和国前总理肯戈夫妇访粤，纳米比亚总统努乔马夫人克娃姆波·努乔马访粤，南非国防部前部长格里·维尔让访粤；

1994 年，马拉维"争取民主联盟"主席恰库夫瓦·奇哈纳访粤，津巴布韦高级部长穆塔萨访粤；

1995 年，马达加斯加塔那那利佛市华侨公社社长冯保全访粤，马拉维不管部部长汤姆逊访粤；

1996 年，尼日利亚前国家元首欧内斯特·肖内坎访粤；

1997 年，津巴布韦国防部部长思约尼访粤；

1998 年，秘鲁前总理埃德加多·梅尔卡多·哈林夫妇访粤，尼日利亚中国友好协会代表团访粤；

1999 年，南非全球对话学会执行主任加斯·勒佩尔访粤，南非金山大学国际关系东亚项目主任加斯·谢尔顿访粤；

2000 年，乌干达总统新闻和公共关系高级顾问甘达访粤，乌干达友好人士代表团访粤；

2001 年，尼日利亚阿比亚州州长卡鲁访粤，毛里求斯自由港发展公司代表访粤，并举办了"毛里求斯自由港投资贸易介绍会"，塞舌尔前总统夫妇访粤，加蓬国民议会加中友好议员团访粤，尼日利亚副总统夫人代表团访粤；

2002 年，埃塞俄比亚能力建设部国务部长沃瑞德访粤，毛里求斯中国友好协会会长李基昌访粤；

2004 年，毛里求斯鸠比市市长阿克迈德·穆罕默德访粤；

2009 年，由埃及、博茨瓦纳、毛里求斯、尼日利亚四国驻华大使组成的第三届非洲国家驻华使节巡讲团访粤；

2011 年，尼中商会代表团访粤，尼日利亚约鲁巴大土王王储访粤，塞内加尔市长协会会长，塞内加尔矿业、工业、农用工业和中小企业部国务部长，济金绍尔市市长阿卜杜拉耶·巴尔德率领的塞内加尔市长协会代表团访粤；

2012 年，尼日利亚中国商会代表团来粤参加国际交流合作周，加纳中国友好协会会长寇鸠·阿莫·高德弗莱德访粤；

2013 年，毛里求斯副总统莫妮克·奥桑·贝勒波，毛里求斯国会议员、毛中友协会长李基昌先生，肯尼亚中国友好协会代表团分别访粤；

2014 年，肯尼亚瓦森·吉术郡郡长、肯尼亚多数党党鞭、蒙巴萨郡副郡长及肯尼亚中国友协主席共同率领的肯尼亚友好经贸代表团来粤参加"2014 中国国际友好城市大会"；

2015 年，坦桑尼亚达累萨拉姆省省长梅克·萨迪克访粤并出席"海博会"；

2016 年，加蓬中国友好协会代表团访粤；

2017 年，尼日利亚传统领袖卡诺埃米尔萨努西二世访粤，马达加斯加总统府总统项目、领土整治和装备部部长访粤，喀麦隆议员代表团访粤。

（3）举办的与非洲国家相关的活动

2008 年，在广州协助南非驻华使馆举办"南非周"活动；

2016 年 8 月，承办"中非青年大联欢"活动，接待来自非洲 18 个国家的 188 名青年代表，组织近 200 名广东各界青年代表共同参加活动，时任广东省副省长何忠友出席开幕式并致辞；

2018 年 4 月，由省友协指导，广东外语外贸大学非洲研究院与广东国际商会非洲投资贸易联盟、中非经贸文化交流中心共同主办了"中非经贸文化周"系列活动，纳米比亚、南非、莱索托等国驻华大使馆以及安哥拉、尼日利亚、埃塞俄比亚、刚果（布）、马里、苏丹、塞内加尔、赞比亚等国驻穗总领事馆官员，以及非洲在穗经贸、文化、学术界人士近 100 人出席了开幕式及相关活动。

第五章

粤非人文交流：民间往来篇

【本章导读】

广东是改革开放的前沿，其强大的制造业能力举世瞩目。广州是非洲商人最喜欢到达的中国城市之一，有"千年商都"的美誉。广交会闻名遐迩，吸引了大批非洲客商前来采购，拓展了中非贸易。改革开放以后，粤商敢为天下先，勇闯非洲，通过贸易和投资，为非洲的工业化和农业现代化做出了贡献。

一　粤商力量在对非投资和贸易中的
现状与展望

中国一直是非洲的重要战略合作伙伴之一，在贸易、农业、卫生和投资等各个领域与非洲各国紧密合作。广东省，作为航运路线距离非洲国家最近的省份，长期以来和非洲保持着良好的商业和人文交往。2015 年第一届对非投资论坛在埃塞俄比亚首都亚的斯亚贝巴举行，开启了一系列中非贸易交流的官方合作。2016 年 9 月 7—8 日，由广东省人民政府与世界银行和国家开发银行联合主办的第二届对非投资论坛在广东省省会广州举行，来自 30 多个非洲国家的政府官员参加了这次活动。本次大会提出"共享经验、加快投资，构建中非未来伙伴关系"，以此确定了粤非交流的未来发展方向。2017 年 9 月 25—27 日，第三届对非投资论坛在塞内加尔首都达喀尔举行，来自中国、非洲的 400 多名政商界人士参加了本次大会，会议的主题是"创新推动非洲跨越式发展"。论坛就能源、农业、数字革命和劳动力培训等主题展开讨论，提出非洲应当与中国加强创新合作，加快发展的主张。目前，粤商的对非投资与粤非贸易都积极响应了几次大会提出的中非经济发展意向。

（一）粤商力量在非洲的发展与影响

1. 粤商对非投资明显增长

近年来，粤商在非洲的农业、工业，以及贸易、旅游、太阳能开发利用等领域的投资增加迅速，同时创造了就业机会，为本地的经济发展提供了强大助力。由于地理位置优势，与非洲航线距离相对较短，且易于发展海上贸易，广东省在社会、经济领域与非洲国家都保持着密切的关系。截至 2016 年 6 月底，广东企业在非洲累计设立非金融类企业 201 家，中方协议投资金额累计 18.3 亿美元。广东省 2017 年对外投资数据统计情况见表 11。

表 11　广东省 2017 年对外投资数据统计情况

地域	新增企业数（家）	中方协议投资额（万美元）	同比增长（%）	占总投资比重（%）	中方实际投资额（万美元）	同比增长（%）	占总投资比重（%）
非洲	29	36857	14.03	3.01	6492	85.04	0.74
亚洲	479	378254	-78.64	30.90	534265	-61.00	61.06
欧洲	65	596183	217.70	48.71	24979	-49.12	2.85
北美洲	107	85580	-86.74	6.99	56968	-71.78	6.51
拉丁美洲	10	42246	-59.03	3.45	79819	6.54	9.12
大洋洲	13	84914	-3.03	6.94	14306	-43.71	1.63

资料来源：广东省商务厅，2018 年 6 月。

从表 11 可以看出，2017 年广东省对非洲的投资虽然与亚洲、欧洲和北美洲相比差距较大，但是对其他地区已经形成了"赶超"势态，且与往年相比增长明显。其中，投资贸易发展比较快的是埃塞俄比亚、肯尼亚、坦桑尼亚、尼日利亚、乌干达等国。

非洲劳动力资源丰富，生态环境良好，发展前景广阔，并且粤非在劳动力、土地、自然资源、产业结构、资本和技术等方面具有互补优势。

2016 年 9 月的第二届对非投资论坛在广州举行，掀起了新一轮"粤商到非洲去"的投资热潮。在这届论坛上，广东企业与埃及、南非、埃塞俄比亚、乌干达、加纳、刚果（金）等 7 个非洲国家现场签订了 9 个项目，协议金额达 25.58 亿美元，涉及航空、电力、汽车制造、陶瓷、纺织服装和渔业等领域。2018 年 6 月，在广东省贸促会的指导下，广东新南方集团作为创会会长单位在肯尼亚挂牌成立了"非洲广东总商会"，进一步推进粤商在非投资，并加强双方的全方位合作。同时，非洲广东总商会和非洲国家驻广州总领事馆将启动非洲商学院的建设，培养新型国际化人才，为粤非经济的持续发展提供后续力量。另外，广东省总商会（广东省工商业联合会）将联合研究机构建立非洲研究智库和银行，推广中医药文化，促进粤非交流的全面发展，比如：广东新南方集团已在非洲投资推广的"青蒿素快速消除疟疾（FEMSE）项目"获得了非洲市场的一致认可。在粤非全面开展合作的有利局面下，加快广东对非投资的绿色转型，开发多种投资形式，继续扩大粤商在非的投资影响力，是广东省企业国际化发展的新方向。

2. 粤商在非投资新型产业

事实上，在粤非贸易不断发展的同时，粤非合作的经济结构也在发生变化，来自广东企业的新技术也开始"落户"非洲。2016 年的第二届对非投资论坛提出建立自然资源加工中心、发展能源产品以延长非洲国家的产业链。而在此次会议之前，广东省的企业就有预见性地在能源发展和相关产业方面加强了对非洲的投资，帮助当地发展绿色能源，并增加农民的收入。

近年来，非洲国家大力发展养鱼业、海产品加工业和其他沿海产业。广东省临海的地理位置也使其在这些领域有着得天独厚的投资优势。湛江的水产养殖商在非洲"大展拳脚"，尤其是罗非鱼在非洲的热销就是广东水产养殖技术和外贸物流的成功范例。罗非鱼原产于非洲，非洲市场的需求量很大，但是当地因为养殖技术和捕捞技术有限，产量很低，不能满足市场需要，这就为湛江的罗非鱼养殖商人提供了机会。随着国家政策的鼓励和中非合作的发展，广东的水产养殖商已经开始在非洲设厂。这样，不仅可以促进当地养殖业的发展、提供更多就业机会，还能够将当地的特色水产经过加工后进口到中国，繁荣双边市场，形成粤非经贸交流的"双赢"局面。

3. 粤非进出口贸易与双边投资存在巨大潜力

从 2011 年到 2015 年，粤非之间的进出口贸易一直保持着稳定的增长趋势，并且，粤非贸易金额在中非贸易总金额中的比重逐年增长：2011 年为 18%，2012 年为 20.9%，2013 年为 21.3%，2014 年为 22.4%，2015 年达到了 24.2%，接近四分之一。根据广东省商务厅提供的数据，2017 年广东省与非洲的进出口总金额达到了 2493.6 亿元人民币，同比增长 4.4%，其中出口金额是 1728.6 亿元人民币，同比增长 3.3%，进口金额是 765 亿元人民币，同比增长 7.2%。可见，一方面，非洲是广东重要的出口市场，另一方面，广东对非洲的进口额也在明显增长，而双方进出口的金额差正体现了粤商对于非洲市场的相对影响力。另外，除了南非相较于其他非洲国家在粤非贸易中的绝对优势，尼日利亚、埃及、加纳、肯尼亚、阿尔及利亚与广东的进出口金额也超过了 100 亿元人民币。除此之外，厄立特里亚、佛得角、安哥拉、赤道几内亚与广东省的贸易金额有大幅度提升。

虽然长期以来粤商在非投资占双边投资的主导部分，但是近年来，非洲经济的发展也使得当地的投资开始流向国外。在这种情势下，一向与非洲联系密切的广东就成了非洲各国投资的重要目标，这也是粤商在非洲当地经济影响力的一个折射。根据政府提供的数据，2017 年，广东省共吸收了非洲 39 个国家的投资，351 家非洲企业与广东省签订了在广东省投资的协议。其中，马里、埃及、塞舌尔和刚果（金）的投资企业就占 165 家，合同外资总金额超过 12 亿元人民币；埃及和塞舌尔的合同外资金额超过了 1 亿元人民币；加纳、几内亚、安哥拉、刚果（金）等国的合同外资金额超过了 1000 万元人民币。归根结底，广东省之所以能够吸收到大量非洲国家的投资，一方面是因为粤商在非洲的影响力，另一方面表现出了非洲企业对广东经济发展水平的高度信任。

4. 粤商在非洲兴建海外生产基地

珠江三角洲曾经是世界最重要的制造业基地之一。近年来，随着国内成本的上升，传统的生产模式迫切需要转型升级。其中，纺织、电子产品

101

加工、家电等行业都出现了产能过剩的现象，这不仅造成资源浪费，而且许多企业也面临着被淘汰和破产的风险。而非洲市场对于这些产品的市场需求量很大，并且在人力、物流、资源等各方面都与广东经济高度互补。因此，将服装、家电、集成电路、手机等劳动力密集型企业转向非洲，在当地建立生产基地，既成为粤商转型升级的良好机会，也满足了当地市场需求、增加了就业机会、促进了当地经济发展。当"中国制造"变成了"非洲制造"，当地人民的心理接受度更高，也带动了当地技术力量的提升。

在"双赢"的情势下，粤商在非洲设厂投资的成功案例不断涌现，激励了更多的广东企业走进非洲，同时，也提高了粤商品牌在非洲各国的市场占有率，扩大了粤商力量在非洲乃至世界范围的影响。

5. 粤非交流的良好基础促进双边全方位合作

1956 年中国与埃及建交揭开了中非交流的序幕。历史上，广东作为"海上丝绸之路"的起点之一，与非洲各国贸易往来密切。21 世纪，在中国"一带一路"倡议中，粤非的交流与合作具有明显的地理和文化优势。

首先，在中国广东省是海路距离非洲最近的地区之一，具有天然的地理优势，再加上广东具有移民的悠久历史，因此，广东的文化一直都具有较大的"包容性"，这使广东成为国际交流十分活跃的地区。其次，广东是非洲人居留比较集中的省份，尤其是广州，小北、三元里一带成为非洲商人生活和工作的聚集区。每年的广交会期间，非洲各国的企业都会来到广州寻找商机。2003 年至 2012 年广东对非洲进出口贸易总额从 28.19 亿美元上升至 413.87 亿美元，增长约 14 倍。粤非的经济交流既给广东的经济带来了新的活力，也让广东的商品远销到了非洲各国。最后，广东高校每年都会招收大量的非洲留学生，他们毕业之后大部分返回自己的国家，为粤非之间的经济、文化交流做出贡献。以华南农业大学为例，自改革开放以后，共培养留学生 1759 人，其中非洲留学生就有 1117 人，来自非洲 48 个国家和地区。同时，广州有 10 个非洲国家的领事馆和总领事馆，其中包括尼日利亚、刚果（布）、苏丹、马里、科特迪瓦、赞比亚、安哥拉、埃塞俄比亚、塞内加尔和乌干达。广东省与非洲各国政府的外交活动频繁，仅 2014 年，广东省就先后接待了埃塞俄比亚、刚果（布）、津巴布韦总统等高级代表团，以及十多个国家数十批政府、经贸代表团，为推动广东与非洲之间的高层次交流合作奠定了基础。

（二）粤商力量在非洲发展的阻碍

1. 非洲社会局势不稳

非洲民族众多，宗教支派复杂，资源开发有限，经济基础薄弱，贫富差距较大，因此，容易发生社会矛盾，甚至是流血冲突。局势的不稳定使得中国企业的投资遇到了不少困难，其中也包括近年来对非贸易增长迅速的粤商。与广东企业联系密切的乌干达、埃塞俄比亚、肯尼亚等国，有时出现局势动荡和骚乱。比如埃塞俄比亚，因为是多民族联邦制国家，有9个民族州和2个自治行政区。占人口少数的提格雷人在军队中占有主导位置，引起占人口多数的奥罗莫人和阿姆哈拉人的不满，因此各地经常发生游行示威活动。2016年10月和2018年2月，埃塞俄比亚两次宣布国家进入"全国紧急状态"。2016年以来广东省政府计划重点投资肯尼亚，但自然灾害、贫富不均使得该国经济发展艰难，2017年爆发的"选举风波"更是造成了负面影响。还有非洲东部的内陆国乌干达，属于世界上最不发达国家之一。近年来粤商在这个国家大力发展工业园区，促进了当地经济的发展。事实上，乌干达曾经经历过血腥的大屠杀、极权统治，以及疾病和饥荒的蹂躏。另外，自独立之后，南苏丹与苏丹之间因为民族矛盾和石油问题所发生的冲突至今没有找到解决的办法。其他国家，如粤商投资较多的尼日利亚、南非、埃及、马里等都发生过严重的武力冲突。

在这种局面下，粤商坚强地在不稳定的政治经济环境中坚持下来是非常不容易的。中非之间的经济合作一方面得力于中国政府的大力支持，另一方面，非洲国家也制定了有利于中方企业投资的具体措施。2011年2月14日，中交集团宣布旗下子公司中港公司2月1日与苏丹签署新国际机场商务合同，合同总额达9亿欧元（约合人民币80亿元）。在第14届中国国际投资贸易洽谈会上，津巴布韦副总理阿瑟·穆坦巴拉对外承诺称，除了自然灾害等原因，一旦投资者投资亏本，津巴布韦政府保证返还其100%的原始资本投入。

2. 经济风险普遍存在

非洲国家经济基础薄弱，外汇储备少，对外依赖程度高，很容易受到国际经济形势的影响而导致汇率波动。特别是非洲很多国家创汇主要依靠出口资源，因此，国家经济会随时因为外部原因而发生变化。2015年8月赞比亚货币克瓦查对美元的汇率在三个月之内从7.5：1贬值到14.5：1。究其原因就是克瓦查是铜本位货币，严重依靠铜矿资源出口创汇，而中国是其最重要的出口对象。但是2015年中国对铜的需求下降，直接影响到赞比亚的货币汇率，也大大伤害了中方企业，比较明显的是建筑行业，因为这个行业一般用当地货币签合同，而且工期较长，如果没有做好汇率风险分析，后果是不堪设想的。近年来与广东贸易往来密切的埃及也刚刚经历了一场汇率惊魂。受2016年自由浮动汇率改革的影响，埃及镑大幅贬值，通货膨胀率在2017年9月达到了31.59%。至2018年2月，通货膨胀率下降至14.4%，汇率波动对中国企业的影响是不容置疑的。

另外，非洲的石油一直是各国争夺的重要资源，不仅引起非洲内部的冲突，也引来了西方国家的干预。因此，石油既是非洲国家经济发展的希望，也是引发未知风险的重要因素。其中，粤商投资涉及的乌干达、尼日利亚和苏丹等国都陷入了"石油之争"，不仅本国经济受到很大的干扰，也影响到了中方企业的发展。比如，在石油开发尚处于起始阶段的乌干达，石油作为一笔巨大的财富影响着这个国家的经济、政治和生态环境，一切与之有关的蓝图都充满着随时生变的可能。还有陷入"石油之争"的尼日利亚，数十亿英镑的石油收入被贪污，产油区仍处于极端贫困的境地，这不仅引起了尖锐的社会矛盾，也影响了当地的投资环境。

3. 治安和疾病隐患

非洲国家贫富差距大，社会动荡不安，在非洲的中国企业，尤其是在政变频发、暴力冲突激烈的国家的企业，都需要聘请荷枪实弹的专业保镖来保护员工与财产，而在非洲工作的中国人都必须严格遵守公司的安全条例，尤其在外活动时，需要时刻保持警惕，但是危险仍不可全然避免。近年来，粤商对非洲投资金额居前几位的肯尼亚、坦桑尼亚、尼日利亚、安哥拉等国，以及长期以来都与广东省有密切的贸易往来的南非都属于治安不尽如人意的地区，比如肯尼亚首都内罗毕就是犯罪率很高的城市。坦桑尼亚虽然没有战乱，但是这几年的犯罪率持续上升，抢劫和偷盗案件十分常见，尤其是针对外国侨民与游客。尼日利亚人口较多，社会治安受宗教和政治影响较大。安哥拉是非洲治安问题比较严重的国家，发生过多起针对中国公民的抢劫、绑架、凶杀等恶性事件。南非因为历史因素，种族矛盾一直存在，贫富差距较大，社会治安一直被人诟病。即使是在治安比较好的埃塞俄比亚，也发生过中国人被绑架和勒索事件。总之，在非洲工作的中国人都会被提醒夜晚不要出行，连大使馆都告诫中国公民遇到暴力事件要"舍财保命"。

除了治安问题，疾病也是中国人必然会遇到的难题。非洲很多国家粮食和药品短缺、卫生环境堪忧、蚊虫肆虐，再加上天气炎热、饮用水不洁，导致多种疾病，特别是传染病盛行，经常暴发大面积的疫病，比如疟疾、登革热、黄热病、肺结核、霍乱、麻风病、艾滋病等都是非洲常见的恶性传染病。尤其是对于来非洲生活的外国人，疾病成了他们生存的一大威胁。而当地的医疗资源不足，条件落后，使得对这些疾病的控制成为难题。2014 年至 2016 年暴发在西非几内亚、塞拉利昂和利比里亚三国的埃博拉疫情，导致 11000 人丧生和巨大的经济损失。2018 年 5 月，刚果民主共和国再次暴发埃博拉疫情，引发了安哥拉、肯尼亚、尼日利亚等周边国家的恐慌。同时，尼日利亚东北部暴发了霍乱，由于当地的医疗资源有限，难以应对大规模的疫情，传染区的民众陷入恐惧与绝望当中。可见，中国企业要在非洲发展，要承担的不仅仅是经济上的风险，在非洲工作的员工要忍受的也不仅仅是背井离乡的寂寞。

4. 竞争压力与综合性人才的重要性

非洲自然和人力资源丰富，各个产业的开发刚刚起步，对于世界各国都是充满机遇和巨大吸引力的市场。在非洲的粤商面对的压力一方面来自其他外国企业，另一方面也源于自己国家其他企业的"同质化投资"。中国产品的优势在于"物美价廉"，高效的大规模生产使得价格明显下降，在非洲市场具有很强的竞争力，因此对当地企业造生了一定的冲击。同时，西方国家投资的企业由于不同的制作工艺流程和商业理念，产品成本较高，价格也就相对较高，因此，中国企业要在非洲开辟一个新的产业时，经常会遇到同行企业的联合抵制。所以，当我们在做市场调研的时候，不仅需要对本行业有深入的了解，同时还有必要针对竞争者的背景建立详细的资料档案，这样才能尽可能地化解矛盾、规避风险。另外，"同质化投资"也是粤商在非洲经常会遇到的困境。在这样的竞争中因为彼此都很了解，并且具有同样的优势，往往更加难以胜出。因为，当中方的企业到达非洲后，发现能做的事情都差不多，尤其是在同一产业，最终比拼的就是价格，这样的"微利之战"常常是十分惨烈的，而且伤害的都是同胞的利益，有时甚至会演变成"赔本之战"。在这种情形下，不仅企业之间的沟通和合作非常必要，政府职能部门的协调也是十分重要的。

中方企业想在非洲有长期的发展，除了经济实力之外，人才也是不可或缺的关键因素。非洲由于历史的原因，北非、西非和中非许多国家的官方语言是法语，南非讲英语居多，还有赤道几内亚等少数国家讲西班牙语。另外，非洲的多民族状况也决定了语言和文化习俗的多样化，在当地比较通行的语言有斯瓦希里语、豪萨语等。中国企业要想真正进入非洲的市场，员工不仅需要掌握本行业的专业知识，同时必须有语言特长，因此，中国在非洲投资的增长也推动了高校相关专业的招生和就业。到 2017 年底，中国共有 215 所大学开设了法语专业。同时，中国企业在非洲的发展也需要大量了解当地文化和民族习俗的管理人才。在大型的中方企业，一般是中方员工带领十几个（甚至更多）当地人工作，而非洲人有很多的观念，比如时间观，都是和中国人有很大差别的，所以在这种雇佣与被雇佣的关系当中，中方员工如果不能很好地处理与当地人的关系，那么不仅企业的利益会受到损害，还可能引起激烈的冲突。

（三）粤商力量在非发展的策略与机会

1. 抱团发展，建立产业合作平台

面对"走出去"的重重风险与困难，广东企业用一贯的拼搏精神和经商智慧，坚定地走出了一条"抱团发展、合作共赢"的成功之路。至 2016 年 6 月底，广东企业在非洲累计设立非金融类企业 201 家，中方协议投资金额累计 18.3 亿美元。粤商们经历了在非洲市场的失败与成功后，他们一致认为抱团投资、联手并行是避免风险的有效途径。在这样的思路指导下，上、下游企业联合进行产业链整体转移，可以产生集聚效应，这也是目前国际产业转移的新趋势。同时，广东企业应充分利用中非产业园区开展合作，因为产业园不仅可以联合企业享受更多优惠政策，而且有利于行

业之间的优势互补、信息共享，并增强风险抵御能力，使企业能够更好地规避风险、降低成本，增强国际竞争能力。

近年来，建立工业园是中非投资的新趋势，广东企业也走在了这股新投资潮的前列，不仅增强了粤商的行业竞争力和影响力，也为当地经济增长做出了贡献。广东企业将自身的产能优势和投资对象国的生产要素成本优势相结合，同时，团结同行业企业，实现生产、销售的链式发展，不仅可以实现国际产能"共赢"合作，还可以提高企业的资源配置能力和对抗风险能力，以进一步谋求企业的长足发展。按照"产业园区连锁品牌"的思路，粤商将自己的生产和管理经验推广到非洲，不仅可以帮助中国企业搭建投资平台，助力同胞企业实现"非洲梦"，同时也促进了当地经济的快速发展和产业转型。显而易见，"抱团发展、合作共赢"，建立产业园及经济合作特区，是粤商也是中国企业走进非洲的成功之路。

2. 积极实现与投资国的"共赢发展"

在过去的20年当中，非洲是世界经济增长最快的地区之一。从1995年到2014年，非洲有1/5的国家经济年增长率平均达到了7%，非洲中产阶层也在不断扩大。随着经济发展的加速，非洲逐步加快工业化步伐，加快劳动密集型产业发展，加强人员培训，并关注新兴科学技术的发展。同时，非洲自然资源丰富，基础设施建设与能源开发是经济发展需要迫切解决的问题。这恰好可以发挥广东企业的优势。2016年广东省财政厅和广东省政府联合发布的《广东对非投资合作背景、重点与对策建议报告》指出："粤资企业在农业经济、轻工制造、旅游开发、基础设施建设、新能源开发、职业技术培训等领域优势明显，且与非洲国家经济发展水平具有较好的互补关系，可以作为投资合作的首选领域。"广东企业走进非洲，发展双边贸易往来，投资设厂，继而开发产业园和经济特区，实现了双方的"利益共赢"。在这个过程中，粤商不仅获得了经济利益和企业发展的机会，也给当地带来了就业岗位和新兴的科学技术及管理经验。粤商在增强自身的竞争力与影响力的同时，也促进了当地的产业转型，稳定了投资地区的经济，提高了人员素质，并在文化、教育、医疗等各个方面全面带动了对象国的社会发展。

广东新南方集团通过推行"青蒿素快速清除疟疾"项目，成功拯救了数百万人的生命，赢得了当地人民的信任。近年来，新南方集团积极参与非洲基础设施建设，以自身产业资源优势和丰富的运营管理经验，打造大型经济特区，为中国企业搭建投资创业平台。

3. 密切关注非洲自贸区

2018 年 3 月 21 日，44 个非洲国家在卢旺达首都基加利签署成立非洲大陆自由贸易区（以下简称"非洲自贸区"）的协定。根据协定，非洲自贸区将在成员国内逐步取消关税，促进贸易。如果非盟 54 个成员国都能签署该协议，自贸区将成为一个有着 12 亿人口的巨大市场。从中国的角度来看，中国自 2009 年之后已经连续 8 年成为非洲最大的贸易伙伴，在中非贸易发展面临历史机遇的当下，非洲自贸区的成立也为中非合作拓展了新空间。这样巨大的发展空间也将给广东的企业带来无限的商机。广州集酷电子商务有限公司首席执行官王科表示，非洲自贸区的成立对于非洲贸易的影响主要有三点：第一，非洲整体的货物流通的便捷性大大提高，减少了多国间海关的烦琐流程；第二，非洲的工业化进程会大大加快，非洲国家会继续鼓励外商投资建厂；第三，对跨境电商来说，该自贸体系的落地会促成区域级的大型海外仓建立，而且整体的体量会聚合起来。事实上，如果非洲国家之间的关税屏障消失，非洲的投资价值将会成倍增长。而自贸区所带来的利好，对于中国的投资者尤其是中国的跨境电商影响巨大。

在自贸区带来的巨大机遇面前，中国企业与当地政府进一步合作，积极参与自贸区的建设。2018 年 7 月，中国招商局集团、大连港集团以及吉布提政府共同合作开发的吉布提国际自贸区举行开园仪式。这个项目主要吸引物流、贸易、汽车、机械、建材、海产加工、食品加工等中国企业入园设厂。目前区内各项基础设施已基本建成，已有 20 多家非洲和中国企业签署了入园意向书。但是，在中国企业积极推进非洲自贸区发展的同时，我们应当看到自贸区不仅仅是机会，同时也存在挑战。一方面，在非盟成员国中仍然有几个国家没有签署非洲自贸区协议，其中就有与广东省贸易往来密切的尼日利亚，而尼日利亚拥有约 2 亿人口，占有非洲 40% 的电商企业。另一方面，非洲各个国家的关税制度存在差异，而且信息透明度不能保证，难以确定报关基准。因此，非洲自贸区最终是否能够顺利运行仍然需要密切关注，在抓住机遇的同时，企业必须保持谨慎而专业的态度，对投资进行严格的风险评估。

今天，非洲是一个有着巨大机遇和风险的市场。在中非友好源远流长的历史环境中，在"一带一路"倡议的推动下，中非贸易与对非投资是近年来中国企业"走出去"的最佳形式。在 2016 年广州举行的对非投资论坛上，广东省商务厅确定了"下一步广东省将重点选取肯尼亚等国家（地区）主要交通节点城市和港口，合作建设境外加工制造、资源开发、科技研发和物流型园区，力争在'十三五'期间促成一批广东省重点企业建立5000 家境外营销机构，推动广东产品海外仓储和分拨中心建设，为广东产品抱团走出去建立境外营销网络搭建平台"。2018 年 5 月 30 日，尼日利亚、苏丹等非洲十国驻穗总领事馆总领事、领事以及广东省国际贸易促进委员会、广东新南方集团等 10 余家机构主要负责人在广州举行了非洲驻穗领事馆－非洲广东总商会筹备工作会议。我们相信，在非洲未来的经济发展中，粤商一定有着重要的地位和影响，同时，粤非贸易与对非投资也将成为广东企业国际化的重大契机与希望。

二　非洲商人来粤的历史、现状与问题*

中国与非洲都是人类文明发祥地，两地虽相距万里，远隔重洋，中非交往的历史却源远流长。进入 21 世纪以来，中非双边关系在政治、经济、文化各方面都达到了一个前所未有的新高度，双方确立了"政治上平等互信、经济上合作共赢、文化上交流互鉴"的新型战略伙伴关系。改革开放以来，中国的经济实力有了本质上的提升，并一跃成为世界第二大经济体，在国际舞台上的地位日益重要。中国取得的巨大成就让非洲各国深受启发，非洲各国纷纷来到中国"取经"，非洲开始"向东看"。而非洲自21 世纪起开始进入一个相对稳定的经济发展时段。由于地域辽阔，物产丰富，人口众多，政治局势也大致趋于平稳，非洲成为全世界发展最快的地区之一。在经济全球化的大趋势下，中国正开启着"走出去"的步伐，而非洲这片富饶的土地正是中国"走出去"战略中的重要一站。在这样的背

---

* 本文为广东省教育厅创新强校青年创新项目"来穗阿尔及利亚穆斯林研究"（项目号：2016WQNCX026）的阶段性成果。

景下，加上建设"21世纪海上丝绸之路"的契机，中粤经贸合作迅猛发展。据广东省商务厅提供的数据，2017年，广东省与非洲的进出口总额为2493.6亿人民币，约合377亿美元。据中国海关统计，2017年，我国与非洲进出口总额为1700亿美元。广东省与非洲的进出口额超过了我国与非洲进出口总额的1/5。在双方经贸关系快速发展的背景下，粤非各领域、各层次的交流也日渐拓展，双方民间交往也快速升温。随着广东人与非洲人的交往日益增多，双方在跨文化交际中遇到的问题也越来越多，如何处理双方的跨文化交际问题成为粤非交往中一个新的课题。

（一）中非交往的历史回顾

关于中非交往的肇始，中外学者有着不同的看法。有学者认为早在古埃及时期中非就有了间接的交往，中非交往已有3000年的历史。一些学者从波斯帝国的版图和影响中得出中非交往应始于公元前6世纪左右，即春秋战国时期。另一部分学者则以史书记载为据，认为中非交往应始于汉朝。还有一些学者认为中非交往应始于明代，因为在郑和下西洋以前，中国古籍中关于非洲国家的论述都以传说为依据，却没有迹象表明当时中国人亲自到过非洲岸上。我们认为，从已知的考古文物和文献记载来看，中非应该在西汉以前就已经有了交往。

在中非交往的历史上，丝绸可谓充当了中非交往合作的媒介，从出土的考古文物和文献记载来看，丝绸正是中非交往最早的见证，1993年从埃及出土的木乃伊身上发现的丝绸纤维成为已知中非交往的最早间接证据。一些学者认为中非交往是以民间丝绸贸易为开始的。除去丝绸以外，瓷器也是非洲人所热衷的物品，而非洲的宝石、象牙以及香料则是中国人喜爱的商品。中非交往在互通有无的商品贸易往来中逐步展开和深化。

到了公元前138年，汉代张骞出使西域，陆上丝绸之路在东西方各族人民长期努力下终于得以疏通，中国与非洲地区交往自此更加深入。据《史记·大宛列传》记载，自张骞以后，汉朝"初置酒泉郡以通西北国。因益发使抵安息、奄蔡、黎轩、条枝、身毒国"。这里的黎轩，据考证为亚历山大城的简称，当时属于罗马帝国（在当时的中文史籍中被称为大秦）。这条记载，可谓中国派遣使节到埃及的最早记录。而《史记·大宛列传》中记载，汉武帝时，安息（波斯）国王派使节同汉使节同返汉朝并将一位埃及的杂技艺人（犁靬眩人）送往汉朝。这表明到了汉朝的时候，中非（当时北非的统治者为罗马）已经开始互派使节，双方的交流从民间走向了官方。自张骞通西域之后，汉朝也一直想同罗马建立外交关系，据《后汉书》记载，永元九年（97）的时候，汉和帝曾派遣甘英出使大秦，然而由于种种原因，这次出使止步于波斯湾，并未成功。与此同时，罗马帝国也曾多次试图与中国建立直接的联系，据《后汉书·西域传》载："其王常欲通使于汉，而安息欲以汉缯彩与之交市，故遮阂不得自达。"罗马帝国为此甚至出兵安息，但安息国把持丝绸之路西段的情况一直没能得到改变。陆上的丝绸之路使得"殊方异物，四面而至"，为中非之间的交往提供了一条通途。然而由于路途较远且沿途国家较多，加上安息的阻隔，中国与罗马帝国一直没能建立直接的联系。为了保证货物的安全，加上当时连贯东西的海上运输已趋成熟，罗马帝国的商人开始选择通过海路与中国交往。在中国与罗马直接通商以前，印度曾做过两地海上贸易的中间人。已知罗马帝国和汉朝最早交往的记录为《后汉书·西域传》中一段关于大秦来使于公元166年（汉桓帝延熹九年）坐船来访中国的记载。这标志着在公元2世纪前后，海上的丝绸之路业已形成。由于中国与罗马交流的日益增多，在非洲的文献中也出现了对中国的记载，一位亚历山大城的商人于1世纪著成的《红海回航记》中就提到了中国，而在成书于2世纪的《地理志》中，作者托勒密又提到了中国，在书中，中国被称为"秦尼国"和"赛里斯国"。海陆两条丝绸之路在中非交往的过程中起到了不可磨灭的促进作用。除了贸易往来以外，中国的纺织技术传入了非洲，而非洲的琉璃制造法也流入中国，这表明中非在文化和技术方面的交流业已展开。通过这两条交通通道，中非双方以及沿途的国家、居民、文化都联系在了一起，形成了一条连接亚、非、欧的交通、物资、文化交流的要道，中国和非洲地区的交往也在这两条要道上正式展开。

到了三国时期，通过《魏略》和《吴时外国传》中的记载我们可以得知，当时中国人已经比较详细和确切地掌握了前往埃及的海陆通路。当时中国的货物从陆路送到波斯湾，再经海路到达非洲，然而一般是外国船来运的，因为中国还没有能航行大洋的船。而这一时期国外学者的著作中也提到了中国商品以及中国商船的情况。如亚历山大人科斯麻士（Cosmas）所著的《世界基督教诸国风土记》（*Universal Christian Topography*）中就记载了中国商船在印度洋沿岸贸易的情况。这些记载为中国商船在三国时期就已驶达波斯湾提供了佐证。

唐朝是继汉朝以后中非交往的另一个高峰时期。到了 7 世纪的时候，北非地区已被阿拉伯帝国征服，成为阿拉伯帝国的领土。在中国古籍中，阿拉伯帝国一般被称为大食。在阿拉伯帝国统治北非的时期，中国经历了唐宋两朝，这两朝和阿拉伯帝国都有频繁的往来。在阿拉伯帝国时期，非洲与中国的交往达到了一个新高度。

据《旧唐书》记载，大食第一次派使节访华是在唐高宗永徽二年，即公元 651 年，伊斯兰教历 31 年。这一年也被中国史学界认为是伊斯兰教正式传入中国的时间。"唐朝时期，大食共派遣使节 39 次。"① 足可见双方官方交流十分频繁。中阿官方频繁的交往直接推动着中阿民间各种经贸活动的发展。由于来华外国人的增多，唐王朝于公元 714 年在广州设置了中国历史上第一个管理海外贸易的专职机构市舶司，并明令保护外商和鼓励外商来华贸易。这一举措使得由陆路和海路抵达中国的阿拉伯商人与日俱增，这些商人主要聚居在诸如长安、洛阳以及广州、扬州、泉州等沿海大城市中。② 据称当时在广州的外国商人，"一度曾高达十余万人"③。由于外国人人数众多，为了便于管理，政府在这些大城市专门划定区域，供外籍商人居住和贸易所用，谓之"蕃坊"。在蕃坊内，唐政府允许居民建立礼拜寺，进行宗教活动，但需要缴税，政府从外国人中挑选德高望重者治之。由于唐政府政治开明、经济发达，还对外国商旅许以诸多优惠政策，不少阿拉伯商人留在了中国，而自唐代以来留在中国的阿拉伯商人成为中国回族的重要来源之一。随着交往的深入，中国对非洲国家的了解也逐渐增强。"有史可考的第一个到达非洲的中国人，是唐代著名学者杜佑的侄子杜环。"④ 杜环在唐朝与阿拉伯帝国的怛罗斯战役之中被阿拉伯军队俘获，并随阿拉伯军队西行 11 年（公元 751—762 年），回国后撰写了《经

---

① 罗福建、黄新民等：《当代非洲交通》，世界知识出版社，2010，第 252 页。
② 王铁铮：《历史上的中阿文明交往》，《西北大学学报》（哲学社会科学版）2004 年第 3 期。
③ 王铁铮：《历史上的中阿文明交往》，《西北大学学报》（哲学社会科学版）2004 年第 3 期。
④ 陈公元：《郑和下"西洋"与中非关系》，载杨光《中东非洲发展报告（2006～2007）》，社会科学文献出版社，2007。

行记》一书，记述了他西行的情况，其中就包括勿斯里国（今埃及）、老勃萨（今阿尔及利亚）、摩邻国（今摩洛哥）等地的情况。① 由于该书已经遗失，现在我们见到的大多为《新唐书》及《通典》中对其的引用，尽管如此，书中对北非各国的风土人情都有所记载，为我们了解当时北非情况提供了不少宝贵资料。而在"公元850—860年间，段成式撰写的《西阳杂俎》和唐末李石所著的《续博物志》等书，对非洲的'拔拔力国'（索马里一带）、'勿斯离国'（埃及）、'仍建国'（突尼斯）、'悉怛国'（苏丹）、'怛干国'（撒哈拉沙漠中的达开尔沙岛）等地情况，都有十分详细的记述"②。不仅如此，由于海上交流的增加，中国对去往波斯湾和非洲的航线也有了更加清晰的了解，唐代的中国商船已可以到达东非海岸。唐德宗的宰相贾耽（730—805年）对中国阿拉伯之间海上交通的情况非常熟悉，根据他中央工作所掌握的材料并通过调查研究写出的《古今郡国县道四夷述》一书，对海路记载尤为详细。③ 而他在《广州通海夷道》中记载了从广州到三兰国（桑给巴尔）的航道，这无疑是"中国船舶远航非洲的真实反映"。而在阿拉伯人所著的《中国印度见闻录》中也提到，在唐代，中国商船常在波斯湾装载货物。到了宋代，中国和阿拉伯帝国的交往进一步发展，"阿拉伯帝国的商人、使节来中国进贡的次数，有史籍可考记载的共49次"④。

宋朝时期，由于中国西北地区先后由辽、西夏统治，陆上丝绸之路受阻，加上经济重心的南移，宋朝商人主要通过海路与外国进行交流。广州、泉州、杭州、明州（宁波）等海港城市迅速发展。同唐朝一样，这些商业大城市形成了不少蕃坊，宋朝也在这些城市设立市舶司，并大力鼓励与阿拉伯帝国之间的贸易发展，对阿拉伯商人颇为礼待。由于交往的增多，宋朝对非洲的认识比唐朝有了更进一步的发展。在宋朝以前，中国古籍对非洲的记载大多为对埃及情况的描述，而周去非的《岭外代答》（成

---

① 关于此三国的位置，历史学家有不同见解，在此我们采用国内学者许永璋《古代中非关系史若干问题探讨》（《西亚非洲》1993年第5期）中的观点。
② 陈公元：《郑和下"西洋"与中非关系》，载杨光《中东非洲发展报告（2006~2007）》，社会科学文献出版社，2007。
③ 张铁伟：《中国和阿拉伯国家历史上的友好关系》，《西亚非洲》1984年第2期。
④ 王有勇：《现代中阿经贸合作研究》，上海外语教育出版社，2004，第25页。

书年代约为 12 世纪）中则明确提到了"默伽国"，即摩洛哥①。《岭外代答》对默伽国的介绍非常简单，"若夫默伽国、勿斯里等国，其远也，不知其几万里矣"，仅仅提到北非诸国之遥远。也曾提及木兰皮国［马格里布地区当时为穆拉比德（Murabti）王朝，木兰皮国为其音译］，对其高超的造船技术和地方特产有所描述。从中可见当时中国对非洲错综复杂的政治状况和风土人情有一定的了解。而赵汝适在《诸蕃志》中对非洲的描述则更加丰富。《诸蕃志》是时任泉州市舶使的赵汝适参考前人文献，外加利用来华商人提供的资料去伪存真而得。其中提到了不少北非地名：勿斯里、木兰皮、默伽腊和毗喏耶（今突尼斯和的黎波里一带）等，并对各地情况进行了大致描述。尽管《诸蕃志》所记北非内容较《岭外代答》略丰，但其中对于木兰皮和默伽腊国的描述与《岭外代答》基本一致。

到了元朝，由于蒙古建立了横跨欧亚的大汗国，重新打通了陆上丝绸之路，而自宋代起就日益发达的海上丝绸之路也更加繁荣，东西陆海交通臻于极盛。中国和非洲的商人也沿着这两条道路源源不断地将两地的货物输送到对方手上。这期间不少非洲富商巨贾居住并留在了中国。同样地，海外的经济繁荣吸引着居住在中国东南沿海的汉人和蒙古人，很多人驾舟出海，到印度次大陆和阿拉伯各国侨居。不仅如此，由于航海技术的发展，元朝时期出现了不少著名的旅行家，如中国的汪大渊和摩洛哥的伊本·白图泰以及意大利的马可·波罗。14 世纪中前期，汪大渊曾两次乘船去往非洲，游历了东南亚及印度洋沿岸，足迹到达埃及和摩洛哥。回国后，他历时十载将其沿途的所见所闻撰写成文，著成《岛夷志略》一书，并指明书中所记"皆身所游览，耳目所亲见。传说之事，则不载焉"②。比之宋朝成书的《岭外代答》和《诸蕃志》，《岛夷志略》为亲历实录，可信度更高。摩洛哥的伊本·白图泰大约于公元 1346 年到达中国，并访问了广州、泉州、杭州等各大城市，留下了《伊本·白图泰游记》一书。据学者研究，书中对中国的描述基本真实可靠，为后人对中非交流的研究留下了重要的参考资料。值得注意的是，白图泰为穆斯林，他对一般历史学家

---

① 今史学界对默伽国有两种意见，一是麦加，二是北非马格里布地区，此处采用许永璋先生《宋代中国对非贸易探讨》中的说法。

② （元）汪大渊：《岛夷志略》，中华书局，1981，第 385 页。

所忽视的"各民族之生活状态，尤为注意"①。而且从其所见所闻中"亦可借之以观回教人之观念若何也"②。在白图泰的旅行过程中，他还遇见了一位在中国经商的同乡阿尔·卜胥黎，据说此人来到远东经商，大富，"财产巨万"。中非交流的频繁，使得元朝对非洲的认识更加深入。由于航海经历的增加，元代的地理学家在14世纪初期就有了非洲大陆大致为三角形的认识，并画出了《舆地图》，这一认识比欧洲学者早了1个世纪，可见当时中非海上交流的兴盛。

明朝伊始，明太祖朱元璋就颁布了禁海令，严禁民间与外商进行交易，并取消了唐、宋、元设置的市舶司，严格控制对外贸易，推行迁地禁海的政策，使得沿海的一些著名港口日益没落。自此，纵观明清两朝，由于实行了严格的海禁和闭关政策，中国与外国的交往非常有限。而陆上丝绸之路也从14世纪开始由于气候的变化以及中亚地区的战乱频发而日趋没落，最终乃至断绝。从15世纪开始，非洲逐渐沦为欧洲列强的殖民地。到了16世纪，西方殖民者开辟了新的航线并把持了印度洋的海路，一直到20世纪初，海上丝绸之路都被他们所垄断，中非双方的直接往来受到了阻隔。有鉴于此，一些学者提出中非交往出现了500年的断代之说。然而中非交往并未因此而中断。首先，明清两朝虽严格实行海禁和闭关政策，但官方的对外贸易和交流并未中断，其中最为人津津乐道的，自然是郑和七次下西洋的壮举。尽管郑和的海船只到达了非洲的东岸，没有深入非洲内陆，但郑和下西洋在中非交往史上意义重大。自郑和之后，不少非洲国家遣使来华，带来不少稀罕的地方特产。其次，尽管政府明令禁止民间出海，但仍有不少沿海居民为生计所迫，出走海外。最后，虽然中非直接往来受阻，但间接往来没有中断，中国不少物资和人员通过殖民国家流向非洲。不仅如此，不少中国官员和学者也曾出使或游历非洲，他们的游记为中非交往提供了鲜活见证。

总体而言，古代的中非交往，经历了一个从无到有、从间接到直接再到间接的过程。由于路途遥远，加上交通工具所限，中非交往往往耗时耗力。但在商业利润的刺激下和对异域文化的好奇心的驱使下，中国与非洲

---

① 张星烺：《中西交通史料汇编》第二册，中华书局，2003，第605页。
② 张星烺：《中西交通史料汇编》第二册，中华书局，2003，第605页。

之间在 3000 年前就有了间接的往来。而自西汉以降，由于海陆丝绸之路的开通和发展，中非之间有了直接的交往，双方不仅在贸易上互通有无，人员相互往来和文化互动也日趋频繁。阿拉伯商人在中国定居，为中国带来了伊斯兰教，并为中国回族的形成奠定了基础。阿拉伯的制糖术、天文地理学、算术和医学知识也于宋元时期传入中国。相对地，中国古代优秀的文化和发明也通过丝绸之路源源不断地传入非洲。据查，汉唐时期，中国的桑蚕技术和纺织技术已陆续传入非洲地区。之后，中国的制铁技术和制瓷技艺也由丝绸之路传入阿拉伯地区，以至于到了法蒂玛王朝时期，埃及已能制造出媲美中国瓷器的仿制品。大约在公元 900 年，造纸术传入埃及，到了公元 1100 年，传入摩洛哥。印刷术则约于公元 10 世纪传入埃及。这两项技术在阿拉伯帝国的传播，对其保存和发扬该地区乃至欧洲中世纪的文化贡献甚大。中国的火药也在 13 世纪传入了埃及，被当地人称为"中国雪"。不仅如此，中国的医学也传入阿拉伯地区。尽管双方相隔甚远，但中国和非洲的交往可谓源远流长，尽管在西方殖民主义兴起之后，这种联系受到了很大的打击，中非直接交往被中断，但中非交往仍绵延不绝。

对于古代中非交往的下限，学术界有着不同的观点。一些学者认为中非古代交往止于 1433 年，即郑和下西洋以后；另一些学者认为这一时间应到 16 世纪；还有一部分学者认为应从 1840 年鸦片战争前后开始。我们在这里采取最后一个分法，因为尽管从 15 世纪开始非洲已经遭到了欧洲列强的侵入，但中国仍为一个独立国家，且列强殖民非洲经历了一个很长的过程，尤其是北非地区，直到 19 世纪末才逐渐沦为西方列强的殖民地，其间中非双方仍有直接的官方往来。而鸦片战争以后，中非双方都遭受西方列强的殖民侵略，中非交往由于殖民者的介入而完全变成了间接的形式。这期间，由于战争频发，中非社会、政治局势十分动荡，双方自顾不暇，中非交往陷入低潮。

在近代中非交往史上，最值得一提的乃是中国劳工向非洲的输出。由于奴隶贸易和长期战争，到了 19 世纪末 20 世纪初，非洲的劳动力极度匮乏。为了给殖民地开发寻找新的劳动力，欧洲列强开始以契约劳工的形式变相拐贩华工到非洲当苦力。这部分劳工为其所在国的发展做出了积极的贡献，其中不少人留在了非洲，成为非洲侨民。中国华侨华人开始在非洲落地生根，形成了华侨华人社区，并在之后的反殖反帝的斗争中起到了重要的作用。

这一时期，由于新的交通工具的发明和苏伊士运河的开通，不少中国人有机会走向非洲，其中比较著名的有清朝人郭连城和伊斯兰教学者马德新。他们都辗转到过埃及，并为这一时期的埃及情况提供过见证。从郭连城在《西游笔略》的描述中，我们还可以发现，由于苏伊士运河的开通和亚历山大到苏伊士铁路的修建，不少欲从大西洋越东洋的商人选择了从欧洲坐船到亚历山大，再坐火车到苏伊士，从苏伊士坐船到亚洲。而从这一记述中我们不难推测，不少赴欧的中国商人或者去欧洲留学的学子也会选择这一条道路而路过北非。

近代，中非均因殖民问题而积贫积弱，双方交流十分贫乏，然中非双方的交往并未断绝。到了 20 世纪中期，中国和非洲大部分国家均完成了反殖反帝的斗争，成为独立国家，双方的交流和合作获得了新生，双方交往又从间接走向了直接。改革开放以前，来华的非洲人主要为外交官、留学生和专业技术人员，人数一直有限。改革开放以后，在世界移民浪潮全球化和中非经贸关系快速发展的背景下，不少怀揣"中国梦"的非洲人为了改善生活条件而来到中国寻求更佳的发展机会。

（二）非洲来华人员情况概述

改革开放后，越来越多的非洲商人开始"涌入"中国，由此导致了中非关系逐渐呈现下移的态势，中非民间交往成为中非交往的主力军。[1] 从人数上来看，由于有为数不详的"三非"非洲人士存在，学术界和媒体对在华非洲人的确切数字一直众说纷纭。据学者估计，"长期居住、工作、学习在中国的非洲人也有二三十万"[2]。

从来华动机来看，2015 年，共有 58.02 万非洲人进入中国境内，其中有 21.08 万人来华是为商务和出席会议，13.28 万人来华是为了观光休闲，5.92 万人为了服务员工，0.48 万人来华是为了探亲访友，其余 17.26 万人的目的未进行详细分类。未分类的人员中很大一部分是留学生。根据中国

---

① 温国砫：《非洲商人在广州的社会融合度及其影响研究——基于移民适应理论的视角》，《改革与开放》2012 年第 4 期。

② 许涛：《在华非洲商人的社会适应研究》，浙江人民出版社，2013，第 1 页。

教育部数据，2015 年非洲来华留学生数为 49792 人。从以上数据来看，大部分来华的非洲人的身份为商人和游客，其次为员工和学生。

从地理分布上来看，在华的非洲人一般选择居住在广州、香港、义乌、上海和北京等地。其中广州和义乌两地，因其完善的服务设施，琳琅满目、物美价廉的商品，以及开放友好的民风，最受非洲人的青睐。目前两地业已形成较大规模的非洲人聚集区。

（三）在粤非洲商人情况概述

广州从 20 世纪 90 年代中期开始出现来华经商的非洲人，自此广州的非洲人数开始直线攀升。据官方统计，自 2003 年以来，在广州的非洲人每年以 30% ~ 40% 的速度递增。这一增长势头在 2008 年政府采取了严厉的"三非"打击措施后开始放缓，但是"从各方面的资料来看，广州是目前中国境内非洲人聚居规模最大的地方"[1]。根据广州市公安局出入境管理部门的统计数据，2014 年"1 月至 8 月，从广州口岸入境、出境的外国人达305 万人次，其中非洲籍为 37 万人次。目前，在广州市居住的外国人为8.6 万多人，其中非洲籍人员 1.5 万多人"[2]。2015 年，在粤常住非洲籍人口 4516 人，占常住外国人总数的 4.7%，同比上升 15.6%。经广东口岸入境非洲人为 35.34 万人次，经广东口岸出境非洲人为 65.86 万人次。[3]

目前在广州的三元里、小北路、广园西路、下塘西路一带已经形成了多个非洲人聚集区。由于该区域交通便利，毗邻几个大型批发市场，大量的非洲人在这一区域进行商务贸易，随之兴起的是为非洲商人服务的酒店、餐馆、学校和礼拜区以及生活用品市场。随着非洲商人在此处贸易往来的不断增加，不少非洲人选择在此地区定居。由于政府对"三非"人员的控制以及签证政策的变化，在穗的非洲人开始出现向周边扩散的趋势，佛山开始成为他们新的聚集区。在穗的非洲人数开始下降。由于来华的非洲人大多来自尼日利亚、几内亚、喀麦隆、利比里亚和马里，而这些国家的人大多为黑色人种，当地人将这些黑人聚居地称为"小非洲"或者"巧

① 许涛：《在华非洲商人的社会适应研究》，浙江人民出版社，2013，第 2 页。
② 张璐瑶：《居穗外国人 8.6 万》，《羊城晚报》2014 年 9 月 5 日。
③ 李天研：《广东常住非籍人口 4516 人 从非洲进口最多的是钻石》，《广州日报》2016 年8 月 3 日。

克力城"。

总体而言，进入 21 世纪以来，伴随全球化进程的深入推进和中非合作的全面拓展和深化，越来越多的非洲人来到广东学习、工作和定居，同样地，越来越多的广东人走进了非洲。尽管粤非两地有着美好的合作前景，两地人民也抱有相互了解的愿望，然而由于双方文化差异较大，中非人民之间的交流出现了很多不可避免的摩擦和矛盾。

（四）非洲商人在粤交流出现的问题

第一，"三非"和管理问题依旧存在。经济全球化促进经济社会快步发展的同时，也给外国人管理服务工作带来新的问题和挑战。"来粤外国人中，绝大多数是遵守我国法律法规的，但也有极少数外国人违反我国法律法规甚至从事刑事犯罪活动。"[1] 其中"三非"问题和在粤外国人的管理问题一直是政府和媒体十分关注的问题。2013 年 7 月，我国政府连续出台了《中华人民共和国出境入境管理法》和《中华人民共和国外国人入境出境管理条例》，为治理上述问题提供了更加完善的法律依据。加上政府管理部门和执法部门的积极行动，一度在外媒中甚嚣尘上的在粤非洲商人的"三非"问题得到了有效控制和治理。然而，鉴于在粤非洲商人的多样性和边界的开放性，这一问题依旧存在。

第二，经济利润的下降和生活成本的增加，导致部分非洲商人回流。由于竞争对手增多，在粤非洲商人普遍反映"生意越来越难做""利润越来越少"，加上广东房价和物价的持续升高和美元、欧元汇率的持续下降，非洲商人一直采取的薄利多销的经营模式遭受了极大的冲击。不少在粤从事贸易的非洲商人在这种形势下选择回国或选择到其他生活成本较低的城市或省份工作。

第三，中非双方的交流缺乏深度。中非双方在地理上相隔甚远，语言、文化和生活习惯差异较大。尽管两地人民的交流已经逐渐增多，但总体而言交流的深度和广度都仍显不足。无论是在中国的非洲人还是在非洲的中国人都处于一种相对封闭的生存状态，与当地人的交流浅尝辄止，这导致中非双方对对方的了解流于表面。

---

[1]　洪奕宜：《在粤非洲籍人每天保持约 2 万人》，《南方日报》2014 年 12 月 26 日。

第四，中非双方的形象问题。从媒体和一些相关研究中我们可以发现，非洲人眼中的中国形象是复杂的，在他们看来，中国人是一个独立的群体，并不急于融入非洲社会。广东人对在华非洲人的印象也同样复杂。以在广州小北聚居的非洲人为例，当地人将他们视为这个城市的过客。由于语言文化的差异，他们很少能够与当地人进行流畅的交流。而当地人则将非洲人聚居的几条街称为"巧克力城"，对其敬而远之。即便是长期与非洲人进行交易的中国商人也仅仅将其视为商业伙伴。不少中国商人表示与非洲人进行贸易只需要会简单的几个外文单词，根本用不着去特意学外语，而且一些非洲商人言而无信，需要特别防范。大多数国人仍将非洲看成一个不发达地区，需要得到外界的援助，而非一个平等的合作伙伴。普通人愿意与非洲人进行深交的则更是少之又少。

第五，"中国威胁论"和"新殖民主义"论调负面影响的干扰。随着中非经贸关系的发展，中国在非洲的影响力越来越大，这对在非洲扎根数百年的西方国家造成了一定的挑战和威胁。鉴于此，部分西方国家开始抛出"中国威胁论"和"新殖民主义"的论调，试图挑拨中非关系。这样的言论让非洲人对中国政府在非洲的投资以及援助的目的产生了一定的怀疑。尽管大多数非洲国家政府对中国政府的投资持欢迎态度，但反对的声音仍不绝于耳。加上一些西方媒体刻意渲染中国的负面形象，并且西方媒体在非洲具有巨大的影响力，"西方的中国形象具有某种'凌驾'意义，它不仅塑造现代中国的自我意识，也多少决定着世界其他地区国家的中国形象"①，在中非直接交流仍然偏少的情况下，这种带有"西方色彩"的中国形象无疑会给中非交流造成一定的影响。

---

① 李荣建：《阿拉伯的中国形象》，人民出版社，2010，第24页。

第六章
粤非人文交流前景展望

【本章导读】

2018 年中非合作论坛北京峰会召开以后，粤非人文交流进入了新时代。广东省委、省政府出台了落实中非合作"八大行动"的指导意见，各行各业都在贯彻落实指导意见精神，从各部门各单位的实际出发，务实推进粤非人文交流。2019 年 11 月推出的首届粤非交流合作周未来将成为粤非交流合作的品牌项目。

一 《广东省推进对非洲合作的工作意见（2018—2020 年）》

2018 年中非合作论坛北京峰会于 9 月 3 日至 9 月 4 日在北京召开，习近平主席在开幕式上发表了题为《携手共命运　同心促发展》的主旨讲话，并提出未来 3 年重点实施对非合作"八大行动"。为深入学习宣传贯彻习近平新时代中国特色社会主义思想，坚决落实党中央对非合作"八大行动"工作部署，统筹地方资源服务国家总体外交，现结合广东省实际，就今后 3 年广东省参与和承担中央对非合作任务、积极推进对非洲合作提出以下工作意见。

（一）实施产业促进行动

1. 做好境外经贸合作区建设。研究制订我省省级境外经贸合作区认定办法及相关扶持政策措施，在基础设施投入、招商引资、公共服务、安全保障等方面给予政策倾斜，重点培育我省在尼日利亚、埃塞俄比亚、肯尼亚、乌干达等有基础、有条件的园区建设成为具备一定规模和水平的对非合作重点园区。向商务部争取我省纳入统计的 4 个非洲境外园区享有国家对非"八大行动"、中非发展基金、中非产能合作基金等相关扶持政策。协调外汇管理、海关、金融机构、信保等部门对我省境外园区建设及入园企业发展提供支持和便利。（省商务厅）

2. 鼓励企业扩大对非投资。支持广东省产业发展基金等与中非发展基金、中非产能合作基金、亚洲基础设施投资银行（以下简称"亚投行"）建立战略合作伙伴关系，共同发起设立人民币海外投贷基金，为广东省企业走进非洲提供融资支持。建议和争取亚投行在广东设立分支机构，推动粤港澳大湾区国际金融枢纽建设，为广东加强对非投资合作提供支持。争取将广东丝绸纺织集团蚕桑产业非洲项目纳入国家 50 个农业援助项目。（省商务厅、省发展和改革委、省地方金融监管局）

3. 加强高层交往，强化对企业的带动引领作用。认真筹备 2019 年省政府代表团赴非洲重点市场国家访问，带动广东企业加强对非洲投资环境的考察了解。（省委外办、省商务厅）

4. 加强境外广东商会建设。积极推动在非洲成立更多的广东商会，延伸服务网络，帮助企业抱团赴非投资发展。（省贸促会）

（二）实施设施联通行动

1. 支持企业参与非洲重点基础设施建设。推动广东优势产业组建对非合作产业联盟，带动上下游企业抱团参与非洲基础设施建设，带领我省对外承包工程企业参与非洲能源、交通、信息通信等领域合作。鼓励我省大型承包工程企业在了解非洲当地市场的基础上，把承包工程与境外投资相结合，促进投资、建设、运营一体化。（省商务厅、省发展和改革委）

2. 为企业参与基础设施投资项目提供相关支持。支持我省"走出去"产业联盟与中非发展基金、亚投行等建立基础设施投资项目的合作机制，加大对我省在非的境外经贸合作区和基础设施建设项目的融资支持。支持我省先进装备制造业参与中非发展基金、亚投行的基础设施投资项目，促进我省基建和装备制造业"走出去"。（省商务厅、省发展和改革委）

3. 争取开通更多广东至非洲直航航班。延长现有广州—内罗毕直飞航

线夏秋旺季投入时段，积极探索非洲其他航点开通广州直飞航线的可能性。（南方航空集团）

（三）实施贸易便利行动

1. 扩大非洲特色产品进口。支持非洲农副产品等在我省专业市场开展宣传推销活动。扩大广东与非洲经贸交流，积极组织企业采购团赴非洲开展对口采购。（省商务厅、省贸促会）

2. 定期举办广东与非洲品牌面对面活动。定期在南非、肯尼亚等非洲国家举办广东（商品）展览会、经贸配对活动，邀请当地品牌企业与我省企业开展对口经贸对接。（省商务厅、省贸促会）

（四）实施绿色发展行动

参与中非绿色使者计划。在商务部、生态环境部统筹下，发挥广东环境保护工程职业学院、广东省环境保护职业技术学校的环保培训优势，主动参与国家中非绿色使者计划，在环保管理、污染防治、绿色经济等领域为非洲培养专业人才。（省生态环境厅、省商务厅积极向上级部门汇报争取）

（五）实施能力建设行动

1. 向非洲青年提供职业技能培训。继续推动广东建设职业技术学院在赞比亚共建中赞职业技术学院及建设其建筑工程学院（又称"鲁班学院"）相关工作，鼓励高职、技工院校积极承担国家在非设立"鲁班工坊"有关任务。（省教育厅、省人社厅）

2. 参与实施中国政府奖学金项目。鼓励和支持我省高校按照国家留学基金委要求，培养对非中国政府奖学金学生，并提供相关必要协助。（省教育厅）

3. 积极推动中非青年交流培训。在团中央的统筹下，积极承办中非青年领袖研修班等培训交流项目，推动中非青年代表、企业家研习交流；研究举办中非电子商务领袖培训班，为非洲青年提供新的商业模式参考。在全国友协统筹下，积极争取承办"中非青年大联欢"等青年交流活动；邀请非洲学生参与广东国际青少年交流周活动，培养知华友华青少年。（团

省委、省友协）

（六）实施健康卫生行动

1. 优化升级医疗卫生援非项目。在中华人民共和国国家卫生健康委员会（以下简称国家卫健委）指导下，继续加强与加纳、赤道几内亚对口医院合作，推进"中加西非心脏中心"和"妇幼健康"项目；研究启动与赤道几内亚的腹腔镜对口医院合作项目；接收更多非洲国家专业技术人员来粤进行短期技术培训。（省卫生健康委）

2. 承接国家援外医疗任务。在国家卫健委统筹指导下，派遣专家组赴非开展"爱心行""妇幼保健""光明行"等项目。（省卫生健康委）

（七）实施人文交流行动

1. 积极参与设立中国非洲研究院。以广东外语外贸大学非洲研究院为基础，着力开展学术研究、人文交流和留学培训工作，加强向中国社科院和外交部非洲司汇报沟通，争取中国非洲研究院在广东设立分院或研究基地，并积极承接专项研究课题。（广东外语外贸大学、省委外办）

2. 加强对非文化交流合作。积极推进 2019 年广州芭蕾舞团与南非约翰内斯堡芭蕾舞团合排芭蕾舞剧《天鹅湖》并在南非演出相关工作。积极组派各类型的文艺团组赴非交流展演，鼓励文化机构和企业在文化产业、文化遗产保护等领域与非洲国家开展合作。（省文化和旅游厅）

3. 推动在非洲设立孔子学院。支持我省有条件高校申请在非洲合作设立孔子学院（课堂），为非洲孔子学院（课堂）选派汉语教师及志愿者。（省教育厅）

（八）实施和平安全行动

1. 保障在粤非洲国家人员合法权益。切实做好非洲国家人员在粤合法权益的保障工作，与非洲国家驻穗领事馆建立定期沟通机制，依法妥善解决其关注的相关问题。（省公安厅、省委外办）

2. 做好海外领事保护与协助工作。不断完善我省"一带一路"境外安全保障机制和海外领保机制，切实维护我省在非洲企业和人员的合法权益。（省委外办）

二　粤非交流合作周

为了增进中国与非洲各国人民的相互了解，广东公共外交协会将与广东外语外贸大学非洲研究院一道于每年 11 月份在广东外语外贸大学举办"粤非交流合作周"。

（一）举办"粤非交流合作周"的目的

1. 为了落实 2018 年中非合作论坛北京峰会成果，推进"八大行动"，包括：产业促进行动、设施联通行动、贸易便利行动、绿色发展行动、能力建设行动、健康卫生行动、人文交流行动、和平安全行动。

2. 为广东省和非洲各国提供一个展示自身多元优秀文化的舞台。粤非的经贸往来由来已久，但粤非人文交流尚处于初级阶段，无论从数量还是质量看都有巨大的提升空间。

3. 促进"一带一路"民心相通。在"一带一路"设施联通、贸易畅通、资金融通、政策沟通和民心相通这"五通"中，难度最大的是民心相通。但国之交在于民相亲，中非、粤非合作要想可持续地发展，就要加大促进民心相通的力度。而民心相通最好的路径在于文明互鉴。"粤非交流合作周"将成为联结中非、粤非文化的纽带。

（二）"粤非交流合作周"的具体内容

1. 中非人文交流。邀请中非双方的文艺团体在交流合作周期间同台竞技，展演电影，展销书籍，展示服饰、音乐、绘画等技艺。邀请中非双方教育、旅游、科技等领域的企业进行路演。

2. 产业促进。邀请中非双方的企业家面对面探讨中非合作的商机，把合作落在实处。

3. 举办论坛。邀请中非双方的智库学者举行圆桌论坛，就如何画好中非合作工笔画建言献策。

4. 举办展览。在广外国际学术交流中心的长廊，展示中国和非洲国家多姿多彩的文化。

三　加强粤非人文交流，提升广东在中非合作中的地位

（一）广东最有条件打好"非洲牌"

地处南粤大地的广东与非洲之间有着天然的联系，是中国赴非洲地理上最近、与非洲气候条件最为相似的省份。这些得天独厚的条件，吸引一代又一代非洲人接踵而至，聚居于广州，或经商，或求学，或进行人文交流。广州被人戏称为非洲人的"首都"。

1. 粤非之间的经贸往来由来已久

（1）广州是古代海上丝绸之路的重要起点。广州，是一座拥有2200多年悠久历史的文化名城，从春秋战国到秦汉时期，广州的对外交流经历了一个"萌芽"到"发展"的过程，形成了"南海丝绸之路"，这也是迄今为止最古老的海上丝绸之路。广州港是我国海上丝绸之路的起点和长盛不衰的港口，是全球物流链中的重要一环。广州港的快速发展，对广州国际航运中心和"一带一路"建设发挥着重要的推动作用。

（2）现代广交会闻名遐迩。中国进出口商品交易会，又称广交会，创办于1957年春，每年春秋两季在广州举办，是中国目前历史最长、规模最大、商品种类最全、到会采购商最多且分布国别地区最广、成交效果最好、信誉最佳的综合性国际贸易盛会。每年都会吸引大批非洲客商前来参展和采购，对于扩大粤非之间的经贸合作起到了重要的推动作用。

（3）2016年第二届对非投资论坛在广州召开。2016年9月7—8日，第二届对非投资论坛在广州召开。本届论坛由广东省人民政府、国家开发银行和世界银行共同主办，以"分享投资促进经验，共创中非合作未来"为主题。时任中共广东省委书记胡春华出席开幕式。时任广东省省长朱小丹在开幕式上致辞，并与国家开发银行董事长胡怀邦签署了《广东省人民政府与国家开发银行关于促进广东企业对非投资战略合作备忘录》。广东还与埃及、南非、埃塞俄比亚、乌干达、塞拉利昂、加纳、刚果（金）等7个非洲国家签署了9个经贸投资合作协议，协议金额达25.58亿美元，涉及航空、电力、汽车制造、陶瓷、纺织服装、渔业等领域。

2. 广州有 11 个非洲国家总领事馆

广州是全国一线城市中除北京外非洲国家总领事馆最多的城市，目前已经有埃塞俄比亚、赞比亚、乌干达、刚果（布）、尼日利亚、塞内加尔、马里、安哥拉、科特迪瓦、苏丹、加纳 11 个国家在广州设立了总领事馆。非洲国家驻穗总领事馆在粤非合作中起到了桥梁和纽带的作用，粤方与 11 个非洲国家政府官员面对面交流，共同商讨经贸、人文交流等领域的务实合作。

3. 粤非人文交流广泛

（1）教育合作。截至 2018 年底，非洲来华留学生总数为 81562 人，在广东接纳的 22034 名留学生中有 3000 多人来自非洲国家。广东外语外贸大学留学生教育学院接纳的外国留学生有 2500 人左右，其中有近三分之一来自非洲，覆盖了非洲 54 个国家。华南师范大学、广东工业大学也有不少非洲留学生。

广东高校通过在非洲国家举办孔子学院和孔子课堂，开展对外汉语教学。广州致知教育集团已经开展与尼日利亚、肯尼亚、埃及、坦桑尼亚等非洲国家的对外汉语教育合作，将汉语教学纳入这些国家的国民教育体系，甚至从幼儿园就开始让非洲国家的孩子接触到汉语。

（2）旅游合作。近年来，广东把旅游业作为推进"一带一路"建设的先导产业，采取对外交往与旅游推广、高层互动与民间交流、专业活动与公众参与等相结合的模式，以政府层面合作为先导，以游客层面的民间交往为基础，全方位、多角度推动广东与海丝沿线国家的旅游合作。

一年一度的中国（广东）国际旅游产业博览会已成为海内外旅游机构及企业品牌展示、业务拓展、产品采购的专业平台。2015 年，该展会集聚了 50 个国家和地区的 3000 多家旅游企业参展，达成签约项目 40 个，成交金额合计 1022.68 亿元，涉及文化旅游、生态旅游、农业旅游和滨海旅游等。2018 年旅博会，非洲成旅博会收客增长势头最猛的出境游板块，埃及、突尼斯、摩洛哥、肯尼亚、南非均为热门选择。

（3）中非青年大联欢。2019 年 8 月 31 日，第四届中非青年大联欢广东站活动在广州开幕，这已经是广州市第三次承办此类活动。本届中非青年大联欢，来自 51 个中非合作论坛非方成员的近百名青年代表、数十名广东青年代表，以及部分非洲国家驻穗领事馆负责人齐聚一堂，共话青年发展。让青年发展融入中非发展的大潮中，让中非合作的成果更多惠及广大中非青年，已成为各方共识。与会的粤非青年纷纷表示，愿传承好中非友好的接力棒，为携手打造更加紧密的中非命运共同体、构建人类命运共同体做出自己的努力。

（4）非洲驻华使节团两次来粤访问。2014 年 12 月 17 日下午，省委书记胡春华、省长朱小丹在广州会见了以毛里求斯驻华大使钟律芳为团长的非洲国家驻华使节团。非洲国家驻华使节团是应外交部以中非合作论坛中方后续行动委员会秘书处名义邀请，来粤进行主题为"促进合作之旅"的专题考察。在粤期间，使节团访问了广州、深圳、东莞，并在广州举办了广东省与非洲国家经贸交流对接会。非洲各国使节将发挥各自优势，推动粤非双方在更广泛的领域深入交流，促进互利合作。

2015 年 10 月 28—31 日，应外交部邀请，以乌干达驻华大使瓦吉多索为团长的非洲驻华使节团一行 40 余人访问广东，进行了主题为"中国改革开放与中非合作共赢"的专题考察。10 月 30 日下午，省长朱小丹在广州会见了使节团一行。

朱小丹指出，值中非合作论坛成立 15 周年之际，各位驻华使节应中国外交部邀请，到广东开展以"中国改革开放与中非合作共赢"为主题的考察活动，具有十分重要的意义。广东愿意在中非新型战略伙伴关系框架内，坚持"真、实、亲、诚"理念，积极把握中国推进"一带一路"建设、拓展对非产业产能合作的机遇，推动双方建立更多的友好省州、友好城市关系，扩大在双边贸易、双向投资、基础设施建设、农业、旅游、文化、教育等领域的务实合作，实现互利共赢，为新时期中非友谊做出贡献。

瓦吉多索指出，广东省及广州市在非中合作中扮演着非常重要的角色，广东在经济社会发展上的经验非常值得非洲学习。他相信，通过建立更加紧密的合作机制，一定能够推动双方合作再上新台阶。

（5）高层出访非洲。2016 年 8 月底至 9 月初，省长朱小丹率团访问了埃塞俄比亚、赞比亚和南非，为粤非经贸合作和人文交流奠定了很好的基础。

（6）友好城市关系。广东与非洲的互联互通和人文交流日趋紧密，截至 2017 年 9 月，广东全省与非洲 7 个国家缔结了 11 对友城关系。

（7）友好组织关系。截至 2017 年 9 月，广东省友协共和非洲 10 个国家的 12 个友好组织签署了友好合作备忘录。

（二）广东没有打好"非洲牌"

广东拿到中非合作的一手好牌，但没有打好"非洲牌"，与依现有有利条件能做出的成就相比还有一定的差距。

1. 粤非经贸数据与广东省外经贸大省地位不相符。粤非贸易总量巨幅波动，且不平衡现象严重。2015 年粤非贸易总额曾高达 718 亿美元，但是之后出现断崖式下滑，连续负增长，到 2018 年才恢复正增长，总量为 387 亿美元，才是峰值的一半多。

2. 湖南和江苏在对非经贸合作中抢占先机，对广东形成压力。比如湖南长沙抢得中非经贸博览会永久举办权。

3. 广东省在非国家级经贸合作区或工业园区数量上为零，落后于其他省市。

4. 非洲有 54 个国家，其中 53 个与中国建立了外交关系，在这方面，还有很大的合作交流空间需要挖掘。

（三）广东打好"非洲牌"的对策

为了扭转在中非合作中的地位与其实力不相称的不利局面，广东应以践行中非合作"八大行动"为契机，重新抢占制高点。

1. 在产业促进行动方面

（1）利用非洲工业化助推广东供给侧结构性改革，将广东各地市有比较优势的制造业与非洲国家的需求匹配，在不同非洲国家规划微型产业园。政府引导，企业抱团出海。

（2）选择运营比较好的民营企业产业园升格为广东省非洲国家产业园。

2. 在设施联通行动方面

（1）开通更多的从广州直飞非洲国家航线。

（2）鼓励南方航空进入非洲国家支线航空市场。

（3）大力推动广东技术标准、服务体系等与非洲国家的软联通。

3．在贸易便利行动方面

（1）依托广东省农业产业基地，搭建非洲农产品贸易平台，打造中国进口非洲优质农产品的集中交易平台。

（2）利用非洲的比较优势，推动更多广东企业走进非洲，利用原产地规则，规避贸易壁垒。

（3）大力发展跨境电子商务。

（4）建设非洲国家特色产品体验店，集中展示非洲各国特色产品。

（5）推进"粤货非洲行"，举办粤货非洲专题展。

4．在绿色发展行动方面

（1）加大对非新能源包括太阳能、风电和水电等清洁能源的投资力度，以弥补非洲国家电力短缺。

（2）鼓励更多环保企业赴非投资经营当地的环保产业。

5．在能力建设行动方面

（1）建立非洲青年领袖培训学院和中国赴非人员培训基地。

（2）与非洲国家职业技术院校合作，依托产业园区，培训非洲国家蓝领工人。

（3）加大惠及民生的人才培养，包括农业、医疗等领域的人才培养。

（4）在非洲重点国家建设 3～5 个"鲁班工坊"，进行汽车维修、农业育种等技术的免费转移。

6．在健康卫生行动方面

（1）扩大广东新南方集团在非灭疟成果，与更多非洲国家签订整体灭疟解决方案。

（2）成立非洲中医药联盟，推进中医药走进非洲，包括中医药示范中心建设、中药材种植、非洲中医药资源普查等。

（3）推进深圳佰博医生集团"为了宝贝"公益项目，为非洲国家培训助产士和产科医生。

7．在人文交流行动方面

（1）将广东外语外贸大学非洲研究院升级为省级研究基地，以便对接外交部非洲司和中国社科院西亚非洲研究所，为未来在广东设立中国非洲研究院分院或广东研究基地创造必要条件。

（2）在广东建立非洲国家文化博览园，可做成文旅文创项目，吸引非洲国家物质和非物质文化遗产在园内展示，吸引非洲演出团体来园演出，签订演出合同。

（3）统筹全省对非工作资源，打造"粤非交流合作周"这一品牌项目，每年一届，落地广外。非洲驻穗领团对"粤非交流合作周"持十分积极态度，并愿意一道合作，共同把这个品牌项目办好。

（4）把"一带一路"非洲研究联盟做大做强，用5年时间实现非洲所有国家全覆盖，即每个非洲国家都有研究机构进入联盟。

（5）在广东外语外贸大学增设斯瓦希里语小语种教学。目前在东非讲斯瓦希里语的人口已经超过4亿人。

8. 在和平安全行动方面

（1）加大力度做好安保培训，为中国在非洲的海外利益保护贡献中国力量。向非洲国家输出中国的安保培训体系和标准。

（2）加大力度，做好广州市非洲人社区管理。

（3）在非洲建立立体的领事保护体系，包括信息收集、预防措施和出险救助手段等方面。

2019年11月下旬举办的"粤非交流合作周"，为"八大行动"的实施搭建了一个长期合作交流平台，在经贸合作和人文交流等领域，配合"八大行动"真正落地。

附录一

已结好友城

友好省、市（区）	国别	缔结友好省、市（区）及代表	结好时间
· 埃及（2 对）			
亚历山大省 Alexandria	埃及 Egypt	广东省省长　黄华华 亚历山大省省长　阿迪勒·拉比卜	2010 - 10 - 21
卢克索市 Luxor	埃及 Egypt	深圳市市长　许宗衡 卢克索市市长　萨米尔	2007 - 09 - 06
多哥（1 对）			
洛美市 Lome	多哥 Togo	深圳市副市长　李德成 洛美市市长　阿卡波	1996 - 06 - 07
津巴布韦（1 对）			
哈拉雷市 Harare	津巴布韦 Zimbabwe	广州市市长　陈建华 哈拉雷市市长　穆查达伊·A. 马桑达	2012 - 09 - 03
摩洛哥（1 对）			
拉巴特市 Rabat	摩洛哥 Morocco	广州市市长　陈建华 拉巴特市市长　法塔拉·瓦拉卢	2013 - 10 - 03
南非（3 对）			
夸祖鲁 - 纳塔尔省 KwaZulu - Natal	南非 South Africa	广东省省长　朱小丹 夸纳省省长　姆楚努	2016 - 08 - 29
德班市 Durban	南非 South Africa	广州市市长　林树森 德班市市长　姆拉巴	2000 - 07 - 17
伊莱姆比地区 Ilembe	南非 South Africa	湛江市市长　阮日生 伊莱姆比地区市长　马达贝	2009 - 10 - 24
塞舌尔（1 对）			
维多利亚市 Victoria	塞舌尔 Seychelles	梅州市市长　魏潘尧 维多利亚市市长　本·斯特朗	1998 - 12 - 16

续表

友好省、市（区）	国别	缔结友好省、市（区）及代表	结好时间
· 毛里求斯（2 对）			
路易港市 Port Louis	毛里求斯 Mauritius	佛山市政府高级顾问　刘明 路易港市市长　奥斯曼·冈多	1989 - 01 - 27
鸠比市 Curepipe	毛里求斯 Mauritius	梅县常务副县长　廖耀安 鸠比市市长　阿克迈德·穆罕默德	2005 - 09 - 15

注：截至 2017 年 12 月，全省共 11 对，其中省级友城 2 对。

附录二

广东与外国友城签署备忘录情况
（未签正式结好协议）

友好省份	国家	双方代表	签字时间
纳米比亚（1 对）			
埃龙戈省 Erongo	纳米比亚 Namibia	广东省政协主席　王荣 埃龙戈省省长　穆提亚维夸	2017 – 08 – 14
赞比亚（1 对）			
卢萨卡省 Lusaka	赞比亚 Zambia	广东省政协主席　王荣 卢萨卡省省长　雅佛·姆瓦卡隆贝	2017 – 08 – 16

附录三
省友协与友好组织签署备忘录情况

友好组织	国家	双方代表	签字时间、地点
1. 尼日利亚中国友好协会 Nigeria-China Friendship Association	尼日利亚 Nigeria	广东省人民对外友好协会副会长　欧阳江旋 尼日利亚中国友好协会监事长　Adegboyega Christopher Ariyo	2017-09-06 尼日利亚
2. 摩洛哥摩中友谊和交流协会 Morocco-China Friendship and Exchange Association	摩洛哥 Morocco	广东省人民对外友好协会副会长　李政华 摩洛哥摩中友谊和交流协会主席　Dr. Mohamed Khalil	2016-12-12 卡萨布兰卡
3. 突尼斯中国友好协会 Tunisia-China Friendship Association	突尼斯 Tunisia	广东省人民对外友好协会副会长　李政华 突尼斯中国友好协会主席　Dr. Ezzeddine Jebali	2016-12-09 突尼斯城
4. 埃及沙拉夫基金会 Sharaf Foundation	埃及 Egypt	广东省人民对外友好协会副会长　李政华 埃及沙拉夫基金会副主席　Dr. Ahmed Taymour	2016-12-06 开罗
5. 塞舌尔中国友好协会 Seychelles China Friendship Association	塞舌尔 Seychelles	广东省人民对外友好协会副会长　苏才芳 塞舌尔中国友好协会会长　廖俊侨	2016-10-18 广州
6. 埃塞俄比亚人民院埃中友好小组 Ethio-China Parliamentary Friendship Group, House of Peoples' Representatives of FDRE	埃塞俄比亚 Ethiopia	广东省人民对外友好协会副会长　李政华 埃塞俄比亚人民院埃中友好小组副主席　Hon. Mrs. Workie Assefa Mengistu	2015-03-31 亚的斯亚贝巴
7. 马达加斯加中国友好协会 Madagascar China Friendship Association	马达加斯加 Madagascar	广东省人民对外友好协会副会长　李坚 马达加斯加中国友好协会会长　Rabarijohn Lucien	2014-09-18 马达加斯加

续表

友好组织	国家	双方代表	签字时间、地点
8. 肯尼亚中国友好协会 Kenya-China Friendship Association	肯尼亚 Kenya	广东省人民对外友好协会常务理事 丁华 肯尼亚中国友好协会会长　Micheal Mounyao	2013 – 07 – 10 内罗毕
9. 南非中国人民友好协会 SA-China People's Friendship Association	南非 South Africa	广东省人民对外友好协会常务理事 丁华 南非中国人民友好协会执行会长　Cao Xingzhi	2013 – 07 – 04 约翰内斯堡
10. 肯尼亚地方政府协会 Association of Local Government Authorities of Kenya	肯尼亚 Kenya	广东省人民对外友好协会副会长　胡伟 肯尼亚地方政府协会会长　塔瑞亚·科瑞斯 肯尼亚地方政府协会秘书长　哈密西·姆博嘉	2011 – 09 – 14 内罗毕
11. 尼日利亚 – 中国商会 Nigeria-China Business Council	尼日利亚 Nigeria	广东省人民对外友好协会副会长　王世彤 尼日利亚 – 中国商会首席执行官　马修·乌克维	2011 – 04 – 21 广州
12. 毛里求斯中国友好协会 Mauritius-China Friendship and Cultural Association	毛里求斯 Mauritius	广东省人民对外友好协会会长　黄子强 毛里求斯中国友好协会会长　李基昌	2005 – 09 – 15 鸠比

附录四

非洲国家在穗设总领事馆情况

序号	国名	设馆日期	总领事英文名	总领事中文名
1	埃塞俄比亚	2009 - 06 - 14	Teferi Melesse Desta	特法拉·梅莱瑟·盖布瑞特
2	马里	2011 - 07 - 18	Alima Danfakha Gakou	艾丽玛·丹法卡·加库
3	乌干达	2011 - 08 - 15	Solomon Rutega	所罗曼·鲁提嘉
4	尼日利亚	2014 - 07 - 09	Shakirundeen Adewale Oloko	沙基卢登·阿德瓦勒·欧洛卡
5	科特迪瓦	2014 - 07 - 12	Tobokoue Koyeman Francois	多博库·考耶曼·弗朗索瓦
6	刚果（布）	2014 - 08 - 15	Ebolo Emmanuel	艾博罗·埃曼纽尔
7	安哥拉	2015 - 11 - 06	Joao Baptista Da Costa	若昂·巴蒂斯塔·达科斯塔
8	赞比亚	2016 - 06 - 28	Kalimi Robert Kaela	卡利米·罗伯特·凯拉
9	塞内加尔	2017 03 06	Mouhamadou El Bachir Diack	穆哈玛杜·艾尔·巴希尔·迪亚克
10	苏丹	2017 - 05 - 15	Adam Yousif Mohamed Mohamedain	阿达姆·尤瑟夫·穆罕默德·穆哈麦丁

注：截至 2017 年 5 月。

附录五

"一带一路"非洲研究联盟成立大会
暨首届学术研讨会实录

会议实录

"一带一路"非洲研究联盟预备会议暨第一届理事会会议

时　间：2018 年 10 月 26 日　星期五（20：00—21：30）
地　点：广州逸林假日酒店　德馨厅
主　题："一带一路"非洲研究联盟预备会议暨第一届理事会会议
主持人：广东外语外贸大学非洲研究院执行院长刘继森

主持人： 各位专家学者，非常高兴由我来主持今天的"一带一路"非洲研究联盟预备会议暨第一届理事会会议，我是广外非洲研究院的执行院长刘继森。今天有这个机会在这里开这个预备会，应该说得益于去年 12 月去非洲三国访问的时候，第一站到了埃塞俄比亚，埃塞俄比亚的东方与非洲研究中心的主任提议我们发起成立一个学术联盟，共同研究非洲问题。经过一年的努力，当年的想法即将变为现实，我今天也非常激动。在这个时刻，我要特别感谢来自世界各地的专家朋友，在会议材料里可以看到，来自非洲、欧洲还有国内的机构，以及一些商协会总共 34 家单位支持这项事业，才有了我们今天的会议。

首先，我们来召开预备会议，主要解决几个问题：第一，彼此相互认识，大家简单地介绍一下各自的机构；第二，表决理事会的组成规则。理事会组成规则通过后再召开理事会。我们的目的是解决明天非洲研究联盟成立的合法性问题, 所以这是今天会议的重要议题。因此, 首先请各位按照附件一上的联盟成员顺序一一自我介绍。有一些单位因为签证的问题, 或是因为其他的工作原因, 今天没有到场, 到现场的总共有26家单位, 欢迎各位代表和列席的成员! 现在按照以上说明的顺序进行自我介绍, 第一个是非洲广东总商会, 现场代表是副会长霍江涛女士。

霍江涛: 大家好, 我是霍江涛, 今天确实有很多老朋友在这边, 很高兴今天见到很多新老朋友。我现在是非洲广东总商会副会长, 很高兴以商界和学界的两种身份参加这个活动。非洲广东总商会目前设置在肯尼亚, 今年8月份举行了揭牌仪式, 希望带动广东省的企业对非投资。除了现有的分会还可能会在非洲设2~3个分会, 我们现在在肯尼亚、乌干达等国家都有工业园区。除此之外, 希望通过我们的努力, 以我们现有的工业园区, 带动非洲10万人的就业, 通过多年的发展, 将当地人口压力转化为丰富的人力资源, 提高他们的就业水平。还有部分的会员单位是做中医药的, 未来可能会把中医药带进非洲。众所周知, 黄花蒿的种植会带动其他中医药的发展和推广。也希望有更多的非洲中医药方面的人才到中国相互交流和学习。在今年的基础上, 我们也希望通过两个中心、一个平台——文化交流中心、人才行动培养中心还有非洲投资服务平台带动非洲的发展, 整体上是这样。因为需要把更多的时间留给更多的人, 我就简单介绍到这里, 接下来有什么需要了解的, 再相互沟通, 感谢!

主持人: 接下来请中国北京大学非洲研究中心代表发言。

许亮: 大家好! 我是许亮, 来自中国北京大学非洲研究中心, 我在北京大学的国际关系学院做助理教授, 同时也兼任北京大学非洲研究中心的副秘书长, 这次也是代表执行主任刘海方教授, 他因事不能参加这次会议。我就代表我们中心向广外, 特别向刘老师表示衷心的祝贺。我们也有比较长的研究非洲的历史, 北大的非洲研究起步于60年代, 我们在非洲历史、考古、南部非洲研究方面有很长时间的积累, 我们也希望加入这样的联盟, 发挥我们的作用, 帮助广外做好这些工作。如果大家想进一步了解北京大学非洲研究中心, 可以私下进行沟通, 谢谢大家!

主持人: 第三位, 请中国中山大学社会学与人类学学院非洲研究中心代表发言。

朱铁权: 大家晚上好! 我是中山大学社会学与人类学学院非洲研究中

心的代表，我们学院的非洲文化学设立这样的平台，主要是为了把中大的研究力量结合在一起，我们涉及的领域主要包括历史、考古等方面。中大的非洲研究中心，成立也比较晚，是在 2017 年 4 月成立的。我们的研究特点就是关注古今中非的关系，更多的是想知道古代的非洲和中国是怎么交往的，研究的地域主要是东非地区，肯尼亚那边，去年我们在那边进行发掘了，我们发现郑和下西洋的很多痕迹在那边。人类学更多侧重于研究现当代在非洲做生意的人或者其他的企业与当地的融合程度，以及在广州或者在中国其他地方的大量的非洲人，他们在中国又是怎么样的，这是古今中非的方面。然后就是研究博物馆、艺术史，其实更多的是通过博物馆展览的形式，把中非地区的展品引到中国，然后让中国了解非洲的文化、宗教、艺术。还有现在推进的，即将中国的展览推到非洲去的活动，以及我们最近做的肯尼亚国家博物馆的展览，将非洲文化引到中国，最终促进中非文化交流。

这是我们目前的研究特色。大家知道中山大学是综合性的大学，未来可能会涉入更多的领域。今天我在这边给大家作介绍，也非常高兴认识各位，希望在今后能够跟各位进行更多的合作与交流。谢谢！

主持人：下面请艾因夏姆斯大学的 Hussein 先生发言。

Hussein：大家晚上好，很荣幸来到这里与大家齐聚一堂，首先介绍一下艾因夏姆斯大学。我是艾因夏姆斯大学前任校长，在 2012—2014 年担任校长。现在，我在学校的理事会担任职务。现在我也在大学的商学院教书。2007—2011 年，我在大学里面是主管教育的校长，我相信，我们在这里召开这次会议，是非常重要的一步，能够让中国更多的伙伴了解非洲的情况，不管是经济还是政治、文化方面的，推动中国和非洲的双边合作。埃及和中国保持着非常紧密的经济往来。现在我们的合作领域也在不断地拓展，中国和埃及的双边关系一直保持良好的态势，而且中国在非洲有大规模的基础设施投资，这在很大程度上改善了非洲的基础设施。所以，中国和非洲以及中国和埃及的合作可谓是共赢的。这也是我们一直寻求的合作模式，我相信"一带一路"非洲研究联盟预备会议以及相关的学术研讨会是很好的平台，通过这个平台，我们能够建立相关的机制，共同开发项目，把学术研究真正落到实处。我相信我们之间建立的网络和联系对于中国和非洲都是非常重要的，谢谢！

主持人: 下面有请中国武汉大学非洲研究中心代表发言。

周雅娜: 我代表我的博士生导师王战教授参与此次会议,我非常荣幸能够在这里给大家介绍武汉大学非洲研究中心。武汉大学非洲研究中心的前身是 2010 年成立的武汉大学法语研究中心,主要研究领域是在教育层面,主要致力于建立和加强中非高等教育合作,目前我们中心与非洲 20 多个大学建立了合作关系。今天非常荣幸,希望与在座的各位探讨中非在更多领域进行合作的可能性,也非常感谢刘院长举办这次盛会,谢谢大家!

主持人: 下面有请中国清华大学经济外交研究中心非洲问题专家纪为民先生发言。

纪为民: 各位晚上好,刘老师好,我叫纪为民,我在非洲工作过 12 年,25 年来一直从事对非的经贸工作,今天非常高兴有机会跟大家一起讨论非洲的发展,希望在今后的活动中能够向各位学习,谢谢各位!

主持人: 下面有请中国电子科技大学西非研究中心赵蜀蓉教授发言。

赵蜀蓉: 大家晚上好,非常高兴能够在这里和大家齐聚一堂。我来自中国电子科技大学公共事务管理中心,我们大学是一个非常独特的大学,我们大学的西非研究中心是新成立的。现在我们有 5 个合作伙伴是来自加纳的,我们学校和加纳这 5 所大学共同创建了这个研究中心。这个西非研究中心是 2017 年成立的。我们共同建立的西非研究中心就是 "1 + 1" 的合作成果,主要是高端人才交换。我们建立了一个平台,供我们做智库的研究,因为我们的西非研究中心也是新成立的,所以我还是非常希望能够从各位身上学习到更多的知识,共同推动中国的非洲研究,也希望为这个理事会和联盟作出更多的贡献,谢谢!

主持人: 接下来就请中地海外集团孙国强副总裁发言。

孙国强: 大家晚上好,我叫孙国强,来自中地海外集团的战略研究中心,我也借这个机会跟大家简单地介绍一下中地海外集团。中地海外集团是国有控股企业,主要有贸易物流和咨询等板块业务。从 20 世纪 80 年代初到现在我们集团有 30 多年的历史,在将近一半的非洲国家有经营网点,在非洲有 3 万多名员工,90% 是当地的员工。习主席提出构建更加紧密的中非命运共同体的同时,我们也在努力将自己打造成为非洲国家的伙伴、中非合作的桥梁。所以我今天也特别高兴来到这里和在座的来自中国和非洲的专家学者共同学习和交流,感谢刘院长,也感谢大家,谢谢!

主持人： 下面有请肯尼亚瑞拉大学中国研究中心代表发言。

Abel Kinoti： 大家好，我是肯尼亚瑞拉大学中国研究中心的成员。我们一直在致力于提高中国研究的水平，在 2014 年，我们成立了一个国际贸易中心，旨在推动非洲的贸易。所以我们在寻求合作伙伴，拓展我们的国际贸易。在这个会议中，我们看到很多来自非洲国家的成员，我们之前也见到了很多来自非洲国家的专家学者，我们关注的是如何推动非洲的发展。我们也希望能够聚拢更多的资源，让非洲有更好的发展，我们希望做出更多的贡献。我们来看一下非洲有哪些最佳实践可以加以推广。现在我也看到了在非洲做生意的中国人，我见到他们之后也有很多的交流，探讨了很多的共同点。尤其是现在"一带一路"的推进，已经到了 5 年，我们也想看到共建"一带一路"国家在合作上有更多的进展。还有，我见到了一个来自湖南大学的同事，我们已经签署了合作框架协议，希望能够为彼此的大学生提供奖学金，进行学生互换。我们跟上海科技大学也有协议，主要是推动暑期学生交换和相关研究项目。我们很热切地希望推动中非的合作，我们也希望有更多的机会结识更多的朋友，交流我们的想法。所以，我非常希望能够成为这个网络中的一分子，谢谢大家！

主持人： 下面有请尼日利亚中投促进会（全称尼日利亚中国投资发展促进会）刘长安先生发言。

刘长安： 我叫刘长安，来自尼日利亚，我在尼日利亚工作了 18 年，在尼日利亚投资和经营了许多项目，特别有感触：能不能更好地获得当地的信息，与高层交往，深入尼日利亚当地，对中国在尼日利亚能否获得深入发展十分重要。之前有十几个在尼日利亚投资的，并且愿意长远投资的企业，组成了协会，目的就是加强信息交流，引导企业本地化，能够长远发展。这个协会主要办了以下两件事，一件是我们在当地创办了两份报纸。我在这边已经做了很多年了，一直在促进当地华人信息的交流，并且也慢慢引导中国企业和当地主流媒体进行交往。另一件事是我们和大使馆一起成立了一个发展俱乐部，有 8 个会员，目前已经通过大使馆，为 8 家企业负责人每年争取 3~4 次与尼日利亚的高层举办餐会的机会，有时候是晚餐，有时候是午餐，已经举办了两次。我们希望通过大使馆的官方渠道，通过比较有效的交往，即与当地政府高官的交往，慢慢为中国企业在当地的发展储备力量。

我们已经运作一段时间了，准备在下个月 6 日，和拉各斯大学成立尼中发展研究院。我们赞助拉各斯大学两年了，能不能成立一个发展研究中心？中国的很多大学有非洲研究中心，我说能不能通过共同努力在尼日利亚最有名的大学中，设立一个中国在尼日利亚的研究中心。Femi Saibu 教授（中文名"爱发展"）从英国回来，他说最好能够设立一个研究院。这是刚刚开始，条件不是很充足，但是我觉得这是一个良好的契机，我们跟拉各斯大学，可以促进中国企业在当地更好地融合。我们已经运作了 2 个多月了，今天也很高兴通过刘院长的邀请，参加这个会议，通过这个会议，我觉得最主要的是认识更多的致力于研究中国人在非洲如何发展的机构。因为各个企业的力量小，我们要聚合 20 多个企业，但是我们还是觉得力量太弱小。希望通过这个会议，我们能够开阔视野，认识更多的企业，加强交流，拓宽中国在非洲的发展道路，谢谢大家！

主持人：下面有请南非华人科学家工程师联合会的安金镝先生发言。

安金镝：大家晚上好，首先简单自我介绍，我叫安金镝，我在南非工作了将近 20 年的时间，我代表南非华人科学家工程师联合会参加今天的盛会，非常感谢刘院长和广东外语外贸大学组织今天的重要的会议。我个人在联合会扮演常务理事的角色，我介绍一下我们联合会的情况。我们联合会成立迄今已经有 5 年的时间，扎根于南部非洲。总体上，我们与南非政商各界都有合作，如人才交流等。我们致力于增强中国与非洲各国的合作，有经济等方面的交流，也有文化的交流，因为我们相信，中非的合作，不光要融资，更要融智，因为中国和非洲之间从来不缺项目，也不缺钱，需要的是增进理解和信任。我的目标就是至少尽我们的一份绵薄之力，希望南非成为中国通往欧美的桥梁，中国和南非的关系能够有更加深远的发展。中国始终是各国共建人类命运共同体的良好平台，我先介绍到这里，非常期待接下来与大家的深入交流，谢谢！

主持人：接下来有请克里斯蒂·米凯尔森研究所的李树波教授发言。

李树波：非常感谢刘院长的邀请，让我有幸代表我们研究所在这里参加第一届理事会的会议。我先给大家介绍一下克里斯蒂·米凯尔森研究所，我们是北欧较大的发展研究机构之一，有 75 名研究员，主要涉及发展经济学、社会政治发展、社会学和人类学四个领域。我们在地域上关注撒哈拉以南非洲地区的发展，在发展经济学方面涉及创造就业、自然资源管理，在市民社会、反腐、和平与安全等方面都有研究，还关注发展研究机制的建设。对于中非关系，其实我们已经关注了很长时间。我们有一位同事，他在研究所最早是从事中非研究的，在 2012 年他出版的一本书叫《非洲的超级新兴势力》，2013 年，我们做了"中国在非洲的声音"项目，关注中国媒体在非洲的发展。2018 年我们也陆续开始着手新的研究项目，包括研究新兴发展机构的可持续发展计划，看它们扮演什么样的角色。目前有越来越多的政府和机构都对中国尤其是中国的各个方面产生了非常浓厚的兴趣，所以这方面的项目也在逐渐增加中。

像刘院长说的，这是合作研究的平台，我们希望通过这个平台认识更多研究界的朋友，推动中非知识生产，将知识转化为生产力，期待我们成为这个平台上比较重要的一分子，谢谢！

主持人：下一位，中国广东进出口商会黄俊民会长发言。

黄俊民：大家晚上好，我叫黄俊民，来自广东进出口商会，我是执行副会长。我简单介绍一下广东进出口商会，它是在广东省商务厅的指导与管理下成立的商会组织，由原来的广东省对外经济贸易委员会主任、省人大秘书长许德志先生创办，从 2006 年建立到现在已经有 12 年了。目前的会员已经有 500 多个，全部都是华南地区的进出口企业，传统的进出口企业就是国有进出口公司，现在还有民营进出口企业，80% 以上是当地从事进出口贸易的实体企业。现在许多从事法律、旅游、保险等行业的公司加入了我们的商会。所以，我们从企业的层面来说，可以简单介绍一下进出口企业在从事进出口贸易的时候遇到的很多实际问题。现在，有很多企业已经开始逐步开展与非洲各国的进出口贸易，同时也进行了一些投资。我很高兴有幸参加广东外语外贸大学非洲研究院搭建的平台，我也很愿意跟各个大学的专家、教授一起互相交流。因为我们企业在进行进出口贸易的时候，或者投资的时候，也会遇到很多政策、法律等问题，大家在信息、数据等方面都有很大的相互学习、交流的空间。所以，商会很愿意参与大家的研究，提供很多会员企业在实际操作中面临的问题，一起去研究，也给我们以帮助，谢谢大家！

主持人：下面有请中国广东财经大学国际商学院院长黄庆安先生发言。

黄庆安：大家晚上好，首先感谢刘院长邀请我们国际商学院参与到

"一带一路"非洲研究联盟中，我是广东财经大学国际商学院院长黄庆安，我们学院是省市区共建的学院，在佛山。有四个系：金融学、财务管理、电子商务以及物流管理。我本人是做中小企业国际化研究的，所以我对非洲的研究是非常感兴趣的，也跟不少的合作者一起发表过这方面的文章。另外，跟刘院长结缘是在英国东伦敦大学，广外有很多教授都去英国访问，那时候我就通过许陈生教授认识了刘教授。刘教授举这个非洲研究联盟的大旗，让我们非常敬佩，我觉得是大势所趋、人心所向。另外，因为时间关系，当时东伦敦大学来不及参加到这个联盟中，这也是我工作中的疏忽，我希望在这里代表东伦敦大学，《美国帝国主义》这本书的作者，也是非常资深的非洲研究的专家向大家约稿，非常希望大家能够在他主办的期刊上发表有关非洲研究的论文，下次我一定把那个资料带过来。谢谢大家！

主持人：我特别说明一下，刚才黄教授的建议，也不是你的疏忽，确实这个联盟是一个开放的平台，有越来越多的有志于非洲研究的机构都希望加入这个联盟，我们会在后面的工作中吸纳更多的机构加入这个联盟。下面有请中国华东师范大学非洲研究所代表李晔梦教授发言。

李晔梦：谢谢主持人，大家晚上好，我来自华东师范大学非洲研究所，担任研究所副主任。我今天主要是受研究所所长的委托参加这个会议，我想简单介绍一下我们的非洲研究所，其前身是在 1985 年成立的研究室。2010 年为了落实教育部的"中非高校 20 + 20 合作计划"，华东师范大学建立了坦桑尼亚研究中心。到了 2011 年，坦桑尼亚研究中心更名为非洲研究所，而且在旗下成立了联合研究中心。非洲研究所有专职的研究员 8 人，还有 8 位兼职教授，有非洲研究书籍近万册。

我主要介绍这些，谢谢大家！

刘继森：下面我来介绍广东外语外贸大学非洲研究院。大家知道叫非洲研究院的就是我们，在 2016 年 11 月由戴秉国国务委员为我们揭牌。我们有四个研究中心，一个是对非投资贸易研究中心，一个是中国文化品牌全球营销研究中心，另外两个是关于人才培养的，一个是"一带一路"商科人才协同培养中心，还有一个是"一带一路"中医药人才协同培养中心。我们致力于应用研究，就是跟全国的同行错位发展，主要为了推动广东企业走进非洲。广东是外经贸大省，现实的需求，促使我们做更多的研究。在这个过程中，我们发现，我们做一个更好的平台，可能会链接更多的资源，现在是共享的时代，把更多的知识、智慧和经验拿出来分享，这也是我们创立这个联盟的初衷。我们的这个想法与埃塞俄比亚的东方与非洲研究中心不谋而合，所以有了今天的会议。我是非洲研究院的执行院长，我们的院长是广东省外事办公室前主任，明天他也会在我们的大会上致辞。他的想法就是我们要做到"三个结合"，第一个是要和国家战略结合，就是与最高层结合，要清楚国家对非洲的倡议和战略是怎么样的，我们要回应国家重大战略，所以我们的研究一定要满足国家的战略需求。第二个是结合广东省的中心工作。去年我们拿到了省政府的专项项目，就是非洲工业化促进广东供给侧结构性改革，其中有去产能的说法。广东的制造业体量是非常大的，产能过剩是有目共睹的。我们要为广东省的决策服务，我觉得中非合作是一个非常好的选择。第三个就是和企业发展结合。所谓"顶天立地"，在立地方面，表现在我们和四个商协会建立了非常紧密的合作关系，大家可以看到我们的微信推送，一般是了解企业的需求。在未来，我们希望发起成立这个联盟，不能让它空转，一定要做实，让更多的人受惠于我们的联盟，谢谢大家的支持，谢谢！

接下来有请中国江苏大学"一带一路"产学融合研究院代表发言。

崔勇："一带一路"产学融合研究院也是一个非常年轻的研究院，这个研究机构的成立主要基于"一带一路"建设的发展，基于人才培养。我们的目的是通过产学结合帮助中国的企业"走出去"，因为行动都是需要人落实的，所以我们的落脚点是人才培养。江苏大学在国际贸易方面还是做了一些引领性的工作的，目前的规模应该是第一，大概有 3000 名留学生来到我们的学校，我们希望以人才为基础，连接政产学研，共同促进中国的产业发展和国际上的产能合作。基于各个理事单位，我们的企业大概有 300 家，以农业为主的有 200 家。江苏大学是农业部和江苏省共建的大学，是一所综合性大学，曾经在 80 年代联合国工业发展组织的技能人才培养计划中发挥作用，基于那样的历史，我们继续承担一些人才培养任务，给发展中国家提供人才。我们基于各个单位的需求，需要对共建"一带一路"国家包括非洲国家的市场和需求提供支持、信心。我们创办了这样的研究院，希望能够跟在座的前辈共同合作，在非洲国家的信息特别是以农业为主的人才需求等方面有更加密切的交流。

另外，2016年成立的产学联盟，也获得了中国政府奖学金、农业机械奖学金项目，我们基于这个项目，进行了一些与非洲农业装备的市场需求相关的研究，也取得了一些研究成果。这些成果对我们的企业在农业装备方面的发展也起到了一定的作用，它们也欢迎，我觉得是有价值的。所以，联盟基于大学的特点——农业装备型的大学，基于目前外国人才比较多的优势，希望与企业合作，实现各方面的信息共享。在座的各位，如果有相关的资源信息，可互补互助，谢谢！

主持人：接下来请联合国开发计划署非洲制造倡议的于泳捷发言。

于泳捷：感谢刘院长与广东外语外贸大学的邀请。我叫于泳捷，是非洲制造倡议的联合创始人。非洲制造倡议主要的成立背景就是在联合国倡导可持续发展的议程下，非洲主要的发展道路应该是以工业化为主导的可持续的发展道路。我们的使命就是在这样的大背景下，结合中国和非洲产能合作的需求，帮助中国和非洲架起合作的桥梁。我们的机构成立至今，已经是非洲11个国家政府的顾问，我们受这11个国家政府的总统委托，帮助他们制定非洲的工业化发展路径，其中包括整个国家的工业化顶层战略设计，包括怎么样通过建设工业园区进行产业选择，帮助这些国家快速地实现工业化发展。我们还帮助非洲做很多落地的招商引资工作，与很多产能大省，包括广东、湖南、四川等，进行产能方面的对接，帮助中国的企业到非洲寻找投资落地的机会。总的来说，我们是将理论和实践相结合的机构，可能明天会有更多的机会和大家分享我们的战略和在非洲做的具体案例。再次感谢刘院长今天的邀请，预祝今天的理事会会议圆满成功，谢谢！

主持人：南非莫加研究所，他们的代表没有来，但是安金镝先生说他可以代表这家机构，因为他也是从南非过来的，让他再次代表南非莫加研究所发言。

安金镝：非常感谢各位朋友，首先我想感谢广东外语外贸大学非洲研究院，我非常荣幸能够代表莫加研究所，在这里参加这次会议。首先，我想给大家简单地介绍一下莫加研究所。莫加研究所成立得比较晚，有几个中心，第一个是莫加研究中心，第二个是莫加媒体中心，还有一个电视台，还有一个部门就是莫加项目中心，它的目的主要是帮助中国和非洲的项目真正落地。因为现在中国和南非的合作不断深化，我们在各个领域的合作都在不断深入，比如说中国和南非的合作会议。我们都知道，在"金砖五国"的框架下，我们的进展也在加速，比如现在"金砖五国"已经变成"金砖五国＋"的框架了，所以在未来，我们需要做更多的民间实事推动这个框架的发展。比如说，从南非出发，我们希望更好地与中国合作，不仅仅是一些现有的层面，我们也希望在南非能听到更多的中国的声音。我们也希望非洲人民能够成为主导者改变现有的秩序，或者完善现有的秩序，我们也希望在座的每一位都能贡献自己的一份力量，能够让中国成为非洲前所未有的合作伙伴，谢谢各位！

主持人：下面有请中国暨南大学国际关系学院庄礼伟教授发言。

庄礼伟：各位专家学者晚上好，我叫庄礼伟，来自广州的暨南大学国际关系学院。这个学院的历史可以追溯到1927年，当时的暨南大学成立了政治学系，同时也成立了南洋文化教育研究机构，这个研究机构主要是研究东南亚的华侨华人以及东南亚国家的情况。暨南大学是在清朝末年成立的，主要招收海外的华人华侨子弟来读书，在"文化大革命"影响下，暨南大学曾经停办过12年，在1978年，中国实行改革开放，也使暨南大学重新开办。在1978年的暨南大学复学典礼上，习近平主席的父亲来到暨南大学。在前几天，10月24日，习近平主席来到暨南大学考察。他对暨南大学的历史非常感兴趣，同时也对暨南大学的办学特色给予肯定。我在这里简单介绍一下他讲过的几句话，他说中国有5000多万海外侨胞，这是中国发展的独特优势，改革开放也有海外侨胞的一份功劳。暨南大学除了招收海外的华人华侨子弟外也招收港澳台的学生，习近平主席也听说有些同学是来自港澳台的，勉励他们好好学习，为社会做贡献，把中国的传统文化传播到五湖四海，这是暨南大学办学的特点。

暨南大学国际关系学院是综合性的机构，除了传统的坚持要做的东南亚研究、海外华人华侨研究之外，还有中国国际研究院，中国非洲研究中心也挂靠在我们学院。对于非洲的研究，坦率地说，我们也是后来者，在这里是一个学生的角色。我们除了对非洲南部的华人华侨有一定的研究之外，基本上目前的研究计划就是从比较政治学的角度研究非洲的政治发展。另外从国际学科角度研究中非关系，当然包括非洲与其他地区的关系，这是我们的研究计划，因此我们很高兴有机会来到这里，向各位专家学者学习，使暨南大学非洲研究有更好的发展基础，谢谢！

主持人：下面有请四达时代集团孙木林先生发言。

孙木林：非常感谢刘院长和广外能够邀请我们来参加"一带一路"非洲研究联盟成立大会，我叫孙木林，原来一直从事中非文化交流的工作，曾经在非洲工作过四年。四达时代集团是一家中国的民营传媒集团，主要的业务是围绕广播电视技术提供网络运用、系统集成和内容运营服务。从2002年起，我们的董事长就怀揣着让每个非洲家庭都能看得起、看得好数字电视的愿景，走向非洲大陆。从2007年开始集团投资建设并运营数字电视网络，目前主要在撒哈拉以南非洲的30个国家成立了公司，在20个国家开展运营，发展了1000万户数字电视用户。近年来集团也逐步对视频运营加大宣传力度，视频用户也达到了800万户，2017年集团成为中国人选非洲品牌百强企业之一，与华为、传音一道。很高兴来到今天的会议，我们集团首先非常希望参与到这项研究工作中，同时我们还有一个比较特别的地方，我们也非常希望成为研究的对象，还希望成为大家研究的素材或者工具，希望我们能够与大家一起共同利用我们集团在非洲和中国搭建起来的平台等各方面的资源，助力"一带一路"非洲研究联盟的工作，谢谢大家！

主持人：下面有请察哈尔学会秘书长孙晓军先生发言。

孙晓军：大家好！我是察哈尔学会的秘书长孙晓军。察哈尔学会是由中国外交部、中联部退休的资深外交家和退休的驻外大使组成的智库，当然也包括驻非洲的大使。在中国的国际关系和外交领域，我们是排名第一的独立智库，在世界领域的综合排名，大约在100位稍多一点。到目前为止，我们在部分领域，特别是公共外交、朝鲜半岛问题、东北亚宗教外交方面，提出一些意见建议。这次受到广外刘院长的邀请我们非常高兴，我们认为，"一带一路"非洲研究联盟的成立和我们的发展方向高度吻合。所以这次察哈尔学会派出了相当庞大的队伍来参加和支持这次大会，包括察哈尔学会的首席研究员、中联部副部长于部长，明天讨论环节见。还有我们的研究员，如埃塞俄比亚驻广州总领事馆总领事，还有研究人员蒋健才先生、王刚先生，希望明天和后天在对非洲问题的研究上，我们共同分享、互相支持，找任何可以合作的地方，多沟通，谢谢！

主持人：最后一位是达喀尔大学的 Ahmadou Aly Mbaye。

Ahmadou Aly Mbaye：我是达喀尔大学的代表。达喀尔大学是非洲众多国家的大学当中历史比较悠久的大学。我们在1957年独立运行，在非洲的大学中排名也比较靠前。我们的教学领域是管理和经济，也有一些发展计划的研究。我们的研究还包括其他几个方面，比如中非关系，因为中非关系可以由很多方面体现。我们关注中非关系的发展，比如看直接投资，还有基础设施，我们还去了解中国的投资和西方国家有哪些不同。另外我们也关注海外的援助，如中国的海外援助，看看中国是怎么样通过援助帮助非洲发展的。所以我很高兴能够出席这次会议，尤其高兴的是我们大学可以成为联盟的成员，我希望能够和各位成员有更加深入的交流，谢谢！

主持人：到现在为止，所有到场的联盟成员单位，或者代表都作了发言，大家彼此都认识了。接下来就不休息了，继续往下开。先简要地介绍第一届理事会组成的规则。我们想，由于前面没有这样的行动，所以，规则是今天发起成立这个"一带一路"非洲研究联盟的所有单位都是副理事长单位，每个机构的主要负责人或者秘书长都是这一届理事会的副理事长。

然后我们再表决如何提名，选一个理事长。第一届理事会组建后，我们会设置一个轮职的机制，就是从明年开始，我们会轮值到下一个副理事长单位，这个理事长单位也会选出一个轮值的理事长。广东外语外贸大学非洲研究院作为率先发起的单位，我们提议把联盟秘书处放在广东外语外贸大学非洲研究院，我们也非常乐意为大家服务，为加入联盟的所有成员管理好这个联盟。等一下我会给大家介绍相关的工作环节。这是我要说的规则，非常简单，但是我们要执行，所以所有的成员都要表决。如果大家没有意见，我们就鼓掌通过这样的规则。对于缺席的单位，我们也会通过相关的方式告诉它们也当选了副理事长单位。我们也做好了相关的聘书，因此，我们要有一位理事长为各位副理事长和副理事长单位签署聘书。如果我们现场推选出了第一届理事会的理事长，聘书上预留了一个位置，由他签名。如果没有选出来，常设秘书处再提名一个理事长，大家看看这样行不行，大家有没有什么建议？大家都可以发表建议。

纪为民：我建议广外非洲研究院担任第一届理事会的理事长单位，这非常重要。因为现在国内对非方面，大概有十几个单位组织联盟，我第一次参加这个会议，感到非常高兴，所以第一届的理事长单位，我觉得至关重要。因为明年是落实这次中非合作论坛"八大行动"40项工作的一年，所以由广外发起的联盟,如果想要在未来的一年中真的为"一带一路"建设提供帮助,就应为非洲的决策提供好的建议,为广东以及全国的企业在非洲的项目落地提供平台和真实的案例,能够真正为各研究机构提供很好的课题和研究成果。我个人建议请广东外语外贸大学作为发起人,同时也担起这份责任。

孙晓军:在参会的时候,我就这个问题咨询了我们的会长韩主任,他是现在的全国政协外事委员会副主任,同时咨询了首席研究员、中联部的原副部长于洪君教授,察哈尔学会一致同意也支持广外非洲研究院能够担任第一届理事长单位,我说到这儿。

黄庆安:我附议一下两位领导的提议,我从两个学术的角度来看:第一,我们在这里能够坐在一起,我们能够成立这个联盟,归功于广外非洲研究院对我们大家的认识,广外非洲研究院最有凝聚力;第二,从组织的形成看,我觉得理事长单位和秘书处单位合一的话,能够起到精简机构的作用、合力的作用,谢谢!

主持人:感谢大家对我们广外非洲研究院过去工作的肯定,我们听听外方有什么样的建议。

安金镐:我现在是替莫加研究所说两句。我来之前与莫加研究所所长做了一次交流,我们现在觉得,研究中非方面的机构层出不穷,现在不是太少了,而是太多了、太乱了,我们在工作中是无所适从的,造成了很多的资源浪费。既然大家能齐聚一堂,共襄盛举,我们做的是把资源整合的有里程碑意义的事情,所以,在我来之前,我跟莫加研究所的领导统一了意见,我们希望由广外作为发起单位把明年的重担继续承担下去,听上去是首届理事长单位,其实这里面的责任和义务远远大于荣誉。其实从我们的角度来说,广东外语外贸大学以及非洲研究院刘院长,真的要辛苦你们多走一步,就是这样。

Abel Kinoti:我也想表达同样的感受,广外非洲研究院做了大量的努力,把我们聚集在这样的会议当中,我觉得这是需要大量的精力的。如果没有他们的努力,是没有这样的一个会议的,也没有办法实现我们的愿景。所以,作为个人,也作为组织的代表,我希望广外非洲研究院担任理事长单位,这是一个非常不错的选择。

主持人:由于时间关系,我们中方和外方的相关专家代表作了发言,都希望广外非洲研究院能够挑起这样的担子，我代表傅朗院长感谢大家对广外非洲研究院的信任、对我们过去工作的肯定。我们也表达一下意见，我们过去的工作就是把大家汇聚在一起，我们未来将更加努力地工作，做好服务，把我们的联盟平台做得更大、更强，使我们的平台在全国乃至世界的非洲研究领域，都能够独树一帜，这是我们的心愿，感谢大家！

刚才大家的建议我已经听到了，第一届的理事长单位就是广东外语外贸大学非洲研究院，理事长就是我们的傅朗院长，等一下每一个副理事长单位和副理事长都有相关的聘书。我们会议的第一个环节就结束了。

主持人： 接下来开第二阶段的会议，刚才在大家的提名下，我们已经产生了"一带一路"非洲研究联盟第一届理事会，因此，我们可以开这个理事会议了，发起单位有 34 家，到会的有 26 家，可能有几位有一些原因没有到现场来。第一项议程是审议"一带一路"非洲研究联盟的章程，关于这个章程，我们很早就已经通过邮件把中文版、英文版、法文版发给了各个联盟成员单位，我相信大家都花时间研究过我们的联盟章程，今天在这个地方，因为明天要成立揭牌，所以我们还是要走一个程序，在理事会上通过联盟章程。因此，我提议，如果大家都提前看过联盟章程并且有一些意见的话，还是要留一点时间给大家提出来。

如果没有的话，我提议鼓掌通过联盟章程。接下来是一个非常重要的环节，即下一届的轮值机制，由我们提议，第一届理事会提议下一届轮值的理事长单位，也跟相关单位沟通过，所以，我们建议第一届轮值理事长单位由北京大学非洲研究中心担任，第一届轮值理事长由北京大学非洲研究中心的李安山教授担任，大家有没有意见？如果没有，我们鼓掌通过。

我们有了下一届的轮值理事长单位，我们也可以讨论一下，因为大家把这个重任交给广外非洲研究院，我们还是要群策群力，得到大家的支持。我们讨论一下下一届联盟会议的主题，看看大家在这方面有什么样的建议，因为这一届还是成立大会，我们明天还会有学术研讨。对下一届的主题，大家有什么好的建议，可以在这个会议上畅所欲言。

广外常设秘书处，在这里，每一年都会轮到联盟成员单位，第一届，也就是 2019 年，会轮值到北京大学非洲研究中心，如果在北大召开相关学术会议，对于 2019 年的工作，大家有什么好的建议可以提出来。我就 2019 年联盟秘书处要做的几项工作，给大家作一个汇报，就是未来的设想，也即未来要做的几件事情。我们搭建的这个平台还处于非常初级的阶段，接下来要做的工作就是使这个联盟更加具有凝聚力，有几项基础的建设工作要做。

第一，我们要有一个形象的展示平台，所以，我觉得联盟还是要有一个载体，有一个网站用于发布，或者展示 34 个联盟单位风采的平台，也就是我们要做一个联盟的网站，把 34 个成员机构在这上面用中文、英文和法文做三语展示，这是我们的考虑。就像我们面对面认识一样，我们要知道对方在做什么。

第二，就是要有发布成果的平台，我们要有国际研究的合作机制，我们要有相关的研究，我们要互通信息，就是从这个联盟中怎么样传递信息，通过权威的窗口发布权威的声音。大家的研究成果，也就是共同的研究成果，什么时候发布，在国际出版社和顶尖的杂志发布联盟成果而不是独家的成果，这是我们考虑的，可能不是特别成熟，也就是要有一个成果展示的平台。

第三，就是联盟的扩展，因为刚才也考虑到了，有一些机构没有到场，它们有非常强烈的兴趣，未来要加入这个联盟，可以向秘书处申请，秘书处可以向这些机构发出邀请函。填写相关的表格后，我们会审核，会听取联盟成员单位意见，如果没有问题的话，就会吸纳进来，现在是副理事长单位，未来可能会成为理事长单位。

第四，我们可能会在全球布局，关于这个联盟的战略布局的问题，本来非洲研究院有一个设想，即在非洲东南西北各选一个国家，东非是肯尼亚，南部是南非，西部非洲是塞内加尔，北边是埃及，分别设立分支机构。因此，我们也把联盟带到这样的区域，设立联盟的分支机构，这是我对未来的考虑。大家可以批评指正。

第五，秘书处的工作比较烦琐，需要比较细致才能做好，过去在成立这个联盟的一年中，我们确实发现沟通协调的工作非常多，所以秘书处还要配备相关的力量才能做好工作。现在非洲研究院也有秘书，但是由于联盟有大量的工作需要协调，比如信息的传递、邮件的往来，还有成果发布，等等，所以在未来机构的设置上，我们可能会聘请更多的力量做联盟的工作，就是专门为联盟配备相关的力量，这是我的考虑。

最后一点就是信息，今天来自全球的从事非洲研究的智库机构，都有各自的优势，也有各自的短板，因而信息的互通是非常重要的。我们希望各联盟成员单位都来共享信息，大家有什么好的信息，可以进行资源共享，只有这样我们才能在秘书处把这些资源链接起来。未来就是非常国际化和开放、非常透明的发展模式。这是我的不成熟的想法，也没有提前跟大家商量，未来将要做这样的工作，我们也说到了。在座的都是非常有经验的联盟运营者，希望大家给我提好的建议，我也会向理事长汇报今天的会议内容。我们也有速记人员，会把大家的想法记录下来，我们会把这些内容整理出来在联盟中共享。希望接下来大家多提意见，指导未来一年的工作，谢谢大家！

纪为民：既然参加了这个联盟，我们就要为这个联盟做贡献。所谓联盟就是集合力量、表达各自需求以及相互支撑实现各自目的的联合体，我提两个建议。第一，成立第一年，联盟应该根据各个联盟成员单位的想法、需求和建议，设定3~5个重点课题。这些课题应该是两个方向，其中非常重要一个是中非合作当中的重点、难点、拐点和焦点。第二，各单位要以联盟的名义参加未来一年对非的重大活动，比如明年有中非经贸博览会，明年有中非农业展会，明年还有"高访"，明年还有在非洲举办的重大会议，2021年要在非洲举办中非合作论坛，所以我说我们联盟如果真的做起来的话，要实实在在地抓课题和项目。这些课题是国家关注的重点课题，同时也是联盟成员需要提供的课题。刚才在会议当中，好几个企业包括黄总谈到了广东进出口商会，下一步要解决广东将近70家企业面临的出口难题，包括中国整体的产能对外合作和"一带一路"向下倾斜的举措，包括习主席在中非合作论坛中讲到的几个转化，应该在这些课题上做文章，这样才能与在对非经贸合作及相关领域有需求的企业对接。再就是参与重大活动，因为安排的重大活动一定是有各项组织目标的，只有抓住对非合作的前沿课题和项目，我们的联盟才能够真正在对非合作当中发挥相关作用。所以，提两个建议，即要找项目、抓课题，要真正参与到对非合作的一线工作当中去，就实现了刚才刘老师提到的"顶天立地"，谢谢！

李树波：我提一个不成熟的小建议，因为我是学传播学的，所以我从知识分享和传播的角度来说。为了确立这个联盟在全社会以及全球的影响力和地位，我觉得很有必要不光在联盟内部分享知识和成果，也要向全社会分享，因为现在地球都是平的，所有的信息都能够直接到每个人手上。

所以我觉得像推特一样，把最高端的研究转化为最平易近人的语言、大家都能接受的知识。我觉得咱们有这么强的优势，像广外有语言的优势，研究机构有内容方面的优势，我们有很多非洲的媒体，它们也有平台的优势。我们可以结合这些优势，由联盟成立一个制作中心，选择一些有意义的课题、有优势的课题和项目，由研究者以个人化的方式讲述，可以在推特或者优酷等大众的平台上发布，可以尽快确立起联盟本身在这个领域里的影响力，让联盟成为能够连接研究机构和业界、大众的枢纽和中心。然后也能给非洲的媒体提供相关的内容，比如微信公众号这些方面，保持定期内容发布，可以利用广外在语言上的优势，生产很多种语言的内容，我觉得这是任何一个机构都无法比拟的，谢谢！

安金镝： 我想附议一下李博士说的传播的内容，我们也有电视台，成立的目的其实就是应对中非合作论坛北京峰会结束后很多刻意为之的反华的声音，我们这里也需要很多内容。针对您说的，我有一个想法想补充，中非智库一个很重要的作用，当然是让中国人更多地正确理解非洲，更重要的是通过非洲人的口来讲中国的故事，不能单方面中国人讲中国的故事。所以，您刚才说的节目或者推特，或者是自媒体传播的形式，这是非常重要的。

Hussein： 对于明年，我有一个这样的想法，我们可以联合起来促进中非研究，发表学术文章，我们能够出版这样的学术作品。我们可以让大学、科研机构参与进来，促进它们之间的合作。这些研究机构以及中非两地的大学都可以一起合作促进学术出版物的出版。

刘长安： 感谢刘院长，我有三个建议。第一个，我们今天已经开会了，我觉得第一时间应该建群，这样马上就可以共享信息了，大家都是每个机构的代表。第二个建议就是，我听到刘院长说准备设四个分支机构，我听到纪先生说有这个必要，从发展的角度来说，我们觉得加纳和尼日利亚比较有需求，一个比较规范，一个非常有潜力，埃塞俄比亚也非常重要。明年我们会经常参加当地的会议，我们经常探讨的就是如何本地化的问题，现在中国人到那边去，完全是用自己那套在发展，用自己的观念去试着推，但是到了人家的地方肯定是用人家的方式、人家的语言，这是可持续的，这可以成为其中的一个议题，就是如何实现本地化、可持续。第三个，刚才我跟于泳捷女士聊了，她也去过尼日利亚，并且非洲特别希望中国人过去，中国人也非常愿意去，这其实是双方的，你需要我，我也需要你过去。那怎么去？比如产能转移，这个千万不能说，非洲人听到就烦了，但是怎么说我们是可以帮助你的，你需要我，我恰巧来了，这是最好的切合点。于总跟我说，她去尼日利亚拜访了 10 个州，提出了要求，我觉得如果契合这些要求的话，可能会更顺利地发展，我觉得更重要的是从当地的需求出发，思考如何契合起来。谢谢大家！

安金镝：我补充一点，我听到刘会长说，我想再说一句，我们都有愿景，这是双边的，当然是对等的，中国说中国梦，我们也要帮非洲实现非洲梦，两个梦在一起就是这个联盟所需要达到的愿景。

黄庆安：刚才听到纪总说要设立课题作为明年发展的方向。我跟企业交流比较多，现在商会会员中开始做非洲基础生意的企业很多，也有很多成功的案例，它们做习惯了之后，就开始考虑投资，怎么投资？会遇到很多问题。我想，专家、学者能不能也给予我们一些帮助？比如说做投资，在非洲哪个国家投资会比较好地辐射市场，会更切合实际？还有哪一些行业，在哪一些国家会更适合？我会搜集这些资料给大家，专家、学者可以做这方面课题的研究。

霍江涛：其实也不只是回应黄院长，非常感谢大家来到广东，我们也很开心，作为主办单位之一，非洲广东总商会成立之初就是想聚焦于非洲领域扎扎实实做出业绩，我们也有代表参加了中非合作论坛北京峰会，也参加了一些座谈会，讨论广东省的产能如何有效地带出去。大家都知道在珠三角有 330 多个产业集群，在今年 4 月，我们也成功举办了粤港澳协同对非投资的相关论坛，发现很多香港和澳门的企业对这点也非常认同，而且它们也做出了非常强烈的回应。

其实我也是广外的院长助理，我们在创业初期的时候，我记得当时傅朗院长说了一句话：我们也开了两年的工作会议，我们要打破传统，要做金融性研究。因为首先我们当初的非洲研究院是挂在广东国际战略研究院下的，我们传承于该研究院的发展脉络。我们会扎扎实实根据在海外已有的投资性的产业、已有的基础，还有广东省本身还在的产业集群，做一个排查。刚才在沟通的时候，纪总也谈到了，我相信大家今天到广东并不完全为了联盟这个会议，我相信更多的人是发现广东省的潜力，因为广东省走在改革开放的前沿，真的后发优势非常强。在今年的中非合作论坛北京峰会上，我也看到了于泳捷。很多省都做出了业绩，我们也写了很多的提案。之前，有一位非洲的领导跟我说他希望中国更多的是带半成品过来，因为他们希望可以带动当地的就业。今年省政府就给我一个很好的消息，明年工作重心会转向非洲，因为广东省真的有得天独厚的优势。许多中国企业在欧美和东南亚地区发展，2015 年，我出访的时候，有很多企业跟我说，它们不会去非洲的，除非活不下去才会去非洲，但是后来找我们的人越来越多。

我们在很短的时间中，从 5 月份开始发起十国的会议，8 月份在肯尼亚揭牌，在 9 月份、10 月份制定了明年的工作计划。我们会建立标准化体系，我们已经跟省政府谈了，我们要做广东省对非贸易白皮书。刚才纪总谈到要找项目、抓课题，对于我们来说是非常聚焦的，在未来的 5 年、10 年中，怎么把我们的学术研究成果，把广东省的企业，刚才谈到的粤港澳的企业，把金融领域人才带过去，在这方面我们特别想得到各位专家、学者的支持。刚才跟崔老师谈怎么样把这块在非洲发展起来，我们不仅仅是把产能带出去，我们还要把中国的力量带过去，希望更多的非洲人了解中国的文化，希望大家通过很多普通的工作者，他们拍的照片、本土化的纪录片，还有大量的书籍，把真实的场景展现给大家。我们在明年的活动中有阅读非洲，希望有从事经贸的作者跟我们面对面互动，因为他们很难读懂很多书，我们希望通过解读的方式来做。还有一系列走进非洲的活动，这里会涵盖经贸等投资领域，最终是带动他们做商务考察，我们在海外的园区也会做相应的配套工作。

我想让大家知道我想干什么，我真的很希望在下一届的论坛上，让其他人看到广东省完全有能力把广东省的集群方式带到非洲，而且非洲非常需要广东省。你知道广东省有多少商贸城吗？很多企业说想去非洲，我说对不起，我真的没时间，我想研究一个商贸城的产业怎么走，不是我不想帮你。如果有大家的力量，我相信可以帮到更多的人。除此之外，刚才说到白皮书，我们也举办了广东省对非投资的相关论坛，我们是以国别来做的。在 11 月 17 日，有 10 所非常注重职业化教育以及农业现代化的高校的校长会带 30 多个企业代表过来举办一个论坛，我们希望不是流于表面的论坛，我们会以洽谈会的方式带他们去园区进行考察。当然，我也希望崔老师跟我们讲讲你们的经验，还有于泳捷的经验，我真的希望跟各方很好地互动交流，推动明年的活动。因为我经常参加学术会议，发现大家的学术成果没有被转化，真的很可惜。我希望在广东可以有更多的互动和交流，大家把更多的时间留给广东，多多关注广外的非洲研究院。我相信我们可以在广东甚至华南地区做出特色，不好意思，耽误了大家的时间。

孙国强：我也想重点提一下傅朗院长的义务性研究，我们既然是"一带一路"非洲研究联盟，大家一起来开会，我觉得还是要回到这个高度。今年9月份召开的中非合作论坛北京峰会上，实际上习主席已经为未来三年中非合作描绘了一个宏伟的蓝图，或者说构建更加紧密的中非命运共同体，就是"一带一路"倡议在非洲的加强版。所以，我建议秘书处，除了刚才刘院长提到的几个方面的工作外，还需要加强中非合作政策的研究。通过政策的研究，我们引导中国和非洲在座的智库专家，还有以后扩大的联盟成员，共同从政策导出合作机会。另外，我觉得秘书处还需要进一步搜集在中非合作过程中出现的问题，也就是纪总提到的难点、拐点和焦点，还有重点，然后请大家一起来研究，各抒己见，建言献策。我就提这两点，谢谢！

黄庆安：我回应纪老师和霍老师的发言，抓项目，从工具的角度来讲，有一个要先进的还是要半自动的问题，我为什么联想这个问题呢？因为既然要搞课题，我们就要研究方法论，非洲经济、社会、文化都有过蛙跳式的发展，我在指导博士生的时候，经常发现非洲的学生有这个习惯，就是比较对付，就是对样本的选择都是随便对付的，而且在最简单的研究伦理方面也出现差错，居然把所有的访谈者的信息放在博士论文中，我马上就批评他了，不然的话，我就不用送去外审了，直接排除。从这个简单的研究来讲，我们的研究方法论是要发展的，我们实际遇到的难题是要考虑很多人从研究方法的角度取材的适用性，所以在接下来的研究中，可以开一个小窗口，这就是我提出的想法，仅供大家参考，谢谢！

Abel Kinoti：我觉得您讲得非常好，我在非洲做这个研究已经有50多年了。我们也经历了非常混乱的事情，我们知道在这个过程中，也有一些积极的元素，而且我们要确保合作关系是可持续的、长久的。因为我们的合作关系在发展的进程中，可能会因为任何一个因素中断。比如说塞内加尔比较关注国内的进出口贸易，这是一个比较正确的方向，所以要思考其他的非洲国家或者中非双方之间的合作有什么因素是可以相互弥补、促进的。比如说在贸易当中就会提到40尺的集装箱装运，我们就想，成批成批运出中国的货物的时候，能够从非洲获得什么样的资源，因为现在中非之间的贸易赤字是非常可怕的。

所以说，未来的投资机构要解决贸易差的问题。说句坦白话，我来到广州，我能跟多少人真正交流呢？因为一些语言的障碍，我很难跟大部分人交流，我怎么样接触他们呢？我怎么样接触最底层、最实际、最直接的信息呢？这也是我想解决的问题，所以我们需要一个文化平台，让中非人民之间能够更好地相互理解，这是一点。下一点，说到学生，因为我也会带一些学生过来，但是很多非洲人是不了解中国的，为什么呢？也是因为西方媒体不实的报道，所以说我们在发展和非洲的关系过程中，要排除不实的信息干扰或者消除相互的误解。因为有很多的误解是非常巨大的，如果我们拿中国和印度作对比的话，印度也想接触非洲的市场，他们也从非洲进口很多的物品，但是这些物品都是从中国转运过来的，这是非常曲折的过程，这也不是我们想看到的情况。现在中国把非洲看作整体的"国家"，这是不对的。因为你说起非洲，应该是具体说加纳还是埃塞俄比亚，这两个是不同的，不能混为一谈。一些东方国家总是把我们看成大的整体，但是西方国家会把我们当成一个国家个体看待，这是不同的。因为每个国家面对的因素和情况是不一样的，每个民族也不一样，这是需要我们重视的问题。

所以，虽然贸易方面发展很快，但是不能完全解决问题。现在中国在非洲的投资非常大，也有很多的基础设施建设，如电信设施的建设等。这些建设工程，我们看了之后会发现，其实每个国家都有这些项目，这说明中国在这边的影响还是比较大的。还有就是我们看到现在的数字技术也在变化，给非洲带来很大的变化，通过数字技术，我们也能够改善非洲整体的形象。现在非洲各国之间还有很大的差距，比如有一家肯尼亚的公司，还有埃塞俄比亚的公司，希望把大家的产业打通，所以说，我想提到下一点就是非洲国家之间的贸易和产业连接还是不够的，它们之间也是很碎片化的，中国是不是也在这方面促进呢？比如说广东市场是比较适合与肯尼亚的产业和贸易联通的，怎么样在非洲内部实现对东非贸易的联通呢？这里就涉及更多的人力资本和更多的技术转让，这都是必需的。我去过上海，我觉得我被震惊了，因为太先进了。我们知道上海有磁悬浮列车，没想到还有更快的车，非洲人很希望引进到非洲大陆，这就是我想说的，比较杂，谢谢大家！

主持人：大家都是坐飞机、火车从各地过来的，舟车劳顿，感谢大家的热情，提了非常好的建议，我们都做了记录，在后面的工作中，我们会把这些建议贯彻进去。在会议结束之前有两件事情跟大家说一下，我们在外面专门准备了电脑和 U 盘，如果明天要发言的嘉宾有 PPT 的可以拷到我们的电脑里，如果没有的话，可以告诉我们房间号，我们有志愿者到你们的房间去拷 PPT。大家很多都是副理事长，代表的是副理事长单位，所以我们做了聘书，志愿者会把这个聘书拿过来，我们在这里给大家。因为理事长也没有来，我也没有办法代表他颁发聘书。我们今天的会议就到这里，我们后面把聘书领一下就结束了，谢谢大家对我们的支持，谢谢大家！

"一带一路"非洲研究联盟成立大会暨首届学术研讨会

时 间：2018 年 10 月 27 日 星期六（9：00—12：00）
地 点：广州逸林假日酒店 国际会议厅
主 题："一带一路"非洲研究联盟成立大会暨首届学术研讨会
主持人：广东外语外贸大学非洲研究院执行院长刘继森

主持人：欢迎大家的到来，我们将在这里举行"一带一路"非洲研究联盟成立大会暨首届学术研讨会。金秋十月，硕果累累。我们在这里齐聚一堂，将要见证在中非合作新征程中的一件盛事，这就是"一带一路"非洲研究联盟的成立。我们用约一年的时间将一个梦想变成了现实：有 34 家中外非洲研究机构发起成立非洲研究联盟。昨天，我们召开了预备会议和第一届理事会会议，组成了联盟的理事会，选举产生了首届理事长和副理事长。感谢大家对广东外语外贸大学非洲研究院的支持！

下面有请主办方广东外语外贸大学党委书记隋广军教授致辞，大家欢迎。

隋广军：尊敬的于洪君部长，傅朗院长，加库总领事，各位来宾，女士们、先生们，大家上午好！

今天在美丽的白云山脚下召开"一带一路"非洲研究联盟成立大会暨首届学术研讨会,我代表广东外语外贸大学全体师生、员工对各位来宾莅临广外表示最热烈的欢迎和衷心的感谢。9 月 3—4 日,中非合作论坛北京峰会召开,会议以"合作共赢,携手构建更加紧密的中非命运共同体"为主题,中国国家主席发表了题为《携手共命运 同心促发展》的讲话,强调中非要携手共同打造责任共担、合作共赢、幸福共享、文化共兴、安全共筑、和谐共生的中非命运共同体,实施好产业促进、设施联通、贸易便利、绿色发展、能力建设、健康卫生、人文交流、和平安全"八大行动"。会议通过了《关于构建更加紧密的中非命运共同体的北京宣言》和《中非合作论坛—北京行动计划(2019—2021 年)》。中非合作论坛,开启了全面合作、携手共赢的新时代。借此东风,广东外语外贸大学和非洲广东总商会发起联合国内外 34 个单位,成立"一带一路"非洲研究联盟,并举办首届学术研讨会,这是非学术界和企业界呼应《关于构建更加紧密的中非命运共同体的北京宣言》落实行动计划的良好开端。广东外语外贸大学是一所国际化特色鲜明的高等学府,是 1965 年由周恩来总理、邓小平副总理亲批成立的,培养国际化人才,教授国际文化、国际政治、外交关系并致力于经贸研究的学校。当时成立的时候,大学隶属于教育部,1995 年外语(全称"广州外国语学院")和外贸(全称"广州对外贸易学院")合并,隶属于广东省委、省政府。我们学校高度重视对非的学术交流和合作,今年,在我们学校学习的非洲留学生来自非洲 37 个国家和地区,共 389 名,其中有 24 名硕士研究生,还有 2 名博士研究生。接受学历教育的留学生已经超过短期的学习中文、中国文化的留学生。我们与非洲几所大学签订了协议,每年我们国家企业和学校资助非洲的留学生在广外留学,我们也向非洲派出了我们的留学生。

目前广外在非洲有两所孔子学院,我们也高度重视非洲的发展,以及与非洲的产业合作,在学术问题上倡导共商、共建、共享的原则。大家知道,我们在 2009 年成立的广东国际战略研究院,已经是外交部重点支持的国家政策研究智库。广东外语外贸大学非洲研究院,包括傅朗主任,进行了我国与非洲的产业学术交流、文化交流的系列研究,产出了一批调研和学术研究成果,我们的研究成果得到了国家领导人的签批。

接下来,我想,广东外语外贸大学非洲研究院自 2016 年 11 月 22 日成立以来，在各界的支持下，已经取得了一定的成果，搭建了一个很好的平台。这次，国内外34家单位，组成了"一带一路"非洲研究联盟，我想，恰逢其时，今后广东外语外贸大学也愿意和34家联盟成员单位一起，在外交部、在省委、在广东省外办的领导下，共同努力，把非洲问题的研究推上更高的水平。

广东外语外贸大学非常欢迎大家，欢迎大家在这次会议后多到广外交流，最后祝本次论坛圆满成功，谢谢大家！

主持人：感谢隋书记热情洋溢的致辞！

下面有请广东省委外事工作委员会办公室（广东省人民政府外事办公室）主任陈秋彦先生致辞，大家欢迎。

陈秋彦：尊敬的老领导，于洪君部长，隋广军书记，傅朗院长，各位专家学者，朋友们，上午好！

我很高兴与大家相聚在广东外语外贸大学，我代表广东省委外办、广东省政府外办对"一带一路"非洲研究联盟的成立表示热烈的祝贺。

刚才广军书记讲了，今年的中非合作论坛北京峰会上，习近平主席发表了主旨演讲，针对未来三年中非合作提出了"八大行动"，为打造新时代更加紧密的中非命运共同体指明了方向，广东省政府外办也在牵头落实"八大行动"，我们也对应制定了有关的实施意见。省政府的有关部门、企业，积极响应，在履行有关的报批手续，对于广东省推进中非合作，会有比较有力的措施出台。广东与非洲的合作基础是非常好的，首先，广东是中国的第一人口大省，有1.1亿常住人口。其次，广东也是中国的第一经济大省，广东的经济总量去年达到1.33万亿美元，比上海、北京、香港加起来还要多一点，已经是连续29年保持第一位，占中国经济总量的近十分之一。另外，广东也是外向度非常高的省份，现在国有经济、民营经济、外资经济都非常活跃，成为世界上著名的制造业中心，这几年广东的进出口总额超过1万亿美元，占中国的四分之一左右。当然，这对非洲来讲，前景很好，我算了一下，今年上半年，对非洲的贸易额才176亿美元，空间还是非常大的。而且广东对非合作确实是条件非常好。在地理上，广东是中国海路距非洲最近的省份之一。

另外，截至2017年5月有10个非洲国家在广州设了总领事馆，特别是广东这几年在非洲的投资非常活跃，实际上广东省发展到今天，"走出去"的资金已经超过了外来到广东投资的资金。因为我们统计上的问题，到底现在广东的企业在非洲有多少投资，其数目不是非常准确，但是我了解到投资是非常活跃的，特别是在埃塞俄比亚、乌干达等国家。如东莞的华坚、佛山的科达已经在 4 个国家建立基地了，广东的东送，还有新南方集团在尼日利亚、肯尼亚都建立了工业园区，还有相当多的广东的中小企业，已经在非洲投资发展，双方来往非常密切。而且广东也成立了非洲投资贸易联盟，所以，这些基础非常好。

现在存在的主要问题有哪些呢？确实是研究力量比较分散，研究力量也不足，稍微好一点的就是广东外语外贸大学，但研究成果也不是很多。尤其是有针对性的，政府、企业认为有用的研究成果不多，信息也不对称。所以我认为"一带一路"非洲研究联盟的成立确实是有利于整合人才、信息等资源，有利于大家共享资源，更好地为企业、为政府服务。省政府外办一定会全力支持"一带一路"非洲研究联盟的工作，也希望联盟能够越办越好，谢谢大家！

主持人：感谢陈主任的致辞！也感谢陈主任对"一带一路"非洲研究联盟的支持！

下面有请承办方之一，广东外语外贸大学非洲研究院院长傅朗先生致辞，大家欢迎。

傅朗：尊敬的于洪君部长，陈秋彦主任，隋广军书记，加库女士，胡塞因校长，先生们、朋友们，大家上午好！

金秋十月，大家相聚于花城广州。首先，我谨代表广东外语外贸大学非洲研究院对本次会议的召开表示热烈祝贺！向与会的各位专家和学者表示热烈欢迎！向出席本次会议的各位领导和来宾表示诚挚感谢！

广东外语外贸大学非洲研究院于 2016 年 11 月 22 日由前国务委员戴秉国先生揭牌成立，下设对非投资贸易研究中心、中国文化品牌全球营销研究中心、"一带一路"商科人才协同培养中心和"一带一路"中医药人才协同培养中心。非洲研究院就非洲经济、政治、文化、外交问题进行研究，并向政府部门和商业企业提供政策以及投资咨询服务，与广东省贸促会、中信保、各行业协会保持密切合作，近年我院参与主办了多届广州非洲论坛，并出版了相关的研究报告。

中非友好源远流长。新时期，双方续写合作共赢的新篇章。今年 9 月，中非合作论坛北京峰会胜利召开。这一具有重大历史意义的盛会向世界展示了新时期南南合作的典范，开启了中非关系发展的新阶段。中非合作论坛北京峰会发表了《关于构建更加紧密的中非命运共同体的北京宣言》，通过了《中非合作论坛—北京行动计划（2019—2021 年）》，为中非之间开展互利共赢、"真实亲诚"的合作注入了强大动力。

中国是世界上最大的发展中国家，非洲是发展中国家最集中的大陆，中非关系休戚与共。当今世界面临着诸多重大问题和挑战，经历着前所未有的重大变革。面对国际形势的复杂多变和不确定性加剧，中国和非洲国家理应巩固深化中非合作基础，努力打造中非命运共同体，携手应对各类挑战，在一系列重大国际和地区问题上深入交换看法，达成重要共识，发出彼此声音，以高度的责任感和使命感不断为推动世界和平与发展贡献自己的力量。

当前，中国和非洲国家开展互利合作也同样面临难得的历史机遇。双方应将"一带一路"倡议同落实非洲联盟《2063 年议程》、联合国《2030年可持续发展议程》以及非洲各国发展战略等紧密对接，要不断挖掘新的合作增长点，不断释放发展潜力，不断开拓合作空间，以中非人民的民生和福祉作为发展中非关系的出发点和落脚点。中非之间友好合作能够为中非人民带来切实的成果和实惠，具有重要的现实意义。

此次会议的一个重要议程是发起成立"一带一路"非洲研究联盟，开展跨学科的国际交流与合作，为各方共享资源、探索知识、传播技术、增进理解提供便利、高效的平台。来自全球范围内 34 个专门从事非洲研究的科研机构和相关单位齐聚于此，共同为中非关系发展建言献策，为开展非洲研究贡献集体的智慧和力量。

最后祝本届论坛取得圆满成功！谢谢大家！

主持人：感谢傅朗院长的致辞！

下面有请承办方之一，非洲广东总商会副会长陈跃进先生致辞，大家欢迎！

陈跃进：尊敬的隋广军书记，傅朗院长，加库女士，各位女士、先生们，各位来宾，大家上午好！

我是非洲广东总商会副会长陈跃进，非常高兴能代表非洲广东总商会创会会长参加此次会议。今天，来自全球从事非洲研究的机构、学者及众多有志之士聚集一堂，联合发起"一带一路"非洲研究联盟，这是一场学术界的盛事，我代表非洲广东总商会表示热烈的祝贺。

非洲国家是"一带一路"建设的重点区域，中非合作往来频繁，今年中非合作论坛北京峰会上习主席提出要以打造新时代更加紧密的中非命运共同体为指引，在推动中非十大合作计划基础上，同非洲国家密切配合，未来三年和今后一段时间内重点实施"八大行动"，推动产业设施、贸易、文化、人才多方面发展。非洲广州总商会是广东省外事办、广东省贸促会推动发起成立的，并在今年8月6日在肯尼亚举行揭牌仪式。在新一轮中非合作论坛背景下，非洲广东总商会承载着政府的使命，将是中非合作推进的践行者，为推进中非合作贡献力量。在未来，非洲广东总商会将会积极参与到"八大行动"的实施中，实现汇百家机构，创百亿投资，带动10万人就业。

在中非全面战略合作伙伴关系迈入新时代的背景下，作为中非"八大行动"之一、人文交流行动的重要组成部分，加强与促进中非思想交流与智库合作，恰逢其时，意义深远，使命光荣。非洲广东总商会创会会长朱先生在肯尼亚揭牌仪式上提到，非洲广东总商会将邀请国内学术机构、智库共同成立非洲发展战略研究院，为在非洲的广东企业发展建言献策，参与非洲发展的研究与探索。目前非洲广东总商会已和北京大学、中国人民大学、广外非洲研究院等知名机构合作，为企业"走出去"和当地政府的经济发展提供了许多有益的帮助。

今天，"一带一路"非洲研究联盟成立了，我们希望通过这个平台和国内外更多优秀的学术机构合作，为了今年北京峰会成果的落实，提出更多具体的有可操作性、可持续性、指导性和潜在性的建议和意见，引领中非全面战略合作伙伴关系不断向前发展，为促进中非企业交流、推进双边务实合作做出新的贡献。

未来非洲广东总商会会秉承合作共赢的理念，与中非政商学界联手，推动更多企业了解非洲，走进非洲，投资非洲，也期望更多的非洲国家了解广东，了解粤港澳大湾区，联合发展，共创辉煌。

最后祝本次会议圆满成功，谢谢大家！

主持人：感谢陈会长的致辞！

下面有请联盟发起单位代表、察哈尔学会首席专家于洪君部长致辞，大家欢迎！

于洪君：尊敬的隋广军书记，陈秋彦主任，傅朗院长，主持人，各位总领事，各位嘉宾，大家上午好！

我非常高兴有机会来到美丽的白云山下，来到广东外语外贸大学，和大家一起参加今天这个活动，参加"一带一路"非洲研究联盟成立大会暨首届学术研讨会。刚才主持人也介绍了，我以联盟创办单位首席研究员的名义，同时也代表会长、全国政协外委会副主任韩方明先生，对这个联盟成立、对这个论坛的召开表示衷心的祝贺！

刚才隋广军书记介绍了广东外语外贸大学的成长历程，也介绍了我们在非洲研究领域中积累的成果和取得的良好社会反响，两位主任，傅朗先生，也讲了广东同非洲特殊的经贸、人文友好合作关系，也讲了为拓展中非关系描绘的美好前景。

大家知道，非洲是世界上发展中国家最集中的一个大陆，也是外交资源最雄厚的地区，我们是世界上最大的发展中国家，发展中国家是我们外交的战略资源和依托。这并不是一般的外交辞令，而是中非关系在当今世界国际关系中侧面的客观表述。从政治上讲，除了极个别的还没有跟中国建交的国家外，中国和非洲，应该说没有价值观冲突、利益相左的问题。

非洲人民对中国的热情和认同，非洲社会各界渴望了解中国发展经验的热诚，是你在世界上任何地方都感受不到的。所以我想，中非合作的政治前提和基础，是非常好的。习主席高度重视中非关系，他任国家主席这几年已经四次踏上了非洲的土地，访问了十多个非洲国家。大家都记得，2013 年 3 月，他以国家元首的身份第一次出访的国家就是俄罗斯，然后出访非洲，去了坦桑尼亚，去了南非。在南非，他提出了一系列巩固、发展、扩大、深化中非合作的新主张，受到了整个非洲大陆的热烈欢迎，也引起了强烈的国际反响。在两次中非合作高峰论坛上，习主席都有新的建议、新的主张，承诺为非洲提供 1200 亿美元的援助，可以说感动了非洲，震动了世界，也提振了彼此发展中非关系的信心，指明了发展中非关系的方向。

刚才几位领导都谈到了中非务实合作的案例、具体的数字。我记得前不久，问一个中企的领导在非洲做了什么事情，他说就仅仅中国成套工程有限公司在非洲就有 1000 多个项目，让我这搞非洲项目的人都觉得非常震惊。我们的国企,大型民企,规模不大但敢吃螃蟹的个体商人,在非洲做了很多事情。所以我们跟非洲合作商机无限。2014 年中非贸易额最高的时候,达到了 2200 多亿美元,今年上半年的统计已经将近 1000 亿美元,如果不出意外的话,今年有可能达到 2000 亿美元,因为最近有点滑坡,现在又回升了。所以经贸关系前景好,我们要搞好工业园区,我们要搞好合作项目,特别是在基础设施上,我们做得有声有色,让西方人羡慕。

2002—2003 年我陪领导去比利时访问,他们非要带我们参观非洲博物馆,在比利时参观非洲博物馆能看到什么呢?实际上他们想让我们看看欧洲跟非洲有着悠久的联系,希望我们搞投资时结合这个理念,当时我们出于礼貌也看了一下。

现在,西方国家,特别是美国,在中非关系方面搬弄是非,制造矛盾、挑拨离间,已经到了无所不用其极的地步。10 月 22 日,美国负责非洲事务助理国务卿纳吉宣布美国要加大对非洲的投入,试图破坏中非合作关系,说我们在那里的投资建设没有给非洲带来多少机会,没有给非洲提供多少就业,而美国的对非投资将给非洲带来更多的实惠。我们对美国人的说法嗤之以鼻,这种搬弄是非的做法太小儿科,低估了非洲国家的智商,我们与非洲合作还会继续。从人文的因素来看,我们跟非洲的合作也是很好的。

刚才隋书记讲,我们在非洲办了孔子学院,我之前过去的时候,他们讲广东外语外贸大学办了孔子学院,当时因为时间紧张,没有看,但是我有印象。在非洲接受孔子学院培训的人数目惊人,还有更多非洲人希望到中国学习、进修、谋生、发展。我在国防大学国际防务学院每年两季都要去给来自外国的军官们讲课,其中来的最多的就是非洲军官,这是人文交流也是安全领域的合作。我记得有一次一个班 30 多人全是来自埃塞俄比亚的,后来他们告诉我,埃塞俄比亚政府有一个计划,所有的军官都要到中国轮训一遍,这是双方政治关系发展良好的见证,也是人文交流不断扩大的见证,更是安全合作不断拓展的见证。可以说世界上没有哪个大国在这个领域中像中国做得这么出色。

我们现在是在非洲承担维和任务最多的国家,我们为非洲的安全稳定也做出了自己的独特贡献,并且还要继续做更大贡献,帮助非盟更好地履行维和任务,所以我们跟非洲的合作前景很好。如何推进非洲研究?我想，可以做这么几个方面的工作：第一，要认真研究总结中非合作的历史和经验；第二，要注意研究解决中非合作遗留和产生的一些问题，成就是有的，但问题也会有，过去、现在、将来都会有；第三，要注意排除外部势力干扰和破坏造成的各种阻力；第四，不断挖掘掌握时代发展变化给中非合作带来的新机遇；第五，要和非洲国家联手打造中非命运共同体，为建立新型国际关系和国际秩序提供新的经验和范式。我相信"一带一路"非洲研究联盟30多个发起单位共同努力，将来吸收更多的伙伴参与进来，这个研究工作一定会做得越来越好，广外非洲研究院在"一带一路"非洲研究联盟中的领头作用、表率作用也会得到充分的展示。我祝愿联盟越办越好，我祝愿广外越办越好，也祝愿这个研讨会圆满成功，谢谢大家！

主持人：感谢于部长的精彩致辞！

下面有请非洲国家驻广州总领事馆领团团长马里总领事加库女士致辞，大家欢迎！

加库：尊敬的广东外语外贸大学党委隋广军书记，尊敬的广东省人民政府外事办陈秋彦主任，尊敬的总领事，尊敬的广东外语外贸大学非洲研究院院长傅朗先生，尊敬的非洲广东总商会副会长陈跃进先生，尊敬的各机构代表，尊敬的各位合作伙伴及来宾，早上好！

今天作为一个非洲人，作为非洲国家驻广州总领事馆领团团长，我谨代表出席本次会议的总领事致辞，祝贺本届研讨会的成功举办，对此我感到非常荣幸。

同时，我对"一带一路"非洲研究联盟成立大会暨首届学术研讨会的召开感到非常高兴，这是广州第一个非洲研究联盟，将见证中非关系的理想模式转化为行动，也会尽力满足我们愈加活跃且非常严格的人民需求。

非洲来自遥远的地方，由于它在物质、人文、文化等方面的巨大财富，以及各国元首的努力，非洲开始在国际舞台上找到自己真正的位置，只有团结一致的非洲才能崛起。对于专家们来说，非洲大陆同样也是拥有着丰富多样的文化和巨大的社会价值的人类摇篮之一，这使得它美名远扬而且吸引力非凡，这也是大家要去了解它的原因。为了更好了解它，有必要把各位学者聚集在一起开会讨论，这是今天研讨会意义所在。

把中非文化研究者聚集在"一带一路"非洲研究联盟的多学科平台上，让大家更好地交流，从而更好地认识非洲，这是一个令人激动不已的抱负和挑战。为了成功实现这个抱负，需要地方或者国家层面的政府、政治团体、文化机构、个人以及集体层面相关主体的共同参与。

广东省已然明白这一点，并以本次活动的成功举办为己任，对此，我谨代表各非洲国家驻广州总领事馆向广东省致以衷心的祝贺，并向所有曾为本联盟成立做出贡献的人士表示祝贺，尤其是傅朗先生，他为本次研讨会的成功举办不遗余力，他一直把非洲置于广州的大舞台上。对其所做的工作及对非洲大陆所表现出的高度尊重，我谨向傅朗先生及非洲广东总商会致以诚挚的感谢。我们希望尊敬的习近平主席所倡导的"一带一路"倡议尽可能地惠泽整个非洲大陆。

我相信本联盟能够把有志于服务中国及非洲大陆发展事业的人士聚集起来，正如各国家元首在中非合作论坛上所祝愿的，为了中非人民的利益而高举中非合作的火炬。

中非合作万岁，谢谢！

主持人：感谢加库女士的发言。

下面举行"一带一路"非洲研究联盟副理事长聘书颁发仪式。

有请新当选的联盟理事长、广东外语外贸大学非洲研究院院长傅朗先生为新当选的联盟副理事长颁发聘书。请大家按顺序依次上台：

1. 肯尼亚瑞拉大学中国研究中心 Abel Kinoti；

2. 塞内加尔加斯顿·柏格大学 Adam Diaw；

3. 塞内加尔达喀尔大学 Ahmadou Aly Mbaye；

4. 南非华人科学家工程师联合会副会长祁安全，请安金镝先生代领；

5. 江苏大学"一带一路"产学融合研究院院长高静，请崔副院长代领；

6. 北京大学非洲研究中心执行主任兼秘书长刘海方，由程莹副秘书长代领；

7. 广东进出口商会执行副会长黄俊民；

8. 广东财经大学国际商学院院长黄庆安；

9. 非洲广东总商会副会长、广东外语外贸大学非洲研究院院长助理霍江涛；

10. 艾因夏姆斯大学 Hussein；

11. 清华大学经济外交研究中心非洲问题专家纪为民；

12. 广东外语外贸大学非洲研究院执行院长刘继森；

13. 华东师范大学非洲研究所所长沐涛，由李晔梦副主任代领；

14. 中国投资发展促进会刘长安；

15. 克里斯蒂·米凯尔森研究所（CMI）Ottar Maestad，由李树波教授代领；

16. 中地海外战略研究中心、中地海外副总裁孙国强；

17. 四达时代集团公共事务部总监孙木林；

18. 察哈尔学会执行秘书长孙晓军；

19. 非洲制造倡议联合创始人于泳捷；

20. 电子科技大学西非研究中心主任赵蜀蓉；

21. 武汉大学非洲研究中心主任王战，由周雅娜博士代领；

22. 中山大学社会学与人类学学院非洲研究中心主任朱铁权；

23. 暨南大学国际关系学院教授庄礼伟。

下面举行"一带一路"非洲研究联盟成立仪式，有请 Hussein 校长、加库总领事、隋广军书记、于洪君部长、纪为民总裁与联盟理事会成员一起为联盟揭牌。

女士们、先生们、朋友们，"一带一路"非洲研究联盟正式成立，我们会努力将该联盟打造成在国内外有影响力的中非智库合作平台，为推动中非合作"八大行动"做出我们智库学者应有的贡献。

感谢各位来宾的到来，开幕式的环节就到此结束，谢谢大家！

（茶歇）

（后面环节的主持人由霍江涛担任）

主持人： 大家好，请就座，工作人员请把嘉宾带到他们的座位上，马上开始下一个环节。

各位来宾，先生们、女生们，大家上午好！欢迎回来，首先把自己的手机调到静音。我是非洲广东总商会副会长、广东外语外贸大学非洲研究院院长助理霍江涛，很高兴今天在这里主持这个环节。

这个环节由 5 位来自业界非常知名的专家给大家讲解，接下来的环节很精彩、轻松。因为时间的原因，我想简单介绍一下接下来环节的小小规矩。为了不耽误大家中午吃饭的时间，我们给每位演讲者 12 分钟的时间，在最后的 2 分钟的时间会举牌，剩下 1 分钟会再举牌一次，时间到的时候会有铃声。因为在场的很多嘉宾想与演讲嘉宾互动交流，我会减少主持的环节，会把更多的时间留给在场的来宾们。最后来宾可以提出你们的问题，今天的 5 位演讲嘉宾会为大家解答。

首先想隆重介绍与会嘉宾：

世界银行高级经济学家曾智华老师；

北京大学非洲研究中心副秘书长许亮；

埃及艾因夏姆斯大学前校长 Hussein 先生；

察哈尔学会执行秘书长孙晓军先生；

清华大学经济外交研究中心非洲问题专家纪为民先生。

大家在曾老师上台后就开始计时。我希望这边有另外一位工作人员在旁边，配合演讲者播放 PPT，有请曾老师准备。有请！

曾智华：谢谢主持人，各位领导，各位来宾，女士们、先生们，早上好！

我要感谢主办方广外非洲研究院。我非常荣幸来到这里，感谢非洲广东总商会。我要祝贺"一带一路"非洲研究联盟的成立，这确实是一件大事。不管是在学术界还是智库界、商界，都是一件喜事。因为很多外宾在此，我使用英文。我要介绍四个主要方面，首先要跟大家简单介绍一下"一带一路"的定义，其次是倡议的巨大潜力，再次是中国对非直接投资，最后就是中国这些投资带来的影响。

我们都知道，"一带一路"倡议致力于促进区域合作以及联系，希望能够进行跨界合作，主要促进贸易、投资、基础设施建设，促进中国和 60 多个参与"一带一路"建设的国家合作。它们的 GDP 占全世界贸易额三分之一，拥有 60% ~ 70% 的人口、能源储量，所以这是非常大的合作体量。这样的倡议是一个开放、包容的倡议。

广州是海上丝绸之路的起点，每年都有海上丝绸之路论坛举行。"一带一路"倡议下的经济体，在全球范围内都是至关重要而且快速发展的，在全球出口方面，1995—2015 年，出口增长非常快，尤其是出口到南亚和东南亚地区，主要就是由这些地区贡献了全球贸易额的 30%，这是非常主要的经济区域。

另外，我们也做了一些研究，世界银行研究了"一带一路"倡议和相关的情况。初步的研究结果是，"一带一路"建设扩大了共建"一带一路"

国家的交通网络，这也对 GDP 增长起到了积极作用。

这个倡议帮助撒哈拉以南非洲国家 GDP 增长了大概 0.2%，这对非洲来说也是非常重要的。东南亚增长情况也非常好。所以，这可以体现"一带一路"倡议的影响。

中国对非洲的投资也是快速增长的。中国是非洲第三大投资者。根据中国官方的统计，中国 2016 年对非投资大概是 25 亿美元，这跟上年比起来是巨大的增长。因为中国的经济整体来说比起之前有所放缓，但是这种情况下中国对非投资还是不断地增长，所以我们可以看到这样的情况也是非常令人欢欣鼓舞的。在 2017 年，中国对非直接投资流量达 31 亿美元，是 2003 年的近 40 倍，中国投资几乎遍布非洲每一个国家。截至 2018 年年底，中国在非设立的各类企业超过 3700 家，对非全行业直接投资存量超过 460 亿美元。

但是，我们还是有巨大的空间进一步促进中国对非洲的投资。现在中国对于非洲的投资额和贸易额占中国总投资、贸易额的比重还是非常小的。这个占比是非常小的体量，所以我们还有空间加快提升我们对非洲的投资，除了传统的投资之外，我们还要做其他的努力。在非洲所吸收的投资当中，只有 5% 是中国的投资，主要的传统投资者还是来自欧洲的国家。非洲所吸纳的外商直接投资，2008 年有一个巨大的增长，因为当时中国提出了刺激经济政策，后来情况就比较平缓，但是也有非常显著的增长。

中国与美国、法国、英国相比，在非洲的投资是怎么样的呢？从贸易来看，中国是非洲最大的贸易伙伴。近年来，美国的投资额是大量减少的。如果看 FDI 的话，中国也不断地追逐其他的国家，希望能够不断地提升在非洲的投资。这只是直接投资额，不是全部的投资总额。所以，投资总额会比这个值更高。增长率也是非常高的，2010—2014 年中国 FDI 的增长率是 28.62%，比美国、法国的增长率都要高。在外国援助方面，中国对非援助也非常多，稍微落后于阿联酋和美国，但是这个体量比英国和德国都要大。

基建也是重要的中国对非投资领域，在 2015 年中国投资了 120 亿美元建立非洲的基础设施，比其他的国家要多得多，法国大概是 30 亿美元，日本是 20 亿美元左右。中国的基建融资为非洲贡献的力量大大超过其他的国家。

中国对非投资在不同国家的占比是不一样的。如果看产业的话，不同的产业吸收的中国投资也是不一样的，有制造业、高新技术行业，所以占比是不一样的。如果看制造业的中国投资，已经占中国对非投资的13%，这是非常大的比重，因为非洲的制造业还是有些落后的。所以中国对非洲制造业进行了大量的投资，也包括对基建的投资，如投资铁路的建设，以及地铁的建设。中国在亚的斯亚贝巴也投资了4亿多美元支持地铁系统建设。

根据麦肯锡的数据，中国投资者也雇用了当地的居民成为他们的员工，中国在非洲创造了非常多的就业机会。从就业的情况来说，每个行业都从当地雇用了80%的劳动力，在制造业超过了90%。私人企业雇用了更多的当地居民，将中国的管理经验和技术带入了非洲，能够给当地居民和当地的经济赋能。谢谢大家！

许亮：大家好，我是许亮，任教于北京大学，非常高兴能够来到这里并进行主旨演讲，我也看到在场有许多尊贵的嘉宾和学者，所以首先我想感谢各位的参与，也要特别感谢广外非洲研究院。我今天跟大家分享的是中非合作的重要性和复杂性，我想分享这对中国和非洲人民意味着什么。

20世纪70年代的时候，哈佛大学教授出版了《日本名列第一》，体现了日本的崛起对于欧美秩序的挑战。现在在非洲，是同样的内容：中国名列第一。现在我们已经无法跟进非洲合作所有方面，因为现在的关系发展得非常快。

在所有的数据和讨论当中，有两处对这个关系的解读。中非关系的观察者的不同立场、偏好甚至偏见，使大家要么认为中国是一个帝国，想拓展它在全球的影响力，要么认为中国提倡新型的发展模式，帮助发展中国家在世界的发展。我想贡献第三种观点，即把中国看成资本，尤其是像马克思提出不同的资本一样，我们来看一下中国实际上提供了三类不同的资本。

最上层是国家资本，体现为国家之间的交流与联系，主要是大型国有企业从中国到非洲。在中间有中小企业，如制造业企业，它们都是非洲发展的促进者。在场的各位可能都熟悉去年麦肯锡的报告，也可能非常熟悉林毅夫先生提出的未来20年中国将会向世界贡献850万个制造业岗位，意味着中国不断在制造业价值链上提升自己的地位。但是作为历史学家和学者，我更关注抽象的层面，也就是说，这对我们的社会和文化意味着什么？这样的全球工业资本的未来是什么样的？

我给大家分享一个案例，就是南非。为了应对全球的敌意，当时的政府决定吸收中国台湾和香港的工业投资，非常成功，把当地城市转变成了非常重要的低成本劳动力密集型的产业制造城市。香港华裔成衣制造公司的负责人在1983年来到这个城市，后来这个城市不断成为许多华裔成衣制造公司的聚集地，这些公司雇用了非常多的贫穷的当地妇女。现在还有很多台湾和香港的公司负责人，在非洲尤其是在约翰内斯堡市进行成衣制造，他们主要做的是切割、制造和裁剪，也就是CMT公司。这实际上体现的是家族企业的激进形式。这些CMT公司在新堡市主要以这样的一种关系运营，负责人以男朋友、女朋友的关系经营公司，但是他们各自在中国都有家庭和配偶，我们称为"生产夫妻关系"。根据我做的调查，61%的成衣制造公司都是基于这样的关系建立起来的。

这跟两件事情相关，一般来说，在成衣制造工厂中需要这样两个角色，一个是女性角色，监管生产线并且给出缝制的建议。另一个是男性的角色，要进行机械的维护和提供相关服务。当然，他们也可以分开来做自己的工作，他们也会建立合作伙伴关系促进业务的发展，所以从2000年开始，CMT公司在城市不断地发展起来。

在80年代的时候，南非政府吸引了许多台湾和香港地区的实业家，给他们提供了许多财政支持，使得他们能够更好地在当地落户。许多内地的企业家，一开始的时候，都成为香港、澳门公司的雇员。在那样的过程当中我们可以看到非常多的以"夫妻"的形式促进业务发展的公司。

在这个过程当中，我们不能忽略南非的妇女。一般来说，从19世纪晚期开始，传统上，非洲妇女主要是母亲的角色，她们的丈夫和儿子需要去很远的矿地工作赚钱。这样的非洲男性角色对我们来说也是非常典型的形象。这也反映了在非洲实业的发展过程中，实际上女性也可以扮演非常重要的角色。

对于这样的女性角色，他们把她们称为妈妈乎地里（音），意味着她们是在工厂工作的劳动妇女。实际上加在一起就是为中国企业工作的工厂母亲，她们很多都是单身未婚的母亲甚至奶奶。我做了许多采访，在45个采访对象中有6位是已婚妇女。我们知道，在70年代的时候中国就开始促进南非工业发展，通过提供就业岗位的形式，促进其发展。但是在这个过程中，女性的角色不断崛起，因为那个时候，我们也可以看到许多男性已经不再成为主要的劳动力了。70年代、80年代的时候，在非洲历史上，黑人女性正式进入了工厂，为大量的华裔经营的企业工作。

在21世纪，会出现一些新型的资本关系，在非洲，中国也可以提供不同的资金支持。在不同的历史阶段，中国都不断支持非洲的发展。所以，我们可以看到，在约翰内斯堡市的中国家庭企业，实际上也是一种非常灵活的资本企业，它们可以雇用这些黑人女性，她们也可以受到雇用，在现代化的工厂中工作。这实际上也给家庭带来了更多的收入。

这些企业的发展也非常依赖于这些家庭以及这些女性。当我们在谈中非工业化合作的时候，我们需要强调机器、工厂、经济的因素，我们需要关注女性、家庭以及她们坚毅的精神。这样才能帮助我们更好地做出新时代的改变，中非之间不仅仅是以资本的形式进行合作，而应更加全面、更加活跃，谢谢大家！

Hussein：尊贵的来宾，女士们、先生们，早上好！我是埃及艾因夏姆斯大学的前校长，我校同时也是"一带一路"非洲研究联盟的副理事单位成员。我很荣幸代表大学参加本次"一带一路"非洲研究联盟成立大会暨首届学术研讨会。本次会议对于中非关系的发展而言是极其重要的，因为会议建立了从事非洲研究的国际性组织，并且讨论的是时下最热的问题，即非洲工业化及中非关系，为中非合作提供了战略性框架，并且也是"一带一路"非洲研究联盟工作的重要一步。

埃及一直是中国的重要合作伙伴，体现在许多方面。中埃关系是战略性的可持续关系，我们希望可以参与到很多的活动中，包括中国对非洲的经济、政治、文化、外交所作的基本研究，以及与中方的政府部门合作，也希望为到非洲投资的企业提供咨询，并且参与到研究非洲投资以及非洲事务的会议和论坛中，培养经济和外交人才，并且根据非洲的需要培养他们需要的各个领域的人才。

埃及在历史上一直是非洲的中心，所以增强中国和埃及之间的经济、社会、教育、政治的关联，对于中非关系来说意义重大。中非之间的贸易额以每年16%的速度在增加，据中国海关统计，2018年，中国与非洲国家进出口总额约为2039.81亿美元，较2017年的1697.5亿美元增长了

342.31 亿美元。其中，中国对非洲出口约 1047 亿美元，较之 2017 年增长了 102 亿美元；自非洲进口约 992.81 亿美元，较之 2017 年增长了 240.31 亿美元。这三年以来，中国对非洲的投资保持每年 30 亿美元的水平。中非之间有十大主要计划，这些计划是在 2015 年 12 月约翰内斯堡中非合作论坛上提出的。在论坛后，中国也根据提出的计划做出了实际的行动。现在这十项计划都在很好的进行中，而且结果非常喜人。

在这些计划完成后，非洲将有 3 万公里的新公路，每年运输量可以达到 850 万吨，同时，中国在非洲的计划将为非洲国家带来超过 90 万个工作机会。中国除了为非洲提供了很多的人才，每年还在非洲建立一些专业的培训机构，这些培训机构为非洲国家提供了超过 20 万名技术人才。除了在基础设施建设上为非洲提供帮助，中国也支持非洲国家的软件行业，在投资上贡献经验，并且提供了有力的政策，建立了自由贸易区，实际上已经有数以万计的中国人选择移民到非洲大陆上。他们希望在这片新的土地上开展生意，并且希望与当地人建立很好的友谊。

1949 年中华人民共和国成立，在成立后的 30 年内，中国就与很多非洲国家建立了外交关系。始于 1956 年与埃及建立外交关系，到 1980 年中国已经与大多数非洲国家建立了外交关系。而中国与非洲国家建立外交关系正好是非洲国家在为其国家的自由和独立奋斗的时候，中国为非洲提供了很多的帮助，帮助我们发展了经济、取得了自由。同时，非洲也为中国取得联合国安理会常任理事国地位付出了不少努力。在 1971 年 10 月 25 日的第二十六届联合国大会上，联合国通过恢复中国在联合国的合法权利的方案，而在 76 票同意票中有 26 票来自非洲国家。除了相互的政治支持、经济合作，在 70 年代末，中国开始改革开放以后，中非之间的合作就迈向了新的高度。20 世纪 80 年代，中非贸易额徘徊在 8 亿至 12 亿美元，到 2017 年的时候，这个数字已经增加到了 1700 亿美元左右。截至 2017 年底，中国对非各类投资存量超过了 1000 亿美元，这与 10 年前相比，增长了 100 多倍。有 310 个中国公司在非洲建立了各种项目，其中包括交通、电力、通信、制造业和农业科技等各个领域。在 2015 年中国宣布了对非的十大合作计划帮助非洲推进工业化和农业化现代进程。中国推出的"一带一路"倡议也为中非关系发展助力。

2013 年习近平主席提出建设"21 世纪海上丝绸之路"，其目的就是建立连接亚洲、非洲、欧洲贸易以及基础设施的网络。我们相信在中国和非洲的共同努力下,中非之间的合作一定可以达到更高的高度,谢谢大家!

孙晓军:大家好!首先我要感谢广外刘院长的邀请,顺便也说一下,我替我太太对广外的邀请表示感谢。我记得10年前,我经常到广外接我的太太下课,她是广外国际学院的学生,学习中文。前三位演讲者使用了英文,我想在座的95%还是中国人,所以我希望还是用中文来表达我个人对中非合作的观点。

我来自察哈尔学会,中国最大的外交和国际关系独立智库。我的同事、察哈尔学会首席研究员于洪君部长从政治的高度向大家阐述了中非合作的前景和目前的问题。这里,我想,我们回顾一下历史,从海外角度梳理一下"一带一路"建设目前的理论基础和可能存在的问题。

最近考古学显示,人类文明大约在7万年前走出非洲,人类文明在各大洲分别不断地涌现,文明之间的冲突不可避免。问题就是,文明之间的冲突是本着和平共存的态度来解决,还是以宗教争端以及殖民的方式来解决?中国提出了打造人类命运共同体,那么,我们回顾一下,"一带一路"在中国发展的历程。

从历史到现实,我们必须承认,西方人向东看,要远远早于中国人向西看。当午张骞出使西域的路线,与丝绸之路经济带基本吻合,但走在丝绸之路上的中国人并不多。历史考证告诉我们,粟特人、波斯人以及阿拉伯人是丝绸之路上真正的行走者,而郑和下西洋吸收借鉴了阿拉伯人的航海技术,但这并不能否认丝绸之路和今天"一带一路"所倡导的人类命运共同体的密切联系。

历史留给了我们两个遗产,一是不同的文明可以共存,二是当我们走在路上,你或许需要一个朋友的陪伴,这就是我们说的伙伴关系。五年前习总书记提出的"一带一路"倡议,是我们用最简单的语言进行的总结,我们看到海上丝绸之路与当年郑和下西洋的路线高度吻合。六条经济走廊构成了陆上丝绸之路经济带。

我想重点说明一下,"一带一路"并没有边界的限制,不是传统上的40多个、50多个或者60多个国家的版图,而是面向所有愿意和中国一起构建命运共同体的国家,当然包括非洲板块。我们不妨回到今天中非合作新征程的主题——非洲。如果抛去之前对中非合作以及"一带一路"愿景的阐述，我们回到经济学，寻找经济学在西方的理论与"一带一路"的契合点，我们翻开 200 多年前经济学的"圣经"《国富论》会发现，亚当·斯密说过，"水运开拓了比陆运所开拓的广大得多的市场"。这正是"一带一路"倡议大规模推行沿海港口基础建设的考虑因素。中国在海外的产业园、物流园，正是目前我们推行贸易畅通、设施联通的重点。

还有一点，什么是互联互通？我们说在非洲如果你要从 A 城市到 B 城市，如果在多少年之前有可能要通过殖民宗主国，比如到巴黎进行中转，而"一带一路"倡议的互联互通是直接的互联互通，而不是通过中转，也就是说，A 和 B 的直接连接。

根据亚洲发展银行提供的数据，亚欧大陆板块每年的基础建设资金缺口大约是 8 万亿美元，而"一带一路"倡议很好地为资金缺口提供了现实的解决方案。在这里，还有一点，我本身在国外留学很多年，工作也很多年，包括在非洲。有人问我为什么中国要建设"一带一路"，理论基础是什么，中国人有信仰吗。我说中国人有中国人的文化和理论基础。2500 多年前，孔子在《论语》中所说的话，翻译成简单的中文就是为你做事，实际上是为自己做事，大家好才是真正的好。

在现代的西方媒体中，中国遇到很多对"一带一路"方方面面的讽刺、攻击，高级研究员于洪君部长也提到过这个问题。实际上，我也遇到了同样的问题。在西方，传统的经济观念是，要想发展，首先需要实现民主制度。或者说，民主制度是发展的必然条件。今天，中国人第一次从台下走到了台上，用"一带一路"倡议告诉大家，发展才是硬道理。西方的民主理论，忽略了真正的发展需求。这个理论和西方经济学的冰山理论有些相似。中国五年的经济发展实践证明，基础建设是在新兴市场首先要推动的第一要点，要用基础建设拉动工业园区发展，实现基本工业化，最终拉动基本的发展。

最后，我还是用中国的知名学者费孝通的话结束这次演讲，"各美其美，美人之美，美美与共，天下大同"。我们建设"一带一路"，遵循共商、共建、共享的原则，希望和非洲的朋友走向繁荣富强，谢谢！

纪为民：大家上午好！看到下面坐着的老师和同学，我想先表达一下感激之情，这次有机会参加共同组建的论坛，希望能够与广外、广东省的老师、同学们共同讨论。今天我代表清华大学经济外交研究中心发言，题目是《发挥智库的作用,共同打造中非命运共同体》。广外很多同学是我的同事,我们在非洲工作了一段时间,接下来谈谈如何把非洲智库做好。

清华大学经济外交研究中心成立 13 年来,已经针对"一带一路"建设做出过研讨,在这里,有一些资料,由于时间问题不多说了。现将我中心完成的重大课题,在这里简单列举一下。应该说从中心的发展来看,围绕着"走出去"的战略和"一带一路"倡议,最重要的是对上就国家的决策提出建设性意见,对下和企业对接,对外为发展和技术传播做出具体的贡献。

我重点要说一下我中心在非洲的工作。大家知道非洲有 54 个国家,在过去的 13 年中,我们走遍了非洲的 54 个国家,亲身经历了非洲的发展,主要经历了两个阶段。第一阶段,应该是 2012 年以前,以传统的贸易和对非的工程建设为主。第二阶段,2012 年以后,在非洲国家寻找机会,帮助中国企业与非洲进行产能合作。

广东省在对非经贸当中,一直领跑,但是在对外承包方面,广东省相对滞后,因为我是负责这方面的商会副会长,了解情况。但是 2013 年后,对非的合作进入了新时代。新时代的标志是什么?经过了 20 年对非的快速发展,中非合作不仅面临着新的挑战,同时也有新的机遇。所以,针对这次智库联盟的组建,作为一个从事 25 年对非工作的老同志,我有以下建议。

第一,广外非洲研究院作为广东省的主要智库,也作为对非合作的牵头单位,下一步以广外为基础打造共商、共建、共享的平台是最重要的。我们经济外交研究中心,也组建了自己的平台。第二,和中国社会科学院、中国现代国际关系研究院等国家级智库合作,为国家制订下一步的战略和方针,提供一些真实的信息和有建设性的意见。第三,参与制订中国各个省区市参与"一带一路"建设的策略。第四,要实实在在地为国内的优秀资本和企业走向非洲解决以下几个问题,即去哪里、怎么去、如何安全地收回投资。

最后,把我们的研究重点方向跟大家分享一下,希望通过这个联盟平台找到更多关心非洲、关注非洲,致力于研究和服务非洲的好伙伴、好同志。

过去十几年,在中非合作中,中国投入了大量的人力、物力、资金,上个月中非合作论坛中突出了几个问题，首先就是各国由于快速发展的诉求形成了大量的借贷，发展不平衡。为什么亚洲不存在这样的问题？因为亚洲基本上基础设施的借贷和经贸合作是 50∶50，而对非洲贸易和投资只有 3%～5%，基础设施占 50%，所以下一步如何利用投资拉动债务的均衡化，这是中非合作中目前遇到的第一个难题，也是一个重点。在 2019 年，我们将投入大量的精力、时间、物力推动这方面的工作。

接下来就是中国海外企业的海外行为，大家一直在谈"中国海外利益"。我在 9 月份参加一个重要会议时谈到的观点是，首先要诠释什么是中国海外利益，中国海外利益首先是中国声誉，其次是身处海外公民的安全，再次是在所在国法律框架下的合法权利。所以，中国声誉是中国企业以及中国人能够长期在国外属地化地发展和经营，真正获得长远利益的根本保障。而农业和工业作为第一、第二产业，是非洲发展的基础，也是新的动力来源，而这正是中非合作的两个抓手。最后是重点国别和重点领域。

昨天晚上开会的时候，尼日利亚的刘总就说过未来如何发展，实际上从我们的经验来看，第一，尼日利亚的大选，到底是哪一位获胜决定了接下来两个利益集团的诉求，一定会影响尼日利亚的经济走向，影响尼日利亚与中国的关系。第二，重点国别就是埃塞俄比亚，埃塞俄比亚是中国"一带一路"倡议先行先试一国一策的国家，已经有超过 130 亿美元的负债，如果不解决，发展将会受到巨大的制约，可能会给中非国家带来巨大的挑战。第三，塞内加尔，2021 年将举办中非合作论坛，2022 年将举办第一次在非洲举行的青年奥运会，又是未来三年中非合作论坛共同主席国，在未来两年半时间为塞内加尔找到解决以上问题的方法并实现快速发展，成为中非合作新的挑战，是我们要做的工作。

第三方合作也是重点，现在有中英非合作机制，有中法非合作机制，有中德非合作机制。昨天李总理和安倍首相又谈到了合作，我相信很快会出现中日非合作机制。在这些合作机制下学习和借鉴不同国家不同时期对非的援助方式，为中国实现真正的国际化、推进"一带一路"倡议聚集更多响应力量，是非常重要的。最后，我想说，中国面临的全球挑战，既严峻同时也充满希望。全球一体化根本原因就是人类面临的共同挑战，无论是自身产生的小挑战还是地球本身的中挑战以及外星球的大挑战，实际上人类面临的挑战是共同的。"一带一路"倡议是不是最好的方式？不知道，但是目前看，没有比"一带一路"更有效的实现全球一体化的方法，而国家从最高领导层到国家安全委员会和"一带一路"建设工作领导小组办公室协同指导的"一带一路"倡议，应该说是实现未来发展的主要途径。

习主席在中非合作论坛北京峰会上讲了一句话，中国愿同非洲人民共筑更加紧密的命运共同体，为构建人类命运共同体树立典范。从这句话可以看到，中非合作的成功，预示着共建"一带一路"国家的美好前景。希望各位老师和同学，一起参与到这个历史使命中来，一起为中国的繁荣富强，为非洲人民的福祉和人类的未来共同努力和学习。谢谢大家！

主持人：让我们把掌声再次送给作精彩发言的五位嘉宾，感谢你们！

接下来的时间做互动交流，台下有很多人，今天除了学校的老师和同学，还有各行各业的企业家和来自非洲各国驻穗领事馆的官员们，我们可以做互动交流，请说明白你想问谁。

观众1：各位领导和学者们，大家好，我是广外非洲研究院的研究员，我想向曾智华老师问问题。

今天曾教授用非常翔实的数据展示了中非经贸合作的全景，随着中非经贸合作的发展，很多企业都在这个过程中看到了非常好的机会和发展的空间。我想问，这个过程中风险和挑战同时存在，对中国的企业和产业来说，最大的挑战是什么？

曾智华：这个问题问得特别好，我在丝博会期间就谈到"一带一路"建设的机遇与风险，机遇很大，风险也很大，两者并存。对于企业"走出去"，一方面要看到机遇，另外要对风险进行理性分析。我多年来做园区研究，多次探讨，也看到很多中国企业在海外的园区。我们要知道当地的政治、法律、经济体制等各个方面情况。比如尼日利亚是哪一派当选，他们的利益诉求不同，对同一件事，一方是支持的，另一方有另外的想法，这些风险也是有可能的。还有我们以前不太注重的社会问题、劳工问题，还有移民问题等。我们有完善的社会交流保障机制，我们也在亚投行接受培训，这方面要尤其重视。

还有，对他们的基础设施要加以关注，比如对水的关注。根据对基础设施方面的风险考量，我现在感觉，对中国企业来说，非洲的首选地方还是工业园区，因为相对来说，环境比较优越，政治也比较稳定，尤其是近几年改革的力度也比较大，肯尼亚现在也非常愿意做，很多广东企业愿意去投资。

还有在企业层面，我一直强调，不管是国企还是民企，现在中国"走出去"的步伐很快，但是有一个问题，就是缺乏国际性的人才。这不是说人好不好，这是另外一回事，真正对当地的商业运行环境有了解，真正在海外做过业务的中国人才，是非常紧缺的。成立国家国际发展合作署是非常好的一步，对战略方面肯定有很大的促进。还要加强与当地的沟通，中国出去抱团是对的，但是不要忘了周边还有其他的人，要与当地的商会交流，否则他们觉得中国人一起搞不动。你们做了非常好的事情，但是没有宣传，人家不了解。最后还是用孙子的说法：知彼知己，百战不殆。

观众 2：我想问一下清华的纪老师，因为现在中国是向海外投资，您也提到埃塞俄比亚的债务很重，好像是 130 亿美元。今年新当选的马来西亚总理到中国来，也希望重新谈判中国在马来西亚的基础设施投资项目，也是担心陷入债务问题。怎么应对债务陷阱？实施"一带一路"倡议过程中，非洲国家的债务问题如何解决？我想请纪老师回答，也想请曾老师回答债务陷阱的问题。

纪为民：我们不是权威机构，我们不能发表权威言论，我们是一线的实践者，也是思考者，非洲债务问题的出现有四个原因。第一，非洲发展的诉求超过自身的承受能力。第二，非洲对自己的总体规划缺少布局，所以出现了木桶效应，顾此失彼。第三，中国对非洲的投资缺少全面的信息支撑，造成了地区发展不均衡。第四，有一些中国企业为了实现自身的发展和夙愿，在某些时间段对某些项目的考量、评估缺少真正的认知。解铃还须系铃人，为帮助非洲完成经济发展布局和规划，非洲制造倡议团队给 11 个国家总统府做了发展计划，这是于泳捷老师做的。另外，针对已经产生的问题，要循序渐进，大拐弯解决。要想根本解决还是要让投资向下发展，软化和稳定已经形成的大量基础设施，真正的目的是要升值，让基础设施发挥作用。比如说埃塞俄比亚，起初铁路没有很大的影响，但是现在要在铁路沿线建设畜牧、产业园区，保证铁路实现盈利，还是要靠基础设施本身带来的效益，完成这些国家的债务优化，谢谢！

曾智华：我补充一点，关于债务问题，这是非常重要的问题。市场需求是非常重要的，我觉得项目首先是符合市场需求的，这是根本性的问题。我们投入要有回报，如果说风险评估显示此项目回报是非常低的，或者 20 年都收不回，就要考虑这个项目是否要投资。除非是非常重要的战略性的项目，否则不要投。对大部分的项目来说，对进入市场的方式要进行评估。

不管投资什么，比如世界银行对非洲的贷款，也是非常多的，一个非常重要的问题就是是不是真的有效益。包括就业，如果每个项目都有社会的经济回报，当然可以投。对于广东来说，很多地方是民企"走出去"，民企在这方面的功课做得比较好，对市场的把握也是相对好的，长期来说，效果肯定是比较好的。而且，要看到对方的需求，我们也在帮助他们打造自贸区，促进当地的就业。我们要看到这两个点都要发展，这些功课是非常必要的。

观众 3：谢谢给我机会提问。我的名字是 Adam，我是苏丹驻广州总领事馆的官员，我不是来提问的，我主要是感谢广东外语外贸大学非洲研究院以及所有的联盟成员邀请我出席这个会议。我们知道，"一带一路"倡议是一个非常重要的倡议，它不仅能够解决中国的发展问题，也能帮助苏丹解决发展问题。非洲国家觉得"一带一路"建设是苏丹加强和中国关系的良好契机，"一带一路"建设也能够促进双赢的合作，通过"一带一路"建设，我希望有更多的信息交换。我们知道苏丹是非洲的一个通道、门户，其地理位置还是非常重要的。因此，我们也非常希望推动合作。苏丹有 26 所大学，都是比较著名的学校，历史悠久。我们的大学，也非常希望能够参与到"一带一路"倡议中，因此，我主要表达感谢以及提出一个希望，希望能够让我们参与到这个倡议中，感谢大家的演讲，我觉得非常受启发。非常感谢！

观众 4：谢谢主持人。我这个问题是想请问清华大学的纪老师。刚才看见您在演讲的时候，很巧，您带了清华大学给湖南省做的关于非洲发展的总体规划。湖南省也恰恰是我的一个客户，2015 年我们就已经签订了框架协议和备忘录。在这期间，双方按部就班地推进，但是都是相当底层、框架化的东西。我个人接下来会作交流，我现在有一个很核心的问题想请问纪老师：我相信从清华大学的角度来说，能构建出最好的框架，从您的角度来看，地方政府作为框架的执行者或者引领者，对非洲的热情是怎样的，会不会仅仅流于形式？

纪为民：要想跟中国政府合作，要懂中国政府，要知道中央政府想什么、省政府想什么、地县政府想什么，如果这个不清楚，就别想和中国政府合作。所以湖南省就马上去非洲国家了解调研。我就说，我在南非有很多朋友，如果真的想合作，用上十分之一、四分之一的朋友关系就够了。广东省用创新的模式"走出去"的不多，还是传统的比较多。湖南这次帮助推动办成了中国—非洲经贸博览会，该博览会和中国—东盟博览会、中国—阿拉伯国家博览会是一个档次的，我们要把这个博览会进行创新：第一，要成立中非智库，而且研究员全部是国家级的核心成员；第二，要搭建一个人民币结算的中非贸易平台，有可能给特别政策，中国将向非洲所有国家打开大门。湖南要达到个别政策的标准，我们帮助他们设计一套理论，可能所有进湖南经贸平台的非洲产品就不上税了，湖南经贸平台就变成了中国商品的集散地。所以必须了解各方在每个阶段的迫切、真实、有效的需求，然后对症下药。我们对非洲也是这样，中国有370多家所谓对非研究机构，有几个派人去过非洲？在非洲待过五年以上？所以真正的研究，如果脱离了企业的诉求，脱离了国家发展的需求，就是纸上谈兵。所以要想让政府全面支持，一定要知道，它需要什么，企业需要什么，所以我送你八个字：投其所好，各取所需。

主持人：由于时间的原因，我们只剩最后一个问题。

观众5：谢谢，我有一个问题。我想问的是，本次会议可谓恰逢其时，因为在中非关系的发展进程中，我们关系的开始并不是由于普遍共识的建立，所以，我们面临很多的挑战和潜在的问题，也有很多不了解、不知道的东西。目前，我相信"一带一路"倡议一定会给我们带来很好的收益和结果，会建立起中非的友谊桥梁。埃塞俄比亚驻广州领事馆想说的是，埃塞俄比亚在中非关系中具有非常重要的地位。我们也在研究可能会面临的潜在问题，最重要的事情是，我们要了解中方的公司去非洲建立工厂或者其他的机构的想法，而中方想去非洲投资，我们非常欢迎。"一带一路"是一个非常好的倡议，一定会为未来的合作铺路。非洲有50多个国家，这些国家都希望可以建立起这样的合作关系。我不希望有任何的迷茫或者误解，这就是我想评论的。

而我想问的问题，我不觉得这是一个新的议题，以前都有提过，其他国家也尝试过以第三方的合作推动非洲的发展。但又有另外一种说法，认为三方的合作是一个陷阱，各位专家如何看待这样的悖论呢？到底是帮助还是陷阱呢？

纪为民：我们在埃塞俄比亚工作了很久，可以说埃塞俄比亚是我的第二个故乡。我在埃塞俄比亚看到这个国家发展非常快，不管你是不是赞成这个过程，不管是哪个国家，在不同的历史阶段，都会在非洲大地上奏响主旋律，现在是习主席提出的"一带一路"倡议，这是所有国家合奏的交响曲，埃塞俄比亚的高层也频繁地访问中国。所以说，如果埃塞俄比亚的高层能够多了解中国的政策，也会对中国有所倾斜。中国也非常希望能够和非洲兄弟一起建立人类命运共同体，我觉得没有什么是不可能的，只要我们齐心协力。

观众5：好像您没有回答我的问题，我想说现在出现的新的机遇，就是指三方合作，其实我们也非常信任中国，我的问题很简单，就是在现有的机制下，如果别的国家想参与的话，怎样做？比如说现在日本想加入这个平台，那这个平台有什么规则和机制？如果跟日本合作的话，跟中国的关系又怎么样？比如说有一些殖民国，在非洲殖民了几百年，但是它们没有为非洲建立任何的设施。所以，我们要做的就是和中国一起利用基础设施投资，因为我们听过一句中国的老话，即要想富先修路，我们想借鉴这个经验，所以我觉得如果有第三方参与的话，会不会是个悖论呢？

纪为民：我觉得这是可行的，比如说我拿吉布提做例子。在上周我出席了亚吉铁路的通车仪式，而中国的公司也投入了非常多的资金支持这个项目。我觉得在这个过程中，中国可以跟其他国家一起，尤其是与日本一起做这个项目。因为日本技术是很成熟的，市场也比较宽广，我们可以联合开发一些合作的产业园区，在这里生产的相关产品就可以到欧洲和日本销售。所以，第三方合作可以是共同建设制造业基地。这样的话，我觉得能够创造共同的未来，谢谢！

观众6：我是来自尼日利亚驻广州总领事馆的贝日卡（音）。我祝贺今天会议的召开，我觉得今天的会议是非常及时的，而这个联盟的成立也有其重要性。中非合作的时候，我们看到了几个好的现象，一就是越来越多人听到非洲的声音，二就是越来越多人想以合作伙伴关系持久发展。我们也听到了很多专家提到风险，当然合作都会有风险，但是重点不在于风险，重点是有没有积极的态度应对风险。所以说，我觉得中国指出了一个很好的方向，就是通过共建"一带一路"，在中非合作中出现任何的危机或者风险，我们都可以通过共商、共建、共享的机制解决，这样伙伴关系就会经久不衰，我想祝贺中国，祝贺非洲，谢谢！

主持人：我觉得讨论也非常热烈，接下来我们就去吃饭，餐厅就在一楼。每个人都有餐券，大家凭餐券可以继续去餐厅进行交流或者在会场中交换名片，可以相互探讨中非合作的问题。我们下午两点钟在这个会场集合，到时会有更加精彩的主题演讲，欢迎大家回来，谢谢！

"一带一路"非洲研究联盟成立大会暨首届学术研讨会

时　　间：2018 年 10 月 27 日　星期六（14：00—17：30）

地　　点：逸林假日酒店　国际会议厅

主　　题："一带一路"非洲研究联盟成立大会暨首届学术研讨会

主 持 人：孙晓军

主持人：大家下午好！我是今天下午第二环节来自察哈尔学会的主持人孙晓军。

上午霍江涛在时间控制上为主持人树立了一个标杆，我希望下午的各位演讲者共同努力把时间把控好，每人 6 分钟。首先请东道主广东外语外贸大学非洲研究院非洲投资贸易研究中心执行主任梁立俊教授上台演讲，有请！

梁立俊：谢谢大家！作为第一个演讲者，我非常荣幸也有点紧张，因为代表的是广外非洲研究院，说一下我在非洲研究方面的体验。我的题目是《中非经济的匹配和未来走势》。这是一个问题，我在思考，但是我没有解决，我向大家提供一个我思考的框架。

为什么提匹配的问题呢？我觉得，非洲的经济发展存在很多的机会，过去实际上也有这样的机会发展，但是没有发展起来，我觉得匹配是一个很重要的方面。我觉得匹配是这样的，它并不是发展程度的接近，而是一个很奇妙的东西，可能是模式，里面还有很多非经济的问题。因此我想从这个角度研究非洲过去为什么没有发展起来，现在为什么有机会和中国匹配，以及未来会怎么样的问题。

匹配,实际上是这样的,比如说经济发展,先进的和先进的匹配,落后的和落后的匹配,落后的和先进的可能匹配,也可能不匹配,所以匹配可能是偶然的问题,而不是必然的问题。因此对中非经济的匹配,我从三个疑问来说起。

第一个疑问,非洲过去有没有技术发展?有,非洲过去与西方有很长时间的往来历史,它们可以匹配起来,比如殖民时期,数百年的奴隶贸易,那也是匹配,但那是恶性匹配。后来非洲国家独立了,西方和非洲应该很好地匹配起来,以各种各样的资源推动非洲发展,但是很可惜,也没有匹配起来,没有拉动经济的发展。我觉得这是我们要想的第一个问题:为什么非洲有机会,但是没有完成这件事情?

第二个疑问,中国和非洲是一种匹配。但是,不能仅仅说是一种匹配方式,我觉得匹配起码有两个阶段,第一个阶段,应该像谈恋爱一样,第二阶段是婚姻。我们说中国和非洲的匹配,是处于谈恋爱的阶段还是婚姻的阶段?这是第二个问题,这个问题我没有解决,但是我有思路,我把我的想法说出来。

第三个疑问,中国和非洲的合作方式,今后会向什么方向发展,能不能从恋爱到婚姻,或者恋爱之后没有婚姻,或者达成了婚姻?都有可能性。因此我提出这几个问题,我有一个简单的思路,把这三个问题画一个图,我把2010年作为时间节点,不是很严谨,但是我觉得2010年是中国和非洲关系发展重要节点,后来就来到了"恋爱"的阶段。

因为以前中国、非洲和欧美之间的差距很大,中国和非洲之间没关系,非洲和欧洲之间也没有关系,这是前期的匹配阶段。后来到了2001年以后,中非走到一块去了,是什么原因走到一块的呢?我觉得这很有意思,并不仅仅是经济的问题,还涉及社会文化的问题。我现在就看未来是怎么样的,第一种可能性是,中国经济和非洲经济沿着中国的思路发展,和欧美脱节。第二种可能性是,中国经济和非洲经济进入婚姻的阶段,然后非洲向欧美趋近,这是一个挑战。第三种就是不太好的结果,就是分离,非洲向欧美趋近。第四种可能性是,中国经济成熟了、停滞了,非洲独立向欧美趋近。最终会给大家一个启示,匹配是短期的还是长期的?后面会有一个方向的选择问题。

还有,中国经济和非洲经济不论怎么选择都会出现以后的匹配到分享的问题。我要说一句，中国和美国的贸易摩擦提供了贸易背景，美国人发现我们的变化没有达到他们的要求，没有向他们希望的方向发展，非洲和中国会不会这样呢？我们期待大家研究，解决问题。谢谢！

主持人：梁教授把复杂的问题用简单的语言表达出来，这是一种水平，与才华横溢的梁教授相匹配的只有美女教授，接下来有请成都的电子科技大学西非研究中心主任赵蜀蓉，有请！

赵蜀蓉：大家下午好！

我来自电子科技大学西非研究中心。我今天的主题是通过加纳的放权促进公共服务的交付。这是针对分区需求进行的研究。

首先我们来看背景。放权在加纳并不是一个新的内容，它有自己的文化背景，可以追溯到英国殖民时期。这个时期加纳放权，得益于其临时的国家保卫委员会在1981年的建立，其主要关注公共服务的提供，希望能够通过这样的做法加强参与性的民主，提升服务交付的质量。所以，1988年加纳正式开始放权，设置了地方治理大会体系，希望能够把中央政府的功能转移到地方政府，主要是水服务和卫生服务的提供，希望能够借此提高效率，同时能够高效地管理资源。30多年的放权行动，结果并没有成功，为什么？所以，我们选择了伯森维（音）地区，在2014年的时候，这个地区发生了霍乱，是糟糕的水质量和恶劣的卫生情况导致的。

所以，我们想了解的就是，放权如何促进饮用水和卫生服务的提供，促进研究区域在这些服务上的改善。同时也要研究放权为什么没有成功地提升服务交付的质量，以及如何实现真正的放权，提高服务交付的质量。我们的研究是通过采访和调查进行的，我们设置了7个标准看什么是成功的放权，包括自由收入的充足性、公共财政管理、公民参与度、组织能力、私人领域的参与、放权的决心以及地方政府对于公共服务的优先确定。我们的数据收集和样本采集有两个部分，一个是社区的层级，另外一个是组织的层级。在社区，我们主要关注的是18岁以上的人，他们主要是来自三个地区。我们要了解他们在2014—2017年的情况。在组织层面，我们研究的是奥森图维（音）地区的情况，既有开放问题，也有非开放问题。我们发出了300多份问卷，收回了297份问卷，收回率高达99%。这样也能证明研究结果还是非常有效的。

在对受访者的意见进行分析后，我们开始研究权力下放的先决条件，就是这7条，通过计算，我们可以总结得出，放权决心是非常重要的，达到3.4%，组织能力也非常重要，占16.4%。另外，公民参与度也是至关重要的一点。除此之外，还有对于公共财政的管理，也是非常重要的指标。除此之外，还有私人领域的参与。这些条件都没有得到满足，因此我们需要加强立法组织能力和财政管理能力的建设。中央政府和地方政府需要合作，理顺地方政府和中央政府职能关系以及强化各级政府的功能，需要更多地关注地方政府和中央政府之间的一体化，以及垂直的协调。同时，中央政府也要为国家的整体发展服务，进行监管；地方政府也需要更好地进行决策，提高能力，履行职能。

我们现有的研究也给我们未来的研究指出了方向，我们必须从地方政府的层面进行公共治理的创新。如果大家有任何问题的话，你可以联系我，谢谢大家！

主持人：感谢美女教授赵蜀蓉精彩的全程英文演讲。到现在为止，在今天"一带一路"中非合作的新征程所有演讲中，所有专家都采用独唱的演讲形式，接下来有请挪威的两位专家给大家带来令人耳目一新的二重奏，有请挪威克里斯蒂·米凯尔森研究所李树波女士和艾利先生。

李树波：女士们、先生们，我是李树波，这位是 Elling N. Tjonneland，感谢刘教授的邀请，让我们有幸成为"一带一路"非洲研究联盟的成员。接下来的报告会用英文。

Elling N. Tjonneland：大家下午好！非常感谢大家能够邀请我出席这个论坛。首先我想讲一下从挪威的视角就是西北欧洲国家的视角怎么样看待中非合作关系。我想介绍一下克里斯蒂·米凯尔森研究所，它是欧洲国家中重要的研究机构。

我们主要研究非洲的发展问题，现在越来越多地关注中国的研究。我们的指导原则也在我们的工作中发挥着实际的作用，比如说我们会做中国的研究，看看中国在非洲的投资合作以及发展有什么机遇和挑战。我们会深入地融入这一系列的非洲项目中。此外，我们也希望越来越多的中国学者能够加入其中。"一带一路"建设对非洲来说是一个非常重要的契机。将来我们会开展一些主题演讲，有两个需要注意的，第一个就是我们要评价。我们看到这个关系不断改变，中国随着发展也不断给进程加入动力。这些变化中的因素是如何改变进程的呢？中国的元素又是如何让中非合作进程增色的呢？第二个问题就是，在南南合作中，中国的角色是怎么样的。因为现在中国确实在迅速发展，中国在1955年加入南南合作框架。我们之前的发言人也提到南南合作主要以双边的形式开展。中国现在不断地进步，我们需要一个新的视角看待中非合作论坛，这是我的两个主要研究方向。

我想再强调的一点就是中国的基础设施发展计划，比如中国的配瑞拉（音）铁路项目是中国在非洲投资的重要项目，所以非常值得我们注意。这也体现了中国通过项目建设参与非洲和平发展的过程。因为现在有很多非洲国家还经历内部的动乱，我们要看中国如何在这个进程中做出贡献。中国已经和非洲多个国家开展了中非和平安全合作。

李树波：此外，我们讲一下案例分析，我们讲到的项目是中国、欧洲和非洲国家还有美国学者共同开展的。我们主要是从综合的视角进行研究，主要包括基础设施建设，以及在这当中正面和负面的报道，还有当地人是如何看待中国、中国人又是如何看待非洲人的等议题。我们做了相关的研究，主要的观点就是，中国在基础设施建设中做出了很多的努力，而且他们觉得确实做出了贡献，也顺应世界的潮流，所以他们希望顺流而上。我们也提到了一点，就是我们的工业基础设施可能会带来分歧。所以，我们要平衡阴和阳。因此我们也要看中非合作当中有哪些因素需要我们做出平衡，谢谢大家！

主持人：感谢来自挪威的二重奏。按照第二环节的安排，第一位梁教授来自广州，刚刚我们还听到了来自成都的赵教授的演讲，来自地球北边的挪威专家也给我们来了精彩的二重奏。现在来到东边，有请来自上海的华东师范大学非洲研究所副主任李晔梦，有请！

李晔梦：谢谢主持人，尊敬的各位来宾，大家下午好，我是来自华东师范大学的李晔梦，很高兴来到这里发言。

非洲是"一带一路"的重要辐射区域，我们把"一带一路"建设同落实《中非合作论坛—北京行动计划（2019—2021年）》、《2063年议程》、联合国《2030年可持续发展议程》以及非洲各国的发展战略相互对接，将对促进双方在更高水平上实现合作共赢、共同发展至关重要。

"一带一路"非洲研究联盟的成立为大家提供了跨学科、跨国界的研究平台，意义非凡，是中非合作进一步深化的强心剂。坦桑尼亚是中国对非合作国家之一,是和中国开展交流合作非常深入的国家,两国的关系也迎来了新的机遇。

坦桑尼亚与中国的交往源远流长,根据史料和考古发掘资料的记载,中国与坦桑尼亚的交往开始于唐朝,一方面得益于造船和航海技术的发展,另一方面是因为阿拉伯帝国的崛起。

唐朝宰相贾耽继续了从广州经波斯湾到东非的航程,根据他写的文章的上下文判断应该是到了坦桑尼亚的港口。到 20 世纪 60 年代初,坦噶尼喀和桑给巴尔先后独立并与中国建交,1964 年坦桑尼亚联合共和国成立。20 世纪 60—80 年代,坦桑尼亚是中国外援的最大受援国,最著名的就是中国建造的坦赞铁路,两国人民因此建立了深厚的友谊。此外,还有纺织厂、农具厂、拉力农场等。2013 年习近平就任国家主席后,首次访问非洲把坦桑尼亚作为首站,并进行国事访问;同年,坦桑尼亚总理平达访华,签署了 12 项双边协议。

就目前来看,坦桑尼亚总统马古富力正在带领人民通过加强基础设施建设,扩大对外经贸合作,推动工业化进程,提出提振农业产业等战略举措,努力向迈入中等收入国家的目标迈进,发展战略与"一带一路"建设的理念不谋而合。坦桑尼亚具有成为海上丝绸之路东非支撑点的巨大潜力。主要体现在:第一,坦桑尼亚的政局和经济发展政策较为稳定,国内的宗教氛围比较宽容,种族关系也相对和谐。第二,坦桑尼亚与多国相邻,在东非的战略位置特殊,是东非共同体和东南部非洲共同市场的双重成员。第三,坦桑尼亚的自然资源和人力资源丰富,发展潜力巨大。据统计,坦桑尼亚目前的各类矿产和宝石总量居东非的第五位,还有储量可观的天然气。同时,坦桑尼亚具有发展农业的条件,有 440 万公顷适合农业耕种的土地,但是其中只有 24% 得到利用。如果进行合理的投资,一方面可以提升农业的产量并且实现粮食自给;另一方面,把原来用于进口粮食的资金用来发展经济,也能增加很多的就业机会。在人力资源方面,根据2016 年的统计,坦桑尼亚有超过 5000 万人口,同时人口年轻化,并且初级教育比较普及。坦桑尼亚地理位置优越,在海上丝绸之路上可以成为中国与东非、中非国家之间的货物集散地和中转站,目前有四大港口。在铁路方面有坦桑尼亚铁路、北方铁路等 4 条铁路,交通也非常便利。

另外,两国在经贸合作和基础设施建设领域成绩斐然,2015 年中国政府将坦桑尼亚列为中非产能合作先行先试的示范国家，中国是坦桑尼亚第一大贸易伙伴和最大的工程承包方。中国对坦桑尼亚的投资主要集中在铁路、港口、路桥、天然气管道等基础设施领域。

习近平主席指出，中非友好深入人心，是双方的宝贵财富。无论国际风云如何变幻，无论中国发展到哪一步，中国都将始终同非洲等广大发展中国家站在一起，永远做非洲的真诚朋友和可靠伙伴。因此我们进一步聚合力量加强交流恰逢其时，意义重大。

最后预祝"一带一路"非洲研究联盟在资源共享、探索知识、传播技术和促进理解等方面发挥越来越重要的作用，谢谢大家！

主持人：来自东西南北的专家在学术层面就中非合作给大家带来了精彩的演讲。下面换一种声音，有请来自中地海外集团有限公司的副总裁孙国强演讲，有请！

孙国强：各位专家，各位老师，各位领导，企业代表们，大家下午好！

非常荣幸今天参加"一带一路"非洲研究联盟成立大会暨首届学术研讨会，我要感谢广东外语外贸大学还有广东进出口商会，我今天代表集团想分两个方面进行工作汇报。第一方面，公司全身心投入中非友好互利合作，始终专注经营非洲，农业、工业投资，贸易物流，咨询规划，清洁能源，矿业和房地产等业务覆盖非洲31个国家，目前拥有非洲籍员工近3万人。我们希望在非洲54个国家建立分支机构。因时间关系，我从工业、农业、基础设施三个层面各举一两个案例说明过去做的工作。

首先，在工业方面，我们致力于推动工业化发展，目前在埃塞俄比亚有玻璃生产线。我们和湖南省政府合作，打造了湖南装备制造园。同时我们在和非洲的8~10个国家探索园区建设。其次，在农业方面，我们在西非国家尼日利亚建立了综合示范园区，为尼日利亚培育了水稻的良种，现在尼日利亚政府有50%的水稻原种由我们提供，同时我们打造农业"走出去"的基地和孵化中心。最后，在基础设施方面，我们承接了568个项目，我们现在的合同金额有60多亿美元。我们也特别希望，我们能够跟广东省各界企业进行更加深入的合作。

第二个方面，我想跟大家汇报，我们致力于全方位打造中非综合服务平台。习近平主席在2015年12月的约翰内斯堡峰会上，以及2016年1月初访问埃及期间，分别听取了我公司的汇报，对中地海外集团在非取得的成绩予以赞扬和肯定，并且作出了中地海外集团要创新搭建中非合作平台的重要指示，需要我们的智库、政策、企业实现一体化联动。目前从公司业务上看，中地海外集团是一个企业，但我们发展的最大目标正是成为非洲的伙伴、中非合作的桥梁，打造中非综合服务平台。

一方面，我们凭借在非洲30多年的一脉相承和深厚的积淀，充分了解其发展战略，对其发展需求有着直观和深入的理解。我们将对接中非双方的战略需求，努力开创中非合作互利共赢的局面。另一方面，中地海外集团内部也加强学习研究，紧跟政府提出的中非合作，提出对非合作举措，通过实实在在的合作项目，通过坚持不懈的努力耕耘，推动政策举措落地，发挥实效，做好中非合作项目落地平台。在中非合作过程中，智库发挥着不可替代的作用，习近平主席曾经提出亟须培养后备人才。企业与智库之间，也有着十分紧密的依存关系，企业有丰富的实践经验，可以作为智库研究的素材和研究案例。智库通过对非洲国家发展需求、发展环境、发展问题的深入分析研究，助力企业发展。所以，我们愿意与各专家智库加强联系，倾听对非合作的建议。这次代表集团来到美丽的广州，在这个重要的历史时刻，我们真诚地邀请在座的各位专家、学者、企业代表与我们联系，探讨各方面的深入合作，携手共同为新时期中非合作做出我们应有的贡献，谢谢大家！

主持人：第二个环节的几位演讲人关于非洲研究的主题演讲非常精彩。现在有请来自非洲本土的肯尼亚瑞拉大学的 Abel Kinoti 发出来自本土的声音。

Abel Kinoti：非常高兴有机会在这里演讲，非常感谢刘院长邀请我到这里，非常高兴能够来到广州。这是我第二次来到中国，第一次是在今年5月参加上海的论坛，我受到上海市社科院的邀请参加第一届"一带一路"上海论坛。我叫 Abel Kinoti，来自肯尼亚瑞拉大学，致力于中国的研究。我们做了很多关于中国的研究和非洲的研究，我也想跟大家分享一下还有哪些空白的领域是我们可以共同努力的。首先，想给大家介绍一下，中国研究中心成立于2016年，当时我们邀请了上海社科院的成员一起讨论我们可以做什么。他们来到我们的大学，我们也在上海进行了考察。后来我们参加了"一带一路"上海论坛，我们还和上海第二工业大学进行了交流，他们给了我们两个名额，让我们两名学生在学校参与一个月的暑期交流项目，这是非常棒的机会。

同时，一位来自贝宁的在武汉工业大学学习的学生，帮助我们建立了国际交流的联系，通过他的介绍，我们派了两位学生参与了交换生的项目，这是一次非常成功的合作。他们也会在未来与我们更多的大学进行合作。我们中心的学者研究的问题不能只靠我们学者，我们希望与更多的学者合作研究中国与非洲的问题。我们也出版了相关的刊物，在2015年，我们出版了相应的书，其中一本就是关于对非投资的书，此外，还有关于非洲竞争力的出版物。所以，你可以看到，我们有很多关于中国和非洲研究的出版物。我想跟大家分享的是，老实说，非洲实际上是由很多国家组成的，我们的确有贸易的往来，有联系，我们是兄弟，但我们是不同的国家。的确，大家要听到非洲不同国家的声音。我们进一步来看合作关系的话，我们和欧洲、和印度进行了百年合作，我们看到GDP的增长，也可以看到基建的发展，但是这些实质上的发展都是从中国和非洲开始合作才取得的成绩。

中国可以从非洲获得什么呢？我们需要更多地思考非洲不同国家的情况。当然，还有非洲联盟在这个过程中的角色，也有一些宣传，这些宣传也会影响中非的合作。我们需要设定标准，确保中非合作不会被这些宣传的声音影响。问题是如何建立这样的标准呢？我们需要搞好基建，基建可以帮助非洲解决问题，但是我们还需要看到更多软件方面的问题等，帮助非洲进一步发展。谢谢！我希望在未来能够和中国进行更多这个方面的合作，谢谢大家！

主持人： 感谢来自肯尼亚Abel Kinoti教授的演讲，让我们听到来自非洲本土的声音，大家现在是不是有一些疲倦？为了缓解视觉疲劳，请美女来改变这个现状，有请非洲制造倡议联合发起人于泳捷。

于泳捷： 大家下午好！

今天很多演讲嘉宾的演讲非常精彩，有人从非洲的角度演讲，有人从中国的角度，有人从欧洲的角度讲中非合作。我今天试图提供新的视角，从全球和产能化的角度出发，立足国际合作的视角探讨中非合作的新征程。首先，我们机构是在联合国开发计划署支持下创立的专门推进非洲工业化的咨询机构，其实大家知道，联合国在2015年的时候设定了17个可持续发展目标，其中一个目标就是在 2030 年在全球实现平等。我们会有大量的资金涌入发展中国家，需要 3.91 万亿美元的投资。非洲一些国家已经产生了积极效应，但是还有很多国家面临非常不平等和贫困的境况。

原因是在过去很多的资金被投入于解决非洲的健康问题，包括安全问题、教育问题。其实大家可以知道，非洲现在是全球最年轻的大陆，其实年轻是一把双刃剑，大量的人口确实可提供充沛的劳动力，但如果这些劳动力没有相应的就业机会，这些年轻人可能会成为社会发展的不稳定因素。所以，我们希望当今中国在进行产业转移和产能合作时可以帮助非洲发现自己的优势，找到他们需要发展的优势产业，包括与中国的产能合作对接，实现他们的工业化发展。

我们的工作主要是为非洲国家提供顶层设计、工业化战略咨询，建立大量的工业园区以及促进和中国的产业对接，帮助非洲国家实现工业化发展，创造就业，抓住长期稳定的可持续发展机遇。

其实我们可以看到，目前非洲在进行工业化的过程中有很多的问题，我们总结出来，核心问题有三个。第一，我们认为非洲缺乏相应的工业化基础，没有相应的知识、设备等。第二，他们缺乏相应有吸引力和保障的硬件基础设施。第三，制造业在全球是买家和品牌商驱动的产业，我们倡导中国、欧美促成三方合作。我们认为要解决非洲工业化问题，把中国相应的工业化能力以及欧美的品牌商的需求嫁接到一起。我们希望能够把非洲的比较优势和中国的各省区市优势产能需求进行对接，其中像刚才孙总说在埃塞俄比亚等进行了很多的合作，帮助非洲国家找到各自的产业禀赋，如与湖南、重庆、四川、广东等对接。要把这些企业的发展需求和各省区市希望企业"走出去"的需求进行有效对接，促进企业的项目在非洲的快速落地。

另外，我们帮助非洲国家进行顶层设计，从产业战略的咨询到工业园区的基础设施建设，包括最后的招商引资，提到由上而下的服务，我们的目的是在非洲真正落地实际的投资和园区项目。这里列出了过去在非洲做的工作，其实从 2014 年我们就受卢旺达政府邀请帮助其建设当地的第一个服装厂。大家肯定知道这是一个内陆国家，很多人认为这样的国家是很难实现工业化的，因为很难实现港口的互联互通。当时我们就是利用政府强有力推动工业化的意愿，帮助他们落实一系列有吸引力的政策，把高额的物流成本填平。我们促成第一家外贸企业接外贸订单。接下来还有工业化战略规划以及招商引资。我们还在其他国家受政府的委托提供工业化战略咨询并帮助其与中国企业对接。

其实昨天的研讨会上，很多嘉宾提供了很多很好的思路。我们认为下一步，成立"一带一路"非洲研究联盟，我们需要以结果为导向，有务实的理论推进，因为我们认为成立这个联盟的时机非常好，但是时间也很紧迫。在未来三年，如果要有效推进中非合作的话，一定要抓住非洲国家政府推进工业化的意愿，与中国需要产业合作的需求进行有效对接。希望与公共部门的合作、与智库的合作，能起到承上启下的嫁接作用，开启中非合作新的征程。

我今天就分享到这里，谢谢大家！

主持人：感谢于泳捷给我们缓解了视觉疲劳。很多人都说，一直在看美女演讲，没有听美女讲怎样实现非洲制造的倡议，我相信于泳捷女士是百分百的中国制造。接下来有请来自暨南大学国际关系学院的庄礼伟教授带来精彩的演讲，有请！

庄礼伟：各位下午好！

我要讨论一个问题，即中国式人文交流能否有效实现民心相通，我要讨论中国相关的人文交流政策的思路和政策的概念。

中国对外政策有三大主要内容：营建政治互信、推动经贸合作、发展人文交流。发展人文交流的主要目标设定就是促使民心相通，夯实国家间关系的社会土壤。但是，我的观察调研发现，在政策的实施过程中有很多概念上的欠缺，至少包括：第一，人文交流主要是文化交流，其实这是一个大的概念，有文艺、教育、体育、旅游等。第二，人文交流的主要目的是对外宣传、对外展示。第三，人文交流是政府工程。我认为在对外人文交流的过程中有几个倾向需要尽量避免：一是避免炫耀性的交流。二是避免过于偏向单向式乃至灌输性的交流。三是避免固定聚焦于文化，乃至文艺团体。我认为人文交流的重点是"人"而不是"文"。四是避免过于倚重官方出面统筹花钱。

我举一个案例：中国最大规模的对外人文交流机制——中美人文交流高层磋商机制（CPE）。

2016 年的磋商成果清单有这些特点：第一，中美人文交流特点是中国派向美国的交流人员数量远远超过美国访问中国的人员数量；第二，在内容结构方面，主要是大文化板块，其次是科技卫生板块。至于在民间公益领域中，青年和妇女的项目是非常少的。其中在将近 200 项的中美交流活动中，涉及妇女问题的只有 3 项，主要是由美方主动提出的。双方新闻媒体中，非政府组织的交流基本上没有提及。从实施过程来看，美国政府没有在双方的人文交流中花什么钱，主要是中国政府在花钱。

在这个过程中，我认为有一个政策误区，就是把人文交流等同于文化交流，同时聚焦于高层。中国著名的非洲问题专家李安山教授说这种方式由官方运作，往往缺乏群众基础，而且局限于官方层次，很难把当地的草根阶层容纳进来，反而会造成中国当地社会的距离感，这是一种中国"走出去"但是没有"走进去"的状况。

还有一个例子就是人文奥运不等于文化奥运。在 2008 年，北京奥运会提出了人文奥运的口号，英文的翻译也很恰当，我想，当时北京奥运会组委会是很有国际眼光的。另外，人文交流也不等于民间外交，从历史的过程来看这都是自发形成的，民间外交是政府推动的工程，属于广泛的人文交流中的特殊模块而已。

我们也注意到中国政府 2015 年发布的中国对非政策中，也强调中非的人文交流要加强妇女和工会组织之间的交流，我们的交流并不是只表演文艺节目，而是要一起解决一些问题，比如说工会，中国企业在非洲的投资，涉及了当地的工会问题。之所以有很多问题，跟传统的政治文化有关系。我还有一个观点，中国应该成为美好价值观的输出国，在中外人文交流中，我们可以交换关于价值观的内容。我对人文交流的政策有一系列的反思，因为时间关系，就讲这些，谢谢各位！

主持人： 感谢庄教授的演讲。我们知道暨南大学在近几年承接的国家重大课题的数量一直排在全国前十位。接下来从学术层面的讨论转到企业层面的讨论，有请四达时代集团公共事务部总监孙木林进行演讲，有请！

孙木林： 大家下午好！

谢谢各位，非常荣幸有机会与大家一起做这个分享。下面我就四达时代集团在非洲的实践与大家交流。

第一，四达时代集团 2007 年在卢旺达拿到第一张数字电视运营牌照，然后就开始了这 10 年来在非洲投资发展广播电视、网络并开始运营的征程。截至目前，四达时代集团在撒哈拉以南的 30 个非洲国家注册了公司，在 20 个国家开展运营，付费数字用户已经突破了 1000 万。随着非洲的数字化、信息化时代的到来，我们今年也与撒哈拉以南非洲的电信运营商合作，上线了我们的 OTT 业务，如互联网视频。

到目前为止，我们的 App 下载量也超过了 100 万，一共有 180 个节目频道，有 30 多套都是非洲本地的频道，剩下有 100 多套国际知名频道，还有四达时代集团自办的 43 个频道，主要方式是购买版权，通过译制配音的方法，译制成非洲本地的小语种向非洲播出，包括影视剧、综艺、体育等各种节目形式。这些年来，我们给非洲带来了什么呢？其实最重要的是打破了撒哈拉以南非洲的数字电视行业的垄断，把观看数字电视的费用从每个月 50～100 美元降到了 2 美元。我们公司在非洲事业的根本宗旨，就是面向普通民众，争取让每一个非洲家庭都能够买得起、看得起、看得好数字电视。

第二，我们结合非洲的实际情况和四达时代集团的优势，创造了模拟实现数字整转项目模式。我们已经为坦桑尼亚完成了全部广播电视的数字整转，目前正在为赞比亚、莫桑比克等其他一些国家做这项工作，这项工作最根本的价值是能够帮助这个国家广播电视行业实现从节目生产到传输到用户终端全产业链的升级换代，可以说是对非洲数字化的全面升级。

第三，我们公司正在承接万村通工程。2015 年习主席宣布帮助非洲 1 万个村落实现实时收看卫星电视，今年年底就会落实这个项目，为 25 个国家的 10112 个村落接入卫星电视信号，实现实时收看卫星电视。

第四，我们依托四达时代集团在非洲的传媒平台，开展了各种各样的文化交流活动。首先是把大量优质中国节目内容，目前有 115 部电视剧、200 多部中国电影，译成了英、法、葡等一共 8 种语言，向非洲播出，为非洲人民打开了一扇了解当代中国发展、服务中非民心相通的窗口。

针对非洲本地小语种人才缺乏的现状，我们在坦桑尼亚、莫桑比克、尼日利亚都开展了中国影视剧配音大赛，通过海选选拔人才，邀请优秀人才到北京进行 1～2 年培训，之后帮助非洲人民回非洲从事培训工作。这个项目也受到了联合国的认可，被列入了南南合作的优秀经典案例。

我对未来有两点思考，文化合作一直是中非合作中的重要组成部分，也是民心相通的基础。现在的中非文化合作只是停留在以政府为主导的有限的浅层艺术交流上，而只有产业上的合作是真正可持续、务实的合作。我们看到文化行业有一个跟其他行业不一样的特点，比如我们国家在"走出去"，刚才大家都讲到在经贸领域，中非合作已经很紧密了。但是文化产业方面的企业特点是体量小，资金规模小，抵抗风险能力不足。中国企业走进非洲的意愿很强烈，但是缺经验，也缺支持。我呼吁这个研究联盟更关注文化产业研究，多研究非洲文化产业的发展现状还有非洲文化政策；另外，更呼吁在中非合作方面，中国政府出台更有针对性的文化产业合作政策，支持文化企业与非洲深度合作。

另外就是文化交流的双向问题。我们在非洲时，每次拜访某个国家的时候，官员和合作伙伴都问我们一个问题：你们向非洲传播影视剧，什么时候非洲的影视剧可以到中国去？可能这在中国的现实情况下、政策框架内有一些局限，但这恰恰是需要我们发挥智库作用的时候，思考面对非洲的实际情况应该怎么样打开突破口，怎样更胆大地引进来、走出去，实现可持续的交流。这是值得我们思考和建言献策的关键问题。谢谢大家！

主持人：感谢四达时代集团为中非文化交流做出的努力，我们知道民心相通是"一带一路"的核心，我们再次转到非洲本土。有请塞内加尔达喀尔大学 Ahmadou Aly Mbaye 演讲，有请！

Ahmadou Aly Mbaye：谢谢主持人，我的内容是要发展中非双赢关系，这是我的纲要。

第一，什么是非洲的利益？为什么要发展和中国的关系？第二，中国在与非洲的合作中能获得什么样的利益？第三，现在有什么关系？合作伙伴的关系，应该如何改变？

首先，我们来看一下非洲的利益。每个人都知道非洲面临着社会和经济发展的挑战。非洲现在正进行民主改革，如果你看我们的人口增长的话，非洲现在比任何一个国家、区域增长都要快。在这个过程中，人口在最近的增长速度达到4%。相比之下，人均GDP是非常落后的，贫穷在不断深化。我们没有足够的工作岗位提供给当地人。人均GDP落后的结果就是贫困率上升。非洲的贫困率比其他地方都要高，而且贫困率的下降速度也非常慢。东南亚贫困率从80%下降到2016年的20%～30%，在这个过程中，非洲工作岗位是远远不足的。这也是经济落后导致的。

如果我们来看制造业的话，制造业在非洲算是发展不错的行业，制造业对 GDP 的贡献率大概是 10%，跟东南亚的 25% 相比还是有一定的差距的。所以，中国在非洲的投资也主要是在制造业，促进了非洲的生产力发展。为什么中国需要加强和非洲的关系？中国的劳动力成本比非洲的劳动力成本高，中国的劳动力在发展。因为中国采取了新的发展模式，在过去几十年间变得更富有。在富有之后，劳动力成本就失去了相对优势，尤其在制造业。

如果中国想不断地进步的话，就必须转移劳动力密集型产业，不断在价值链上上移。所以中国向非洲投资也可以发挥非洲劳动力的成本优势。

这里想跟大家一起讨论一下中非贸易的结构，中国向非洲输出的主要是技术产品、人力资本等，从非洲进口的主要是商品。中国对非投资不断增长，但是如果把这些投资分散在不同行业的话，建筑、矿业占据了更多投资份额，其他的行业，比如说制造业还是落后的。

中国和非洲有哪些共同的挑战？非洲的人力成本也不是那么低，实际上要依据生产率看人力成本。在非洲生产率比较低，增速也比较慢。

非洲扮演一个非常重要的角色，即对外直接投资的承接地，有很多资本投向了非洲，但是成功的不算特别多。所以对于非洲国家来说，需要进一步思考，应该如何做出调整得到进一步发展。以上就是我想跟大家分享的内容，谢谢！

主持人：感谢您带来非洲本土的声音。今天的几位演讲嘉宾，不断从学术界切换到企业界，然后再切换回去，有没有两界融合的呢？我们有幸请到江苏大学"一带一路"产学融合研究院副院长崔勇演讲，谢谢！

崔勇：大家下午好！

我想讲两点，一是我们的案例，二是我们大学正在做的工作。我们可以看到非洲的经济和人口都在不断增长，因为非洲有非常多的耕地，种植成本比其他的大洲要低。非洲种植的情况，正在不断地改善。

我们知道，非洲的人力资本也低于其他大洲。在其他方面，非洲也有一些比较优势，包括土地、能源。但是总体的农业开发率还是比较低的，他们有那么多的资源，但是使用率是比较低的，所以农产品还是依靠从别的国家进口。由于这个原因，我们要帮助非洲国家实现农业现代化，进行农业升级。

　　我们要做几件事情，一是知识的转化，二是人才的引进。我们也要帮助非洲拓宽国际网络、供应链网络，有很多国家已经成立了自己的农业发展研究会，但是研究的力度还是不够。所以，我们从自身的优势出发，希望能够推动非洲的农业发展。

　　在非洲的农业产业结构中，主要是水稻的种植和农产品加工等，总的来说，非洲的农业还是在不断发展。怎么样获得农业上的成功呢？因为非洲的农业跟中国的农业也有很多的共同之处，我们进行了一些培训，为他们提供设施。

　　下面，我想讲一下我们大学"一带一路"产学融合研究院做的事情。我们有3000多名留学生，来自100多个国家，而且我们有很多学位课程和学位项目，不管是本科生、硕士生、博士生都有学习的机会。

　　我们在国际上的排名也在攀升。我们正推动学校和企业的合作。我们会把学生送到企业里学习、工作。我们之前也成立过相关的农业产业联盟，也签署了很多的合作框架协议，与不同的部门开展合作，我们也撰写调查报告，研究国际人才的引进和输出，也研究让农业产业现代化。我们帮助非洲学生了解、体验在企业工作。我们去赞比亚开展培训项目，学校会举办模拟招聘会，我们会邀请很多来自农业企业的高管参加这些招聘会。我们也有很多培训和调研，让学生到一线的企业进行实践。我们也希望通过一系列的活动帮助非洲学生了解农业发展情况，帮助非洲国家推动农业发展。我们希望推动学校之间的合作和校企之前的合作。我们有一个创业创新的比赛，会有学分互换等。

　　我简单总结一下，现在非洲非常需要大力发展农业，因此需要我们提供很多的支持。另外，江苏大学希望能够推动校企合作，携手帮助学生获得以就业为导向的教育。这样非洲的学生就有了一定的就业经验，他们回到祖国就能发挥他们真正的作用。所以这是一个简单的介绍，也是我们的经验。如果你们接下来有什么想法或者建议，也非常欢迎提出来，我们能进行更加深入的合作，谢谢！

　　主持人：感谢您的英文演讲。接下来有请最后一位专家闪亮登场，广东财经大学国际商学院院长黄庆安，有请！

　　黄庆安：女士们，先生们，感谢大家坚持到此刻，我的演讲题目是《关于商管学科的非洲研究的思考》。我是广东财经大学的黄庆安，同时我也是东伦敦大学的老师。

我先自我介绍，再讲讲我们学院的情况、我们在非洲研究方面的尝试，还有商管学科目前有关非洲研究的状况。

我是广东本地人，在英国学习、工作、生活了16年，在学术机构也担任了一些角色。曾经在南安普敦做过企划总监，拿到女王特别贡献奖。

广东财经大学国际商学院是由广东省教育厅、佛山市人民政府和三水区人民政府共建的学院。目前主要是提供2+2的联合课程，学生毕业后既能拿到英国的学位，也能拿到中国的学位。我们在跨境电商方面有一个实验室，也就是我们想通过跨境电商的实验室，使学校在人才培养方面能够第一时间与非洲的商业联系起来。我们在建设"一带一路"的背景下，在科研、教学、旅游方面进行深入的合作。

为了做好非洲研究，我们学院和英国东伦敦大学共同成立了"一带一路"研究中心。东伦敦大学是我工作的地方，被誉为非洲领导人的摇篮。很多人说我要走了，我要回非洲当法官了，或者当财政部部长了，我经常听到这样的信息。我们可以发挥研究方法论上的优势，利用这个平台开拓非洲市场。

我再打一个广告，我们打算招收"一带一路"方向的研究生，就是东伦敦大学与广东财经大学共同招收"一带一路"非洲研究方向的博士生。我们有一本刊物发表有关非洲研究的文章，希望大家可以踊跃投稿。

我今天还想跟大家分享以下内容：2010—2014年主要的研究领域，即国际商务方面的研究。我们研究的是民族方面的商业行为。

我们可以看到一个趋势，即关于民族方面的商业行为的研究是越来越少的。这些研究都需要大量的数据支撑。此外，就是关于商业道德的研究。在《哈佛商业评论》《国际商业评论》等著名的期刊当中，我们都看到关于商业道德的研究论文，86%的论文都是关于这个领域的。

我们发现有很多研究是关于企业社会责任的。很多企业社会责任相关研究是在国际经济或者国际商业环境下做的。有一些学者自2010年以来发表了50多篇论文，主要是研究、点评环境问题的。在经济方面有30多篇文章，主要关注行为经济学，以及贫困的消费者体现出什么样的经济行为等。有24篇文章是关于知识转化的，企业文化方面的文章是很少的。所以，在研究的领域方面，大部分的研究是关于企业的社会责任的。比如，其中一篇文章提到投资和公平贸易之间的关系。另外，还提到经济和健康医疗方面的理论。大部分文章用经济理论看待企业的商业道德，有一些文章是完全没有理论支撑的。关于数据，64%的期刊用了原始数据。还有很多研究数据比较原始，代表的含义是不够显著的。还有就是国别的研究，非英语母语国家文章还不多。因为他们发现这些国家能够提供的数据不是很充足。所以我们要更加关注采访，以采访的方式获得数据。

我们还要关注其他方面的因素，比如从晚上灯光的密集程度以及水资源的提供等角度看待非洲投资的相关问题。

主持人：感谢黄院长，上半场的时间给自己做广告，下半场用英文发表了演讲。我们现在茶歇15分钟，希望大家用这个时间交换名片，互相交流，多沟通、多合作。

（茶歇）

主持人：首先请尼日利亚中国投资促进会会长刘长安演讲，大家欢迎！

刘长安：谢谢主持人！刚才很多专家、学者、领导从各个方面论述了关于非洲的话题。专家和领导从全局的方面来谈，我在尼日利亚工作、生活了18年，我想从局部、区域的角度和企业的角度来论述一下。

我刚刚看到我的朋友圈，有两只饿狼到了一片草地，狼甲非常高兴，狼乙问你为什么高兴，你又不吃草，狼甲说羊吃草啊！然后扭头就跑了，然后狼乙就说你跑什么，狼甲说我得赶紧告诉羊，这个地方有一大片草。这个故事是什么意思呢？人和人是有区别的，专家能看得更远，能看到我们看不见的东西，我们实践者就是负责操作。其实成立"一带一路"非洲研究联盟就是需要看得更远。比如在埃塞俄比亚修的铁路，可能目前还没有看到很多的效果，但是以后会有更多的园区，铁路会发挥更大的作用。

我个人从企业的角度来说说我对非洲的感受。我分三个方面来说：第一，非洲大有可为。第二，怎么为？第三，尼日利亚中国投资促进会做的事情。

我们之前做的很多工作现在效果都显现出来了。我切身体会到，未来30年非洲真的能腾飞，是让我们有所作为的广阔天地。今天上午有专家说尼日利亚马上要大选了，不管哪一个总统上台，非洲的发展是势不可挡的。我就说尼日利亚这么多人口吃饭，就决定了这个国家必须发展，不在于领导人或者国家政策，这就是原动力，必须发展。我前面15年没看到他们发展，现在路修好了，大楼建好了。非洲人比较简单直接，堵车的时候，他说堵了十年，最近发现不堵车了，原来现在开了小路，远远就拐出去了。这些变化，说明尼日利亚真的要发展了，而且能发展几十年，所以说是大有可为的地方，是值得企业开拓、值得专家去研究的有潜力的市场。

这么大有可为的地方，我们怎么挖掘呢？我是这么跟别人说的。有人问我做什么好呢，我说非洲什么都能干，因为非洲什么都没有，生产什么都可以。第一，到什么山唱什么歌，你首先要会唱歌。你做什么，一定要结合实际，然后发展。第二，需要强调一定要看得远，而且做得稳。第三，一定要加强本地化，如果做得很好了，要用更多当地的人。尼日利亚有一个有名的企业，90%是当地人，因为用了当地人才能发展更稳、更长远。大家关注一下尼日利亚中国投资促进会简介，就知道我们目前做了什么，谢谢大家！

主持人：感谢刘总，结合他在尼日利亚18年的感受，感知尼日利亚，确实非常接地气，很多经验是值得想去非洲的企业学习的。接下来有请武汉大学非洲研究中心周雅娜博士演讲，有请！

周雅娜：尊敬的各位来宾，专家学者，女士们、先生们，大家下午好！

我是来自武汉大学的博士生周雅娜。其实作为一名初涉非洲领域研究的新人，我很惶恐，因为在座的都是前辈，所以希望大家包容我发言内容的浅薄之处。我还是很荣幸代表我的博士生导师发言。我今天想结合武汉大学在高等教育领域的实践和努力，与诸位专家、学者谈一下中法非三方合作的主题。

首先，我想谈一下中法非三方合作的重要性。法国作为与非洲有着特殊历史渊源的国家，在非洲有着深远而重要的影响。因此，在中非合作的蓝图中，法国是不可或缺的重要合作伙伴，三方互补，是取长补短获得利益的共同体。

2016年4月，中国国家发展和改革委员会、中国国际贸易促进会以及法中委员会就曾在北京共同举办了主题为"优势互补，互利共赢"的中法非三方合作研讨会。这个研讨会的目的在于搭建三方沟通交流的平台，推动三方企业和金融机构积极探索合作的可能性,挖掘一些合作的商机。同时,这个研讨会也落实了在 2015 年共同发表的关于第三方市场合作的联合声明中的重要行动。法国也因此成为与中方牵手开拓第三方市场的首个发达国家。

非洲是发展中国家最集中的大陆,中国是最大的发展中国家,法国是主要发达国家之一,三方合作是在传统的南南合作和南北合作的基础上,一种创新的合作模式,而且很好地反映了中非、中法合作转型升级的需要。目前中法非合作重心主要在产能合作、基础设施、金融、基金等领域,三方加强合作可以将中方充足的产能与法方设备对接,生产性价比比较高的产品,而且能满足非洲的需求,实现非洲自主可持续化发展,取得三赢的结果。

目前,三方已经有不少成功的实践和一些合理的规划。比如中材集团和法国世界建材行业的领导者集团,在尼日利亚共建水泥厂,中国国家电网同法国电力公司在莫桑比克合资新建电站,中国国家管网公司和法国十大上市家族企业集团在非洲合作共建码头。这些都为中法非三方合作积累了很好的经验。下面,我想简要介绍一下武汉大学在高等教育领域推动中法非合作的努力和实践。

中国与法国的教育合作源远流长,1921 年成立的里昂中法大学是中国近代在海外设立的唯一一所大学类机构。中国也持续多年成为法国的第一大留学生来源国。中国与非洲在高等教育领域的正式合作起源于 2009 年启动的"中非高校 20 + 20 合作计划"。法国在教育领域也积极参与非洲教育一体化战略,积极助力非洲教育的发展。由此可见,三方在教育领域有着良好的合作基础和前景。

武汉大学作为在教育领域与法国有着密切合作的高校,是向法国派送留学生最多的中国高校之一。武汉大学与非洲在高等教育领域的合作起步较早。自 2000 年起至 2018 年,武汉大学累计接收 170 名非洲学生学习汉语和专业知识。依托法语学科的传统优势,武汉大学先后成立了法国研究中心、中法人文交流中心以及非洲研究中心。

早在 2014 年武汉大学法国研究中心就与中国欧洲学会法国研究分会以及武汉大学法语国家研究中心共同举办了中国、法国和非洲三方合作论坛。政府官员、专家学者、中国驻非洲企业家代表就经贸关系、安全合作、海洋项目合作、建设投资等领域探讨了三方合作的潜力和可能性。

2017年10月31日，首届中法非三方高等教育论坛在武汉大学举行，来自中方的11所高校和科研机构、法国的6所高校，以及非洲4所大学代表共同出席了这次会议。就在今年9月份，开学之际，加蓬总统阿里·邦戈被授予武汉大学法学荣誉博士学位，总统阁下说，他将这份荣誉视为武汉大学对他的国家和非洲大陆的致敬。武汉大学倡议发起中法非三方高等教育论坛，希望能够以论坛为契机打造中法非三方高等教育的共同体，不断加强交流，凝聚共识，从高等教育层面推动中法非人文交流不断迈向新的台阶，为打造中非命运共同体做出贡献。我的发言到此结束，谢谢大家！

主持人：感谢周雅娜博士的演讲，她的经验就是三方合作，周博士代表她的中心主任王战教授做的演讲，对我们特别有启发。接下来有请南非华人科学家工程师联合会安金镝先生演讲，有请！

安金镝：谢谢主席，谢谢各位。我是昨天早上来到广州的。很荣幸受到广东外语外贸大学的邀请，我的名字叫安金镝，在非洲生活、工作的过程中，我的名字变得越来越长了。今天，我是带着两个身份来的，第一个是南非华人科学家工程师联合会代表，第二个是联盟发起单位莫加研究所的委托代表。我的身份有双重性，一是中国人，二是南非人。

首先我想跟大家分享三个方面的内容。第一，介绍一下这两个组织，首先介绍的是南非华人科学家工程师联合会，它是在中国驻南非大使馆的支持下，在2016年于南非成立的，联合会成员为中国的各领域专家，如工程师、律师、医生、会计、商业顾问等。我们的会员遍布南非、莫桑比克、津巴布韦等国家，与所在国的专家有密切的联系，超过了200人，为南非、中国政府和有关组织提供有关中非合作交流的信息。

第二，我想介绍的是莫加研究所，它是南非本地的有识之士共同创立的独立的非营利性智库。莫加研究所的任务是致力于就公共、私营领域中的复杂问题，提供有洞见性、影响力的解决方案。专家来自政治、外交、国际关系、金融、法律、宗教以及经济等领域，因其独立性、公正性，以及在第三世界发展中国家关系建设上的作用、积极的态度以及开阔的思维，研究所成为多国政府乐于合作的组织。希望未来在座的各位和我代表的两个组织，有更多的战略性的合作。

　　我分享的第三个内容就是说一些心里话。迄今为止，在座的嘉宾都是从宏观的角度阐述了你们对中非关系的研究。可以说，虽然角度不同，但是大势趋同。在这里，我不再锦上添花了，我只是从一个在南非的中国人的角度谈一谈我比较粗浅的见识。我之前有朋友来到南非，跟我说，没想到这么好，为什么不早点跟他说。我经常跟他说，南非是世界保存最完好的秘密之一。这是为什么呢？因为在过去，对于中国的企业和组织而言，无论是南非、东非、北非、西非，始终不是其第一投资目的地，甚至不是第一旅游目的地。

　　在此过程中，我发现一个小问题，中国人其实没有富太久，但是不知道从什么时候开始用欧洲人的思路看非洲，往往带有先入为主的偏见。现在非洲的大思潮，不管经济博弈情况怎么样，不管像中国战略还是像欧盟战略，都不重要，从文化、政治和民主思潮的发展来说，必然是去殖民化、去欧洲化，甚至要实现以非洲未来主义为代表的非洲梦。所以，现在非洲热了，更多的中国企业、部门、组织接踵而至，但是如果思维固化，无论怎么样喊着本地化，一定会走到异地化的怪圈子里去。因为在非洲，尤其是南非，最大的挑战就是人的挑战，有人归之于文化差异，有人归之于语言差异。其实自身存在惰性，做的功课不对。我们出去是要打硬仗的，如果这些思想建设没有到位的话，我们无法期待他们在非洲推动大量的成功项目，就像女士说的。所以从这个层面来说，我们可以看到"一带一路"非洲研究联盟成立的必要性，相信这个联盟在这条路上是任重道远的。

　　接下来我想分享的是，从南非的角度谈谈中国在南非发展需要关注的三个大方向。首先，谈一下中国在南非进行大型投资时，如何设计出自己的游戏结构和游戏规则。过去很多年里，中国在南非的投资是举步维艰的，我说的是基础建设方面，因为我们习惯做简单粗暴的承包工程，在未来，到底是应该往 PPP 模式走还是把产业进行混合动态性的设计，还是需要研讨的。在这点上，我觉得没有放之四海而皆准的标准。

　　其次，我想跟大家分享的时候，还有很多其他的强调，如技能创新、技能转移、工业化、农业化等，现在也提出了第四次工业革命，我们始终需要抓住的是如何帮助非洲进一步培养他们未来的青年领袖，这是相当重要的事情。而青年领袖的培养并不是把非洲的领导人带到中国来读书这样简单的事情，而是以更动态、更有草根性、更有前瞻性的方式搭建个平台，我希望这是智库未来关注的。

最后，从南非的角度看，还有一定政治敏锐性，希望可以纳入考虑的范畴中，就是"一带一路"和金砖框架的平衡。其实，在南非的政商界有很多人对于"一带一路"和金砖框架有冲突的认知，所以如何在新的政府中找到稳定发展点也是我们需要面对的课题，希望我们未来能一步一步走得更远。谢谢大家！

主持人：谢谢安金镝的精彩演讲，为了发展中非的关系，要共情、共心，这是蛮打动人心的。他用南非的案例，给我们联盟未来的研究指出了方向性的内容，尤其是提到联盟的建设任重道远。我觉得联盟的秘书处，未来的担子确实是比较重的。最后的一位演讲者是广东外语外贸大学非洲研究院研究员计飞，有请！

计飞：大家下午好，我今天想讲的主题是"一带一路"与中非合作。"一带一路"的推出，证明中国会一直秉持对外开放的政策，这也是中国对外展示自信的姿态和承担责任的姿态。我们也要不断地完善社会治理。

我们先来说一下"一带一路"，"一带一路"是一个非常好的推动中非贸易经济往来的途径，也能够帮助树立合作的榜样，不管是人文合作还是经济贸易合作。如何使双边的市场更好地整合呢？第一，就是要不断推进双边自贸区的谈判。虽然现在有谈判，但还没有取得实质的进展。现在虽然我国和非洲国家签署了很多的合作备忘录，但是实际的投资还远远不够。所以中国应该加速和非洲国家的谈判，增加贸易合作项目，然后落实试点项目。

第二，我们要推进中非之间的合作与交流，因为"一带一路"是由中国首先提出来的，必须了解的一点就是现在在贸易摩擦是一直存在的。其实中国可以采取很多种方式避免贸易摩擦，比如我们提出的"五通"就可以运用到中非合作中，我们就可以不断推动贸易关系的发展。

第三，我们要在合作的过程中解决分歧，"一带一路"建设涉及的国家是非常多的，每个国家面临的困难都不一样。我们的宗旨就是要增加贸易额，最基础的就是要增进双边的了解。所以，我们要知道在贸易发展中有哪些坑是需要我们避开的。这些对于非洲国家来说也是一样的。

此外，我们还要同步观察新的情况，不断审视新的形势，不断解决问题。

第四，要推进良治、善治，推进"一带一路"建设是中国向各国政府吸取经验的方式。比如说首先建立基础设施项目，通过这些项目我们能够更好地改善社会治理。我们在提供公共产品的同时，也要遵守当地的法律，遵守市场规则。中国通过"一带一路"建设也承担了它作为大国的责任。中国所承担的责任是跟它目前的经济发展状况相吻合的。"一带一路"不是封闭的平台，不管是哪个国家、哪个政府都可以加入。但是，我想提出的一点就是，在短期内想建立适用于每个共建"一带一路"国家的经济合作机制是不可能的，现在很难形成这样统一的贸易规则，我们还要在这方面做出努力。谢谢大家！

主持人：他的演讲是关于中非投资合作的，告诉我们怎么样利用参与全球经济治理的视角关注中非投资当中的机会、责任和挑战，感谢他的演讲。这个演讲环节结束了。后面有两个商会，一个是非洲广东总商会，是这次会议的承办单位之一，下面有请非洲广东总商会对外联络部的李诺介绍非洲广东总商会的业务模块，欢迎！

李诺：各位尊敬的来宾，欢迎各位参加下午的环节。

我想跟大家介绍非洲广东总商会主要的任务，主要是组织各类活动，包括像这样的活动。首先我要感谢商会副会长霍江涛女士的支持，也非常感谢她给我机会让我在这里跟大家介绍商会。

商会扮演着非常重要的角色，包括发展和协调不同协会、政府部门以及企业之间的关系，主要是广东和非洲各国政府部门和企业之间的关系，希望进一步促进相互之间的投资。同时会进行技能项目以及社会文化的交流，加快人力资源的发展。我们必须携手促进经济文化的交流，这样才能帮助我们更好地促进非洲经济文化的发展。今年我们协会主办了非洲经贸文化周的活动，希望能够让大家认识非洲国家的文化，我们希望进一步弘扬非洲文化。只有让非洲人以自己的方式宣传自己的文化，中国人才能更好地理解非洲文化，因为很多企业对非洲文化不是特别了解。它们在那里投资，但是它们缺乏对非洲文化的认识。今天的会议是很重要的节点，让我们合力、协同增效，让各个方面的参与者，金融界的、学界的、投资的，共同促进中非合作以及非洲的发展。我想再次祝贺联盟的成立以及首次学术研讨会的举办。我相信这个联盟一定会给中非合作带来巨大的影响，只要我们携手，一定能够帮助中国政府、中国协会、中国企业加强和非洲的合作，这是我们的责任，让我们一起携手共同努力。

从 2019 年 4 月 26 日开始我们会举行非洲经贸文化周活动，希望把真实的非洲带给你。我们不会只关注文化，还会关注人力资本，尤其是技能发展的方面，我们希望能够推动更多的年轻人发展。大家会看到我们的手册，在当中可以看到我们的人才培养项目。明年，在非洲经贸文化周期间还会有更多更精彩的活动，今年已经非常精彩了，有许多非洲国家支持我们这项活动。我们希望不仅有政府的支持，也有更多企业、协会的支持。我希望大家可以与我们一起合作，不断扩大中非合作的影响力，我也希望大家能够与我们一起承担企业的社会责任，因为企业不仅仅要投资非洲，还要促进中非人文交流，促进中非双赢的合作。

谢谢，如果大家对非洲经贸文化周有什么兴趣的话，可以联系我，我希望在明年的经贸文化周见到大家，谢谢！

主持人：接下来有请广东进出口商会高延良副秘书长推介。

高延良：大家下午好！首先祝贺"一带一路"非洲研究联盟的成立，同时预祝今天的活动圆满成功，因为今天商会的邹会长临时有事离开了，所以委托我汇报商会的情况。

我介绍一下广东进出口商会，首先介绍一下商会的服务业务，其次就是推介在肯尼亚的项目。

广东进出口商会于 2006 年 7 月 18 日正式挂牌成立，定址于广东外贸大厦，是广东省较早成立的外经贸领域的行业商事协会。商会秉承守望相助、共同前行的理念，与会员企业抱团取暖，优势互补，利益共享，风险共担。通过独有的类联盟机制，商会充分发挥自身及会员企业的各自优势，走入市场，合作共赢，特别是在拓展共建"一带一路"国家市场过程中，帮助会员企业逐步从"产品输出"走向"品牌输出"、"标准输出"和"产能输出"，不断提升会员企业贸易自由化、便利化水平，使会员企业在商会平台的资源配置上，不断认同商会全方位、高标准的服务。商会成为企业会员"走出去"开拓国际市场的助推器，最终目的是实现买家、卖家的互利共赢。

商会目前的主要优势首先是建立了高质量、广覆盖的专家库，现在有诺奖工作站系统的一批专家。另外就是营造了与驻穗的各领事馆的业务沟通渠道，承接了政府购买的调研服务，构建了全省地方跟地方商协会的网络，创设了系统和有针对性的会员培训体系，开拓了以服务会员为目的的一系列定制服务，为广交会提供高质量服务，同时打造了国外商展，法律、税务、海关商事征询会及新政策解读会等一大批有影响力、有口碑的服务品牌。

同时，我们也开展行业新常态等调研，并产生了一批有质量的研究成果，以指导会员发展。

接下来主要讲一下广东的政策。商会积极推动广东和肯尼亚的合作，鼓励广东的企业到肯尼亚投资，组织广东的企业参加 12 月份的肯尼亚博览会，涉及家电电子、照明灯饰、五金建材、纺织服装等行业。这次展会是省商务厅 9 月发文大力打造的展览平台。参加的企业可以拿到省和国家的配套资金，同时各个地级市都有相应的补贴。为支持这次展会的招展工作，鼓励企业积极开拓非洲市场，商会决定加大对参展企业的补贴力度，给予每个参展的会员企业 5000 元补助。

现在跟着商会"走出去"，商会主要在贸易方面帮助企业开拓市场，这是链接产业的。商会打造的企业"走出去"的整体方案，主要是针对境外展会，目前在非洲有埃及、南非、尼日利亚、肯尼亚四个国家组织展会。我们会组织广东的企业"走出去"，以贸易的方式拿订单。而且整体方案也是配合企业如何更好地获得订单。商会主要从以下六点帮助企业获取订单。

一是展会推荐。主要是广东省重点扶持的展会，所以广东省一般有重点补贴，扶持企业"走出去"，同时，对于商会推荐的展会，每个参展企业都会有最低 5000 元的补贴，所以商会在新兴市场方面的扶持力度是很大的。二是商旅考察。三是当地的市场调查。四是纸媒，通过纸媒宣传，比较直观地帮助企业打响品牌，主要途径是在每场展会发放企业纸媒的广告。还有邀请国外的采购商在国内办采购对接，比如 11 月 2 日，针对专业市场"三包"的采购对接，还有 11 月 19 日肯尼亚市场在广州的四季酒店的对接。五是外贸培训。这些外贸培训主要针对刚刚开拓的新兴市场进行政策指导和外贸诊断、技能培训，帮助老板降低风险。六是为开拓市场的会员企业进行针对产品的数据分析。根据产品数据分析、进出口国家情况的分享，商会推荐线上平台的采购商给它。还有同行的价格，全部都会有数据提供给它，然后有推广的计划。这个推广计划包括人才培养、市场的需求情况介绍，特别是需要实践经验的推广计划，全部都会依靠专家智库。这就是我们商会目前链接产业的整体方案，就是怎么样帮企业多获取订单。

下面推介一下肯尼亚项目。12月我们要带企业"走出去"。12月的展会一定是商务厅发函的，商务厅准备以展中展的方式带100多家企业"走出去"参展。我们主要讲一下与肯尼亚的关系，因为肯尼亚与中国建立了全面战略合作伙伴关系，中国和肯尼亚的合作也进入了黄金时代，所以广东省人民政府很重视加强与肯尼亚的经贸交流合作。

今年8月，广东省在肯尼亚内罗毕举行了经贸交流会，8月27日也举办了广东与肯尼亚的经贸交流会，推进企业"走出去"，特别是在肯尼亚投资。

这里我再给大家说一下为什么今年有很多广东企业特别重视肯尼亚市场。肯尼亚大概有四个优势，首先是贸易辐射能力强，作为东非市场中心，其辐射人口达2.2亿、价值700多亿美元的市场。

其次，它是东非第一大经济体，是东南部非洲共同市场和东非共同体的重要成员国，贡献近40%东非区域的GDP。肯尼亚的经济保持增长态势，前景广阔。

再次，肯尼亚提供优惠的关税待遇。肯尼亚政府重视吸引外资，参与计划的企业可享受如下优惠：进口机器、设备、原材料和其他物资免征关税增值税，工厂的机器、设备享受100%的投资补贴。

最后，基建、能源、机电设备等多个行业的需求量很大。中国向肯尼亚出口的商品以机电设备、电子产品及其他轻工业产品为主。中国企业在肯尼亚涉足铁路、港口、灌溉、电力工程建设等领域。肯尼亚是中国工程承包的重要市场，保守估计肯尼亚超过50%的工程都有中国企业参与。

另外，这次针对广东企业"走出去"，会设立广东的名品展示中心。这个主要是集中展示商家和产品。同时进行线上线下的推介，刚刚开拓肯尼亚市场的企业，可以以这个形式参加，我们把你的产品推荐出来。这个名品展示中心由省商务厅和地方商务局领导带队，参展的企业都有对接活动，同时考察肯尼亚的专业市场。商会推荐的商家在这些展会上作展示，线上线下同步宣传。这是省商务厅和地方商务局的活动，大企业率先"走出去"，接下来佛山、中山、东莞、江门等商务局都有相关的补贴。本次补贴力度都非常大，对企业"走出去"而言是一个很大的机遇。

广东是中国外贸出口的第一大省，我们从海关总署广东分署获悉，2018年上半年广东外贸进出口额达2.4万亿元，其中出口额1.91万亿元，比上年同期增长2.7%。其中，对共建"一带一路"国家进出口额7289.5亿元，增长1.7%，占全省进出口总额的22.5%。我们也希望通过这次活动，发现更多的商机，争取更多的支持，特别是今天到场的专家给我们更好的建议，帮助我们的企业沿着"一带一路"更好地"走出去"，让我们的商品惠及更多的人民，谢谢！

主持人：感谢高秘书长对商会的介绍。刚才高秘书长也提到，他们的理念是守望相助、共同前行，让我想起了中地海外集团与广外建立战略关系的时候，孙国强提到抱团出海，共拓非洲市场。我觉得这和企业、学会、商界成立这个联盟的理念是一样的，包括国家对非倡议也是共商、共建、共享，促进人类命运共同体的建设。我们看到"抱团出海，共拓非洲市场"的微信群。现在微信群的成员数字特别有寓意，"419"，我觉得我们今天的联盟成立了，也是一个非常好的日子，这个数字非常吉祥，也预示着未来的事业长长久久。希望把我们的平台做好，服务好企业，服务好社会和国家，以及中非的合作。感谢大家一天的倾听，今天的主题演讲、全天的议程到此结束，感谢大家坚持到现在，谢谢大家！

"一带一路"非洲研究联盟成立大会暨首届学术研讨会

分论坛一："一带一路"框架下的中非合作机制与模式

时　间：2018年10月28日上午　星期日（9：00—10：30）
地　点：广外国际交流中心　德馨厅
主持人：广东财经大学国际商学院院长黄庆安教授

主持人：我们这个会议来的朋友和学者以及企业的代表人数比较多。这种小的分组讨论是很好的去认识彼此的机会，我们的主题很清晰，是"一带一路"框架下的中非合作机制与模式。首先做一个自我介绍。我是广东财经大学国际商学院院长黄庆安，我是那边的教授和院长，也是英国东伦敦大学的毕业生，我担任过那里的主任。今天非常高兴让我主持今天的小组讨论。我们的主题就是"一带一路"框架下的中非合作机制与模式。

今天我们这个讨论是根据自己的兴趣来报的，想必大家有很多想法。比如，在以前旧的框架底下中非合作的模式是什么样的，在新时代"一带一路"框架下有哪些不一样。我觉得我们从郑老师这边做一个小小的自我介绍，大家相互认识一下。谢谢！

郑腊香：谢谢主持人，谢谢大家！我是广东外语外贸大学非洲研究院的研究员，我同时是广东外语外贸大学国际关系学院外交学系的系主任。很高兴能够在此认识大家，跟大家一起共同探讨中非合作的模式问题。谢谢！

胡美珍：大家好！我过去在中国工作了几年，然后现在是中南部非洲特使的助理，非常高兴坐在这里与大家一起探讨"一带一路"框架下的中非合作机制与模式。

戴禹鹏：对中国对外投资以及连接各国政府的工作来说，这是一个大平台，现在我们也对"一带一路"建设人才进行储备，从少年和大学生都有这样的合作，我们通过驻华使领馆去创造发展机遇。因为"一带一路"建设是百年工程，我们希望能够把这样的百年大计发展好，为国家培养"一带一路"建设方面的人才。谢谢！

Elling N. Tjonneland：大家上午好！非常高兴来到这里，我叫 Elling N. Tjonneland，来自克里斯蒂·米凯尔森研究所，这是欧洲的一个研究机构，主要研究非洲和非洲对中国的反应，以及总体的中非关系对全球关系的影响。谢谢！

黄俊民：大家好！我是广东进出口商会的代表，这次我们商会主要代表企业过来，了解一下"一带一路"框架下我们企业的合作模式，以及企业怎么样"走出去"，可能碰到什么样的问题，看有哪些合作的点。谢谢！

计飞：大家好，我叫计飞，我是广东外语外贸大学非洲研究院的研究员，我的研究重点包括国际贸易以及投资，非常高兴能够和大家一起来讨论。希望能够有卓越的成果。谢谢！

Adam Yousif：大家早上好！我叫 Adam Yousif，我是苏丹驻广州总领事馆总领事。我们的总领事馆于 2017 年成立，致力于发展和中国的政治、经济关系。当然也要加强与中国的合作。在 10 个非洲国家驻广州总领事馆中，我们是其中一个。

董俊武： 大家早上好！我叫董俊武，是广东外语外贸大学非洲研究院的研究员，是管理学的教授。我们非洲研究院相对来说起步比较晚，但是发展很快，我们成立了"一带一路"非洲研究联盟，希望通过这个联盟，我们一起碰撞和交流，从而收获更多的成果。谢谢大家！

刘佳： 大家好！这次来主要是跟大家交流经验，了解一下情况。

Ahmadou Aly Mbaye： 大家早上好！我是 Ahmadou Aly Mbaye，是达喀尔大学的教授，我主要是研究中非方面的政策制定。谢谢！

程莹： 各位老师，大家早上好！我是北京大学非洲研究院的程莹，我的研究对象主要是南非和尼日利亚。

李诺： 大家好！我来自非洲广东总商会，来自莱索托，在南部非洲。现在我主要做的就是协调非洲各国政府以及中国政府和相应的商会，一起促进对非洲的投资。我们也关注人力资本的发展。我们要提升非洲青年的技能，同时也会通过政府之间的活动来促进我们人才的发展，进而促进非洲以及中国的发展。

韦晓慧： 大家早上好！我是广东外语外贸大学国际经济贸易研究中心的新进老师韦晓慧，也是非洲研究院的研究员，自己主要的研究领域是非洲。读硕士和博士阶段的研究领域都是非洲，比如说国际发展研究。读博士阶段曾申请去非洲调查，但是拿到的都是英国、法国和荷兰的邀请函，去了当地的研究单位做了交流。具体做的东西还是偏研究方向，一些企业具体对接相对少一点，所以我们非洲研究院的一些活动，我也会常过来参加，听取一些处于弱势地位的项目介绍。

主持人： 相信大家走了一轮以后对我们在座的各位都有一个初步的认识。还有哪一位我们错过了？今天虽然我是主持人，但是我是一个促进者的角色，我更加希望大家能够围绕我们合作机制与模式的主题畅所欲言。

"一带一路"是我们国家跟世界上其他国家的倡议，今天我们讨论的议题就是合作机制与模式。既然这是一个共商、共建、共享的平台，在各个国家与中国的合作过程当中，什么东西可以保障合作能够可持续发展下去，就是我们今天讨论的重要议题。因为我们陆陆续续有不少的朋友要加进来我们的讨论，我们先讨论一下，待会儿我们中间再让他们自我介绍一下。首先我解释一下我的想法。我想问大家几个问题，"大家觉得自己是一个内向的人请举手。"有一位老师。"大家如果是外向型个性的请举手。"我想在讨论的时候能够照顾到一些比较内向的朋友，可以帮助大家发表议论，这样就不会错过。这是我提问的目的。我喜欢把大家关心的问题理一下。"如果大家觉得自己是理工科的人才请举手。"理工科背景的人不是太多。"有人文社科教育背景的人请举手。""如果觉得自己是艺术类、美学类、音乐类的人才请举手。"大家其实还是蛮偏社科的，所以我再进行一个小小的梳理，我们大概知道大家讨论的方向、走向。

我是学习战略管理的学者，我们作为战略管理学者，会分析事情的外部环境，用一个 PEST 把它模块化，P 是指政治、E 是经济、S 是社会、T 是指技术。我们分析问题的时候，希望有一个议程，这样就不会漏掉东西。我先抛砖引玉，希望大家开始展开热烈的讨论，围绕机制体制发表一下自己的观点。谢谢大家！

谁想第一位发言呢？

Adam Yousif：首先我要恭喜我们自己，恭喜我们的国家取得了一个重要的成绩，就是我们有了一个"一带一路"下的非洲研究联盟。这样一个重要的成就，实际上它的意义是非常重大的，不仅对于公众意义深远，对于世界上其他国家也是很有借鉴意义的。我想这也是一种新兴的落实"一带一路"倡议的新模式。我们也要调动各种类型的大众传媒，让更多人知道，所以我们非常有必要成立一个新闻中心或者是媒体中心专门服务于我们这个联盟。这样我们也可以让外界知道我们联盟新的成绩。我们也要有一个新的非洲联盟办公室。这个办公室实际上是一个联络点，让更多人可以更好地了解非洲联盟《2063 年议程》。另外我们也要跟在非洲的很多中非研究机构加强联系，让它们也加入联盟成为我们的成员。

另外我要高度赞赏我们这次取得的成就，大家秉持着合作的精神，经过大量的商讨和合作，我们才完成联盟的成立工作，也获得了领事馆的支持。希望可以帮助我们尽早实现非洲联盟《2063 年议程》，也让非洲联盟成为"一带一路"非洲研究联盟的成员。谢谢大家！

董俊武：我们中国人都喜欢抛砖引玉。所以我简单就这个主题谈一下我们最近的一些感想和感受。这个暑假我们非洲研究院也承担了一些地方政府的课题。我们去中山调研的过程当中，有一件很有趣的事情想跟大家分享一下。中山目前有一个任务，即希望通过国际友城的建设来提升其国际化水平，促进经济社会可持续发展。在这个过程当中，我们了解到，他们在南非有一个友城叫曼德拉市，这两个地方为什么可以连接起来？中山是孙中山先生的故乡，而曼德拉是南非的"国父"，曼德拉市是曼德拉的故乡，因此以他的名字来命名。实际上如果从文化的角度来看，粤港澳大湾区可以有一个比较高的文化定位。同时建立一种新的合作机制，也是一个非常有效的连接点。因此，有没有可能通过历史名人的品牌连接广东省、连接粤港澳大湾区以及非洲？我先抛砖引玉，希望听到大家更多更好的建议和想法。

主持人：十分感谢董老师。很巧的是，安金镝先生就住在曼德拉这个地方，小孩还在那个地方学五种语言。这是一个非常国际化的城市，确实是一个有文化传承的地方，很多城市在中国也是通过对外合作连接友好城市的形式扩大国内外的合作与交流。接下来是 Abel Kinoti。

Abel Kinoti：大家好！我也非常同意前面的讨论内容。我们当然也可以确认我们讨论的内容可以促进中非合作和"一带一路"倡议的发展。我们在上海举行了"一带一路"的论坛，在江浙将举行下一届，我们的主题跟"一带一路"相关，希望在这方面有更多的研究。我们也希望有更多地方性的论坛，在肯尼亚或者是其他非洲国家召开。这样能够让更多人了解哪些问题是可以解决的。我们还可以与其他大学合作，非洲有很多大学跟中国的大学合作，这可以帮助我们进行进一步的研究，我们也会不断使我们的发展势头更加强劲。谢谢！

黄庆安：刚才 Adam Yousif 强调了合作机制的重要性，董老师从友好城市方面谈到友好的机制。接下来请其他人畅所欲言。

程莹：实际上我不太擅长讨论比较大的模式或者框架。实际上我想要提出的问题就是，我们如何进一步强调中国的主动性，同时能够尊重非洲的生意？怎样可以让我们与非洲有更好的联系？非洲是个广阔大陆，有不同的文化和国家，中国只是一个国家，所以我想直接把这个问题提给大家，让我们一起来讨论。

Elling N. Tjonneland：谢谢！我想跟大家分享一下我的想法。作为研究员，我们如何去帮助促进"一带一路"倡议的实施，从而达成我们希望达成的成果？我有三个建议。

第一，我回应一下 Adam Yousif 先生的观点，我们要和非洲做生意，非常重要的一点是我们要和非洲联盟及其在北京设置的机构加强联系。这样能够让我们更好地去了解非洲。我也希望我们的"一带一路"非洲研究联盟能够加强与非洲联盟的联系。

第二，要让我们的"一带一路"非洲研究联盟去把知识聚集起来，让我们来看一下关于"一带一路"倡议最好的研究成果是什么。不仅是中国做的，还有非洲做的相关的研究。因为可以在网站上获得相应的研究员的研究成果，不仅可以看到非洲联盟的，也可以看到中国的研究成果。我认为这样做非常重要。

第三，更具抱负的一个建议是，希望联盟可以找到更聚焦的领域，让研究员更好地进行研究，可以促进中国和非洲各国对非洲和中国相应问题的研究，促进"一带一路"倡议的实施和发展。

主持人：我想问 Elling N. Tjonneland 先生一个问题，您觉得为什么我们要做研究来推进这个机制或者是框架？

Elling N. Tjonneland：我觉得我们要强调研究员以及学者还有智库的角色，为其提供更多的支持。这一点非常重要，当然也不止这一点，我们要传播知识，让人们知道都发生了一些什么事情。在"一带一路"倡议框架之下，各个研究机构需要贡献其传播知识的力量。

刘佳："一带一路"是非常好的倡议，但是我们需要国际人才，在过去三年我跟北京的大使馆和广州的总领事馆进行过交流。我们希望能够促进我们智库的发展，美国和欧洲的智库已经有了良好的发展。我们可以借鉴学习，促进更好的发展。广州的大学，当然还有在北京的一些相应的机构，可以去培养相应的人才。因为"一带一路"是一个长期的倡议，从2013年开始，为了更好地、长期地发展，我们要培养人才，尤其是年轻人，在未来10年、20年，他们会成为核心力量。所以我们必须关注下一代中非合作，为他们做准备。我也和不同国家的教授以及官员进行过交流，认为我们可以做得更好，而智库非常重要。在中国，我们只有十多年的智库研究经验，我们有非洲研究中心，其中很多学者是来自察哈尔学会的教授。

主持人：您从知识先行的角度提出建立从幼儿园到大学全流程的机制

体制，是一个很好的提议、倡议。

刘佳："一带一路"倡议要实行一定是人才先行。

郑腊香：大家好！我是搞国际关系的，所以我认为"一带一路"框架下的中非合作机制的建立非常重要。非洲也是一个新兴的力量，在国际上中国很重视非洲，历来重视，欧洲更是。所以现在我们中国跟非洲在"一带一路"框架下的关系也会越来越密切。但是因为欧盟成员国有很多都跟非洲的国家有历史渊源，现在欧盟特别关注非洲大陆。实际上，中非关系不断深化，也面临着一个问题，因为欧非关系也在不断深化。希望大家能够在这方面讨论一下，我们中国和欧盟、非洲的这种三边合作机制能否建立？在哪些领域可以建立？面临哪些问题和挑战？如何解决这些问题？今天我们有非常多的非洲朋友来，特别想听听他们的建议。谢谢！

主持人：谢谢！程老师和郑老师都非常谦虚。他们在这一块都是专家，还希望能够听到大家的想法。程老师提到倡议形成共鸣，郑老师看到了欧非关系的重要性、历史渊源和先来后到的重要性。希望大家以他们抛出来的问题作为我们讨论的热点。谢谢！

韦晓慧：大家好！我在合作机制和模式研究方面没有太高的建树，想听听大家的真知灼见来学习。我做研究的时候有一个困惑，因为从硕士阶段开始先接触南非，到博士阶段涉及整个非洲大区域，到2013年我们提出"一带一路"，与非洲"2063年愿景"可以对接，我的博士论文也是在讲我们企业进行产能合作以及产业转型。非洲有丰富的资源，人工成本比较低，这些从研究成果和数据可以看出来，这对双方都有利。但是实际上做案例研究的时候，境外合作区，现在做得比较好的就是天津泰达那个。当我回到广州工作后发现，东方工业园（在埃塞俄比亚的工业园），这几年的成绩是非常可观的。我们研究院在搞具体调研的时候注意到，他们遇到的困难不是我们研究发现的，他们实际工作当中都会遇到很多困难。他们会选择比较好的流水线，这对他们来说比较好一点。但是他们的效率会很低，如果你有一定的资金还可以花5年的时间等他们的效率慢慢提高。

一个园区花5年的时间，他们工人的效率才达到孟加拉国工人的水平，我想说，怎么样能够更好地对接？刚才你说了人才先行，这也是个长期的过程。作为一个研究者，你自己研究的东西跟实际没有那么一致，之间会存在困惑。

梁珍：我想先谈一下我对中非合作机制和模式的了解。中非合作论坛是每三年一届，中方领导人会在论坛上宣布举措，举措就是很重要的内容。今年中非合作论坛北京峰会上中方又宣布合作计划和新八项举措。我们现在是谈新的模式和框架。我认为最新宣布的八大举措和往年的十大合作计划还是有几个很不一样的转变。我们以前注重输血，现在输血和造血并重。今年大家会发现专门提到我们会促进对非100亿美元投资，具体怎么促进细则没有提到。但是这是一个跟以前不一样的方向。

过去我们的举措都是以中央政府为主，但是这次的举措突出了地方政府的作用。之前是以中央政府以及大型的央企等为主，我特别想请教广外的老师，怎么发挥地方政府在中非合作机制中的重要作用？广东有很多企业做得很大，现在国家层面就是要发挥政府与合作企业的作用，怎么参与？

过去我们对非举措还是以我们的诉求为主。我希望提供什么、我认为什么对非洲国家好就提供什么，过去是这样的思路。过去以我为主进行一刀切，我们要建20个学校、20个医院，但是这些项目分到每个国家不一定适应具体国情。我们给某国分的项目，某国不一定很接受。现在是共商、共建、共享，这次的举措强调我们要尊重非洲每个国家的发展需求和规划，我们去商量什么样的方式是更好的。以前更多的是我们好像把非洲看作一个整体的国家，认为非洲各国都是一样的，但是我看到新的八大举措里面指出一个新方向，我们要注重每个国家的不同发展诉求以及不同的发展阶段和情况。针对每个国家开展不同的项目，改变我们的合作方式。以前在资金的使用上，很大的程度上是按照国别来划分的，但是现在已经很明确提出来，我们不再按国家来划分多少钱了，我们更多是看对方有什么需要。按照项目来定资金投入，这是挺积极向好的信号。最后的一个转变是以前是以应用类的建设项目为主，现在更多转向软项目。

我们过去在非洲建了很多医院和学校，修了很多路，建了农业示范中心，由于过去所做的工作作用没有发挥出来，现在矛盾陆续凸显。之前做了很多事情，中国援建很多项目，建完了，项目没有优化升级。我们要优化升级，比如农业示范中心，要考虑如何结合本地需求，把农业示范中心可持续做下去。从轻重缓急角度看，我认为今年中非合作"八大行动"还是很有前瞻性的。回到郑老师说到的三方合作问题。之前在埃塞俄比亚也探讨了很多，主要是考虑几方面的问题。怎么样推进三方合作？我目前理解的就是中方加上欧洲和非洲国家的三方合作，我们觉得比较好的模式就是中国主要的优势在于基础设施，欧洲做些在软的方面即技术方面的事情，加上非洲的诉求。其实探讨了很多，真正实施的非常少，在非洲开展的三方合作非常少。这是要考虑的。另外更重要的就是把非洲的东西考虑进去。非洲朋友会问：为什么你们要和其他国家一起合作？我们对中国和埃塞俄比亚很满意，我们也对美国和埃塞俄比亚很满意，为什么你们要一起来做这个事情？所以我今天也想听一下各国的使领馆朋友们的看法。这就是我想分享的。谢谢！

主持人：十分感谢梁珍老师的真知灼见。其他人的观点呢？

计飞：早上好！我们讲到中非合作机制和模式的时候，首先想到的就是两种截然不同或者完全相同的东西，我来举个例子。比如说自由贸易协定或者是外商投资，这是一类模式，在中非合作中也是经常看到的。现在中国和非洲各国签订了自由贸易协定，这只是其中的一方面。如果我们把自贸区和投资结合起来看，我们会发现自贸区带动的贸易额比投资少得多，这个是我们说的硬合作。另外是软合作，不管在北京举办的中非合作论坛和各种各样的论坛，还是非洲国家举办的论坛和研讨会，软合作有自己的优势，首先它更高效，它会比自由贸易区更高效。另一个优势就是我们可以很快地采取行动，这种软合作模式更快捷。比如说非洲国家的债务问题、软合作软机制的问题很难解决。因为我们必须承认某一些非洲国家的债务水平是非常高的，这是众所周知的。

但是我们要充分考虑各种因素，我们要看看为什么债务水平这么高。恕我直言，其中有一个原因就是合作模式的影响。比如说中国和非洲的合作模式，并不是严格符合市场的标准。中国给非洲国家提供一些协助和援助的时候，应该考虑市场标准，也就是说如果有一个具体的国家不能满足市场要求，我们就要慎重考虑能不能往后延迟这个项目，甚至放弃这个项目来选择一些替代性的方式。

我们在进行对外援助的时候必须非常审慎，因为有一些西方国家会指责中国对非援助。我们要知道目前的合作也可能带来不满意的后果。

主持人：计老师从软硬方面提出了非常好的建议。一是从硬的方面，即法律规定和合作机制；二是从软的方面，即论坛这方面的交流，确实也很重要。计老师对于一些项目的选择、优化确实提出了很多有建设性的新的思考，谢谢计老师。接下来请 Ahmadou Aly Mbaye 发言。

Ahmadou Aly Mbaye：我想谈两方面的问题。

第一，三方的合作关系，中国、非洲、欧盟一起来合作。首先，我们必须理解欧洲国家有自己的欧盟，有欧盟委员会来促进它们的发展。我们与比利时合作，我们有各自不同的合作方式。但是在这样的合作过程当中，并不是每次都契合彼此的需要。如果我们要进行三方合作的话，要看一下我们的契合程度和效率。其次，我们要看到，西方的援助实际上效用是不够高的，也有很多的问题。它们有必要的程序，有必要的政治和附加条件，这些附加的条件以及繁杂的手续，实际上会让合作非常复杂。所以在我看来，三方的合作会让操作非常低效，也无法促进合作在地方层面的开展，我认为三方的合作需要更好地去利用资金。在合作过程当中，我们要减少不必要的程序，我们拿到资金以后要就那些程序进行探讨，之后再进行合作，这样我们才能以更好的合作来提高我们的效率。三方合作要考虑这样的问题。

第二，有一些学者也提到非洲是很好的大陆，有不同的情况和不同的背景。各个方面都很重要，我们需要发现不同的背景、不同的情况，根据当时不同的情况实施每个项目，这是成功的关键。否则我们就会不断出错。我们要发现这些问题并解决这些问题，不能让它延续到下一个阶段，只有这样我们才能更好地实施我们的项目。在实施之前，我们需要做一些努力来研究解决问题的途径。

主持人：我认为您给了我们两个非常重要的要点。对于我来说，最感兴趣的就是您提到合作的效率问题。每个国家都贡献了资金，这又涉及另外一个问题，谁是这些资金的管理方？因为你每次都会遇到一些机构性的问题。这是很重要的问题。

Ahmadou Aly Mbaye：一般来说双边合作会筹集基金，双方会通过世界银行等机构筹集资金。在这个过程当中，需要去履行世界银行资金使用程序，然后把资金投到非洲的项目当中来，再从非洲获得回馈。所以在这个过程当中我们要注意到，像这样的一些第三方，通过世界银行投入资金之后，投资银行就会被视为资金管理者来管理这些资金。所以要考虑其中的这些关系。除此之外，在某一些合作领域，我认为我们可以像欧洲一样通过一些其他的形式来进行和非洲的合作。我们常常会看到，比如说英国，它要进行对非洲的投资，但是法国又会不同意，它们之间没有达成一致。有的欧洲国家在对非洲进行投资的时候，也会听到不同国家的不同意的声音，所以这也是一个非常复杂的问题。所以如果中国再和第三方一起合作的话，第三方可能会有一些不同的声音，无力促进合作的有效性。

梁珍：Ahmadou Aly Mbaye 和黄院长提出的问题非常有意思。我观察到的就是现在中国参与的三方合作，大家沟通成本高和效率非常低是一个很大的问题。几年前中国和美国做了一个农业合作项目，但是结果只是在那个国家挂了一个三方合作的牌匾，最后都是各做各的。中国政府推进双方合作的方式是什么？就是把钱交给国际组织，而不是交给其他国家。我们过去的南南合作的农业项目涉及的就是几个国家，每个国家每年派一二十名农业技术人员去参加联合国粮农组织的项目，就是中国出钱派人，但是所有的机制、程序、项目都是它们自己设计的，我之前在埃塞俄比亚接触过联合国粮农组织的南南合作项目，项目还是挺成功的。现在新的项目，也包括像这次提出的中国政府对一些国家的紧急粮食援助，也是把这些钱交给某个国际组织，这是比较好的方式。另外中国政府设立了南南合作援助基金，所有参与南南合作的组织可以申请去做这个项目。能使三方合作落地的途径就是，中国政府把钱交给一个国际组织，然后再去推进项目的实施。

主持人：谢谢！非常精彩。

Elling N. Tjonneland：我认为我们必须关注 9 月北京峰会提出的行动计划，这里面有很多内容跟我们机构是有关的，这也可以促进我们的研究。所以我们可以看到，大家都讲到三方的合作，认为合作比较复杂，有积极部分，也有存在问题的部分。三方的合作，实际上是从南南合作而来的。我们会看到，在这个过程当中会有联合国的角色，其中也包括联合国《2030 年可持续发展议程》，实际上可以帮助促进南南合作。我们需要有一个国际组织，不管是世界银行还是其他组织，也更加努力去扮演促进者的角色，去促进南南合作。

它们主要提供资金，也可以通过"一带一路"倡议来提供技术和人力的支持。这是一个不能逃避的问题，我们也会发现中国、印度尼西亚、英国等也给国际组织提供资金。世界银行也参与了南南合作的基建项目，这可以说是世行的一个项目。一些主要的力量，如德国、英国也有自己的三方合作项目，跟中国合作的时候也会跟中国进行对非合作。但是这样会有警报，主要的风险就是很容易就导致不好的情况出现。所以我们一定要重视倾听非洲的声音，而不单纯是两个国家在讨论。

如果这一点能够做好，我觉得可能就会比较可行一点。我们必须意识到一个问题：为什么发达国家愿意跟中国来进行这种三方合作？有一个重要的原因就是中国可以给其带来额外的好处，不仅仅是给非洲提供额外的帮助，有一些发达国家也希望跟中国建立政治关联。

主持人：Elling N. Tjonneland 先生从一个非常高的高度讲到在国际合作当中听到非洲的声音很重要，这不仅仅关系到非洲和欧洲的合作，在世界的其他合作中也可以充分发挥美国和欧洲的作用。我们接下来听听从协会、商会的角度大家是怎么看这一问题的。

总领事馆助理：我自己也学过战略管理，我想从管理和战略的角度来谈谈这些问题。我觉得研究至关重要，在中非合作中也是如此。但是最为重要的就是战略。我们要打造生态系统，所有的相关方是什么角色？他们在哪里？谁来做研究？我们如何找到合适的人来做这个事情？他们做这些研究非常重要，最近中非关系也引起了学者的兴趣，他们的声音被淹没了，我们没有听到他们的声音。随着关系的不断发展，我确实了解了他们的研究都是总结了我们过去所做的工作，在这边我似乎没有听到他们的声音，所以我想说我们不仅要邀请正确的人来参加会议，而且要有一个战略。我自己体会过，有一些欧洲国家来参与或者是组织这种活动，就会邀请一些真正做这个研究的人，只有这样才有作用。我们要跟谁来对话？我们跟谁对谈？他们会有什么样的回答？他们的回答会有什么想要的结果？这个是重要的。

什么是测量的工具？从当地社区的角度来说，我们需要真正看到成果，因为我们付出了努力，我们花了时间，所有的项目必须以结果为导向。如果只是做学术的研究还是不够的，我们没有办法看到结果。比如说你要提出一个商业计划书或者是商业提案，投资经理最后只看你的经济回报，所以我们要借用这种思维，让当地也知道我们带来了什么样的结果。

他们并不关注计划和过程是怎么做的，他们只关注结果。这样他们才能更好地理解。谢谢！

程莹：回应一下您刚才讲的话以及回应一下刚才您提到的问题，您刚才讲了很重要的一点，即研究扮演的角色，也问了很重要的问题，即为什么有很多很有意思的非洲研究，我们并没有在这里听到研究者的声音。

当我们学者在讨论引论框架的时候就会听西方学者的声音，现在倾听非洲学者的声音也是非常重要的。非洲有很多研究机构也得到了我们的关注。我们不再仅仅关注发达国家学者的观点。这是一个。另外我也想举个例子，昨天我和安教授吃晚餐是坐在一起的，他谈到他在经济体方面的研究。我回房以后也读了一些他过去发表的文章。我想其实就是通过这种学界之间的互动、学者之间的互动，特别是发展中国家学者的互动，我们也可以相互学到很多。我们实际上可以分享我们各自的研究经验，包括怎么样在知识方面实现去殖民化、都市化、现代化，这些都是宝贵的价值，我们之间的相互学习也能够为我们带来更多的研究成果。

主持人：谢谢程老师。我们很快接近尾声了。还有两位我们的演讲嘉宾没有发表意见。我先邀请您跟我们讲一讲。

刘正武：我们主要是做文化出版的，2018 年我们主要是出版共建"一带一路"国家语言和学术研究图书，有 3300 多种，偏重于东南亚和南亚，对非洲文化介绍比较少。2012 年跟广东外语外贸大学合作策划了国家出版基金项目，2015 年跟广东外语外贸大学合作开展了"一带一路"非洲国家产能合作项目。今年突出了国家重点项目，未来公司打算出版非洲语言文化、历史、法律、经贸研究方面的图书，用非洲语言介绍中国经验和中国智慧，增进中非人文交流，希望可以得到大家的支持。国家可能会有一些给予扶持的资金项目，也有一些扶持基金。这方面如果有需要可以多多沟通和交流。谢谢大家！

黄俊民：大家好！我是广东进出口商会的。我这边代表企业、广东去国外投资，大部分都是国家层面出资或者是投资大项目。现在有很多民营企业出国投资的需求也很大，以前是国有企业或者是政府层面去的，它们可以承担试错成本。民营企业现在在这一块，成本太高了。但是它们已经很迫切。我们商务厅每年有几十场博览会，现在是非洲贸易也是广东省重点开发的新兴市场。比如说今年 12 月去肯尼亚参展，商务厅 9 月就发文了，说明很重视非洲市场，而且受中美贸易摩擦的影响，政府就会更加重视。

这两天在非洲论坛上，有几个企业负责人跟我们反映，他们刚刚准备转型做外贸，对很多情况不清楚，但是已经很迫切，直接去南非、尼日利亚投资建厂，因为他们有老乡在那边做生意。但是他们不懂，只是觉得那里零关税和投资成本低，接下来碰到很多人才、招工等方面的问题，就遇到瓶颈了。

南非那边原来有很多项目来招商，让中国企业去那边的工业园和商品城投资。原来是政府牵头，我们带企业去投资，很多企业就愿意去，去完以后就没有后续了。企业这一块的成本不低，虽然有政府补贴，但后续没有生意运营不下去。企业过去以后就会碰到这些问题。企业很担心出去，但是又很想出去，所以很需要我们研究院往这方面去做工作。有一些中国企业去非洲投资建厂、开公司和做贸易，因为人才短缺，或者因为文化差异，很困难。一个产业不是上下游完整的产业链"走出去"，在非洲怎么开发我们的销售渠道？有没有客户？由于有很多都不懂而且没有这方面的经营人才，过去非洲会很艰难。拉民营企业出去现在有太多的局限性了，单个企业为什么不愿意出去？如果抱团出去，组建一个中国城、一个中国的产业园，那边的政策或者是各个组织就会盯着那里，只有那里是中国的，全部都是中国人的。多个企业一起去就不会有太大的问题。单个企业出去得不到政府大力支持，在这方面很盲目也很迷茫。我们企业也不知道应该怎么做，也是希望我们联盟可以往贸易这方面研究。我们组织企业去参加展会，肯尼亚的政策是商务厅下任务，组织100多家企业去参展，我们关注企业的后续参展效果。企业跟着我们去参展，我们给补贴，帮它们在中国这边找政府领取补贴，帮它们减少成本，然后帮它们找渠道拿订单。因为有很多外贸企业不一定有那么多销售人才，我们就会组织一些人才帮它们做技术培训以及订单转化。

还有，会帮它们出一些报告以及具体的市场数据，如它们的产品在当地应该定什么价以及同行的价位等，做比较能够帮到它们的事。我们企业和商会对于新兴市场都不清楚，我们只能帮它们做力所能及的事情，我们希望得到专家的数据和科学的规划。

主持人：谢谢！由于时间关系，现在已经接近会议的尾声。我们10点

50分移步到主会场。我们进行一个新书发布仪式和闭幕仪式。通过每一位参与者的讨论,今天我是收获满满。我一共记了10页纸,简单梳理了一下,有文化机制、三方合作机制、思想互通机制、媒体机制等。等一下我会整理大家的观点,希望代表我们组将讨论的成果向大会汇报。谢谢大家!

刚才黄会长说的非常多,我去年去了肯尼亚四次,当地很多中国企业是广东民营企业,它们人才不足。过去我代表中国去海外谈判,有很多时候是因为国际谈判的人才不足、经验不足。民营企业非常缺人才,在当地工业区的中国企业,雇用中国人的比例较高,它们只用中国的标准。这些问题是中国"走出去"下一步需要解决的。

Ahmadou Aly Mbaye:主要是想跟大家分享一点,就是工业园的问题,昨天的主旨发言当中我也讲到工业园在非洲没有特别成功。因为工业园实际上在非洲是比较有问题的,而中国的工业园,你会发现它们非常专业,有IT工业园、政府的工业园、鞋类的工业园。但是如果你把不同行业的公司都集中在一个工业园当中,就会发现实际上很多企业都遇到一些困难。有一些企业会说,工业园发展不好很快就会转移到其他工业园,就会失败。失败的时候,政府可以通过提供补贴、减少关税等手段来帮助它们,但是实际上我们还要看到整体的营商环境是什么样的,这样才能帮助企业减少障碍。这些障碍有一些的确是跟金钱、关税有关,但是有一些跟劳动力监管相关。非洲国家和其他国家不一样,我们需要关注劳动力监管问题和能源监管问题。所以如果你要成功的话,你要确保这些企业在这些工业园当中得到发展,而且能够帮助它们解决相应的问题。这个过程当中我们面临很多的挑战。

中国政府和企业不要高估了非洲政府的能力,我们还有一定的政策基础可以帮助民营企业发展。你希望非洲国家政府帮你做好一切是不可行的,非洲国家政府需要一定的支持来开展相关的活动。这个过程当中需要大家做相应的调整。

主持人(黄庆安):今天的成果非常丰硕,谢谢大家的参与。希望在下一个论坛可以见到大家。谢谢!

"一带一路"非洲研究联盟成立大会暨首届学术研讨会

分论坛二：中非合作的载体与可推进的合作项目

时　间：2018 年 10 月 28 日　星期日（9：00—10：30）

地　点：逸林假日酒店　国际会议厅

主持人：中地海外集团副总裁孙国强

主持人：各位中外嘉宾，大家早上好！

今天上午的会议开始了，感谢主办方对我的信任，由我主持今天的会议。我想抛出一个主题，跟大家都有关系，由我们一起商量和讨论。既然这个分组讨论的主题叫"中非合作的载体与可推进的合作项目"，我想借今天的机会，重点介绍大家都比较熟悉的中非合作论坛的机制，今年 9 月习主席刚刚宣布的补充机制，叫中非经贸博览会，给大家介绍一下这个博览会，然后请大家一起来讨论。习主席今年 9 月提出了将中非经贸博览会作为中非合作论坛的补充机制，会议每两年举办一次。

接下来，我给大家重点介绍一下中非经贸博览会。我想，在座的每一位应该都知道中非合作论坛，今年 9 月在北京举办了第七届中非合作论坛峰会。在峰会上习主席提出了"八大行动"。"八大行动"中的第一条就是产业促进，成立中非经贸博览会。中非经贸博览会作为中非合作论坛的补充机制，将永远落户湖南长沙，每两年一届，第一届初步考虑在明年 6 月 18—20 日举办。当然，这些方案还没有最终确定，我今天也是受主办方之一——湖南省政府的委托，在这个会议上跟大家介绍一下。

一、中非经贸博览会的主题和主要内容，大概有以下几个方面。

（一）助推非洲经济的多元化，包含几个方面：第一，经贸合作园区；第二，国际产能与装备制造；第三，旅游业；第四，金融业；第五，智慧城市建设。第二大点是助推非洲农业现代化，重点就是探讨农业园区的规划、管理、基础配套设施等，交流养殖技术和养殖业合作、种植技术与种植业合作等农业技术与应用经验，农产品加工、仓储物流、农机具生产等涉农产业经验，助力非洲农业现代化产业园区的建设以及农业主导产品全产业链的发展，吸引中国企业赴非洲产业园发展。

（二）其中包括基础设施的互联互通，也包括贸易投资便利化，比如说开展网络平台建设，交流、探讨口岸基础设施建设等方面的经验，推动双方在跨境电子商务、物流、通关便利化、检验检疫等领域加强合作，促进贸易投资便利化。

二、活动的形式如下。

（一）高层论坛。根据博览会的主题举办论坛。

（二）专题研讨。根据博览会的主题和板块设计举办多场论坛和博览会，促进经验交流和分享。

（三）展览展示。就中非经贸合作成果、非洲国家贸易投资环境和特色产业、中国地方发展成果，以及中国产品、技术服务等进行多种形式的展览、展示。充分利用湖南现有展览展示的平台，在湘设立非洲馆，常年展示非洲产品，举办非洲特色产品节。

（四）对接交流。进行政商对话，举办专题对接会，促进商协会、金融机构、地方政府等相互交流和合作，共同寻找合作机会，推动成熟项目落地。

（五）实地考察。邀请参会嘉宾实地考察，中国各相关产业领域根据企业发展的情况寻求合作商机，促进各领域的合作。

（六）总结评估。媒体活动结束后，全面总结办会经验和存在的不足，并对活动举办和成果落实情况进行评估，不断提高办会水平。

中非经贸博览会的大概情况就是这样，刚刚我已经说了，2019年6月，会期三天，地点在湖南长沙市，会议的主题是"合作共赢，务实推进中非经贸关系"，主办单位是商务部和湖南省人民政府。参加的人员计划有中国国家领导人、商务部以及商务部委和相关部委的领导，非洲国家领导人、部长级官员、州省长、重点企业一级重点商协会的代表，国际组织的代表，湖南省领导、国内其他省区市代表、国内金融机构和重要商协会代表，以及国内企业代表、专家学者。

主要的内容大概就是这些。我想给大家稍微提醒的是，这个方案现在还在修订过程中，最终的情况以官方宣布的为准，今天只是探讨载体和合作项目。

另外，中非经贸博览会虽然在湖南举办，但是面向全国，也就是说，博览会是中国的博览会，不是湖南省的博览会。面向非洲，探讨的是中非合作。第一个阶段的介绍到这里，大家有什么想法或者疑问，都可以提出来，谢谢大家！

Naanmiap-Okwechime：非常感谢您的介绍，我先谈一下非洲国家的需求，我们谈一下可行的项目。我是尼日利亚的代表。到目前为止，尼日利亚大部分机器装备都是从中国进口的，但是我们也希望更多地看到合作共赢的局面。尼日利亚经常问领事馆的问题就是，我们能够为中国做什么呢？我们有哪些项目可以与中国合作呢？有哪些项目是我们可以共同做的，而不是仅仅从中国购入装备？我们还希望看到更多的中国企业在尼日利亚投资设厂，尼日利亚有一些工业园，如果工业园能介绍更多的中国产品就更好了。

安金镐：大家早上好！我介绍一下自己，我的名字是安金镐，来自南非，我现在想基于南非跟大家介绍一下我的观点。首先，我对中非经贸博览会怀有极大的信心。我相信我们的确需要这样的平台展示非洲更多的特色。南非乃至整个非洲大陆能够为中国做更多的事情，而不仅仅是从中国买产品。刚才领事说的，我们要平衡中非之间的贸易。同时我们也希望非洲的产品以及人才能够有更多在海外交流的机会。基于我刚才说的话，我希望表达一下我对此的想法。首先我代表南非展会组织表达一下想法，我们会积极参与湖南举办的中非经贸博览会，我们已经准备好邀请一批与会者进行展览，包括农业领域和小微金融领域等的从业者。我们希望能够得到主办方更多的支持，让我们的展示更加成功。

其次，我们偶尔会举行展览会，我们不仅仅希望举办一个博览会接着一个博览会，我们希望能够以孵化器的形式，通过合作取得实在的成果，不然只是浪费时间。所以我觉得，我们应该找到更多具有匹配性的机会，怎样提高匹配性呢？就是在博览会开始之前，告诉大家与会者的名单，而且进行更多的研究。所以在最后的会议中，匹配性可以加强。我们能够保证匹配的成功，这是我现在代表南非展会组织可以提供的支持。

孙国强：感谢两位嘉宾的发言和问题，我想先作一个回应。

在我回应之前，我想声明一下，作为中地海外集团的一名员工，我在非洲也工作了16年，我的回应可能更多是基于我个人对非洲的认识或者基于我在非洲的经验，我对刚才两位嘉宾的问题有一些理解，不代表官方的回应。

首先回应尼日利亚女士提出的希望，不仅仅是尼日利亚从中国进口产品,更多是中国能从尼日利亚进口更多的产品,这样才能实现贸易的平衡,或者真正为尼日利亚的发展提供比较好的助力。我个人是这么理解的,确实中国政府有这样的考虑。大家都知道,再过几天,进口博览会就会在上海召开,主要的出发点就是这个。

当然,我个人也认为其中有很大的机遇。大家关注到峰会提出的"八大行动"第一条就包括设立中非经贸博览会,从某种意义上讲,就是要从机制上解决这些问题,至少提供这样的机会。也就是说,从这样的峰会精神中,我们认识到、体验到四个方面的重大转变。第一个方面,从输血为主变成输血和造血并重。我想解释一下,以前中国更多是根据经济发展的需要提供资金的支持,而单纯的资金方面的支持可能会给国家财政造成相应的负担。接下来可能除了资金的支持,还要实现产业的对接,也就是说要推动中国的投资人到非洲进行投资。并且这些投资要与贷款相结合,这是比较大的变化。第二个大的变化就是以中央政府为主,充分调动各方力量,包括地方政府,比如省一级政府、市一级政府,充分发挥它们的作用,而企业在产业对接方面比中央政府能够发挥更实实在在的作用。第三个方面,以前都是以"我"为主,中方根据自己的研究成果想象非洲可能有什么样的需求,接下来有一个重大的改变,就是共商、共建、共享,做什么、怎么做,我们要更多地与非洲朋友商量。第四个方面,以前更多的是注重基础设施建设,现在有必要的基础设施,还要加上产业对接,我们更多地希望营造更好的营商环境,包括投资和贸易。

我们理解中央对非战略的调整,另外,我们从中地海外集团的自身实践,特别是在尼日利亚30多年的经营中,感觉到尼日利亚是一个人口多、市场广、发展潜力巨大的空间。从工业、农业到基础设施,到第三产业,都有非常巨大的发展机会。中地海外集团自身也想尝试。当然,需要借助中国地方政府的力量,比如湖南省、广东省这样的省份,跟大家一起合作。当然,这需要专家、学者的智力支持。我简单提一个思路,便于大家理解。

比如,尼日利亚有什么可以加工出口的项目,不管是农产品还是矿产品都可以,希望大家一起来研究。我们组织国内、省一级的,比如广东和湖南做好加工这个环节,把种植和养殖、提供原材料的环节留给广大的尼日利亚人民。

同时在加工的环节引进投资人，让更多的人就业。通过加工环节，对国家来说，既可以扩大出口创汇又可以增加出口产品的附加值，同时我们也可以按照中国人的消费习惯，或者中国人的消费标准全部买进这些产品。我们在和多个地方政府相关主管机构和企业沟通的时候，大家都有非常强烈的愿望。我们也想积极推动。如果这一点能实现的话，我相信刚才这位女士提的问题，可以得到很好的解决，我们也希望大家围绕这个方向共同努力。

另外，我想回答安金镝先生的问题。首先很感谢安先生说可以积极参与，并且已经准备好了。当然我们不希望只是流于形式，那么怎么样通过参与把握更多的机会，或者通过参与得到孵化，而不仅仅是参加论坛或者博览会？针对这一点，我在非洲的经验也告诉我，其实没有谁做得不对，只是交流沟通并不有效造成的。尤其是我在埃塞俄比亚工作期间，我还是中资企业协会的会长，我陪同很多国内的代表团到埃塞俄比亚，见了很多政府官员和企业代表，从总理到部长再到具体办公室的负责人。访问之后，我都会问一个问题：你感觉怎么样？我可以负责任地告诉你，不管访问哪一个团，几乎没有一个团长的感觉和我的判断是一致的。为什么？这个问题也长期困扰我。经过长期的探索以后，我发现，国内的代表团会做一些功课，但是这些功课不足以让我们充分了解对方，而且通过现场翻译的方式，也不足以让他们完全了解我们。所以，问题就是出现在沟通的环节上，所以除了官方的交流和沟通之外，我们特别需要这样的沟通，在会后进行深度的交流，或者需要第三方进行解读，再推进双方的交流。

首先要准确地理解对方的意思，再看看我能做到哪些、做不到哪些，最后达成一些共识。所以，昨天晚上我跟安先生也有一些交流，南非有一些省和湖南已经建立了友好省份关系。对于项目怎么样落地，其实需要更多的交流。以这次博览会为例，如果我们邀请相关的人员参加，我们一定需要几个月的时间，为他们参会做充分的准备，比如他们想谈什么样的项目，我们肯定要让操作人员对接，我们可以从中帮助联系，对双方要达成的结果提前几个月沟通商议，这样的话在会场的沟通效果就可以提升。

关于这个小组的讨论主题，会前在设计的时候，我们也考虑到了中国"一带一路"倡议的推进。我们看这组确实是比较务实的，刚才主持人也把中非经贸博览会向大家做了介绍，我有几个建议。

第一,在这个博览会召开前夕,要将地方政府的作用发挥出来。广外的非洲研究院,从建院以来一直致力于广东省的产业推进,比如农业,与广东省农业厅和农垦集团共同推进广东农业企业走进非洲。广东的企业已经在乌干达、尼日利亚有农业投资。比如海洋渔业,在广东省海洋与渔业厅的支持下,海洋捕捞、冷链物流,还有广东罗非鱼的养殖等项目,都在推进。

再比如中医药的合作。去年12月,我们有一个代表团去了尼日利亚,跟尼日利亚的卫生部接触了,在推进合作的过程中,我觉得还有一点,民生领域的合作是非常关键的,怎么样推进民生领域的合作?我们要惠及非洲国家,包括尼日利亚的老百姓。之所以我们选择中医药领域合作,是因为在非洲很多国家看病还是比较困难的,医药费是比较贵的。我们想到中医药走进非洲的问题。包括这几天大家热议的,习主席在广东考察期间发表的讲话出现在《南方日报》的头版,大家可以看一下。这是地方政府的作用。

第二,发挥智库的作用。昨天"一带一路"非洲研究联盟成立了,其目的非常清楚。刚才主持人提到的大的项目,确实是要群策群力。既然这个联盟已经成立了,而且不仅仅是中方的学者,还有国外的学者,包括非洲的智库,我们可以把各自的智慧汇集起来,共同推动中非经贸博览会的研究。

第三,民心相通可以和产业促进共融。昨天我跟非洲制造倡议的于总讨论了一件事情。中山市古镇的灯饰特别有名。他们在设计一个项目,这个项目叫作"点亮非洲"。非洲国家还有很多路是没有路灯的,有很多村庄是没有通电的。这样的项目特别接地气,惠及老百姓。还有一个案例,讲到非洲国家新生儿的死亡率是比较高的,我们在11月跟深圳的佰博医生集团签约,推进非洲国家的助产士和产科医生培训,这是免费的。今天尼日利亚驻广州总领事馆代表在这里,我们希望到时候邀请您见证我们签约,了解未来怎么样做,中国提供什么样的软件,硬件就是助产士和产科医生的培训。博览会的内容是非常丰富的。所以,我建议,发挥地方政府的作用、智库的作用,促进民生项目的合作,推动民心相通和产业融合。就是这些,谢谢!

崔勇:大家好,我叫崔勇,我确实非常同意刚才各位嘉宾所讲到的内容。研究联盟，是可以发挥作用的，我们也会进一步探索"一带一路"的新征程上"一带一路"非洲研究联盟的智库作用。

刚才也有很好的案例，包括中非经贸博览会的机制。这些机制平台确实给我们提供了很好的机遇，让我们把中非合作的"八大行动"落到实地。因为在中非合作论坛中，习主席也提到一定要把项目落到实处。我相信中非经贸博览会就是一个代表。我们应该与其他的会议相结合，一起进行研究。我们有中方和非方的代表，非方代表不仅包括与会的非洲代表，还包括未到会的所有非洲国家代表，他们代表非洲的各个区域。所以我建议，作为这个活动的主办方，我们可以推出研究的计划，而且这个联盟可以组建研究的小队，加入其他的团队，进行研究，再看哪一些研究是有用的。大家一起探究如何在工业产能上进行合作，让双方得到互补，尤其是比较紧急的互补，也让这个活动举办得更有意义、更好。

不同国家在不同的发展阶段，其需求是不一样的。所以，我们应该这样想，我们应该帮助这些组织，了解其实际需求。因为我们有很多不同的伙伴，正如刘院长讲到的，政府、研究院、高校以及其他的国际专家智库，我们可以把大家聚在一起讨论。一些工厂和公司对于海外市场的研究已形成竞争，所以我们的国际人才应做相应的研究，可以参与竞标，可以根据公司的要求进行竞争。所以，这些公司能够从当地人手中得到非常有意义的报告。这些公司可以从报告中得到信息，让商业活动更加便利。

我有几个建议。第一，在中非合作论坛北京峰会上，我们的国家领导人已经提出了一些援助计划、工业辅助计划，让非洲的农业和工业得到升级，这些都是非常切实的计划。这些计划对基础设施到互联互通都有涉及，农业是一个重要的合作方向。我们的大学有非常强的背景和丰富的资源，我们已经建立了一个国际农业合作组织。我们在农机领域的中国公司，可以相聚一起，可以分享信息。

第二，我们应该分成几个不同项目，根据中非合作的内容，把专家分成工业促进、援助计划等领域。其中一些项目是用于一般的商业往来交流的，另外就是进行双方合作的项目。所以，我们可以根据不同的目标进行发力。

在中非合作论坛北京峰会上，我们也强调了我们应该增加对非洲非资源产品的进口，因为我们要保护非洲的森林。在这个方面，中国有能力帮助非洲国家实现产品上的自给自足。同时，它们也可以从中国进口它们需要的产品，不一定从中国进口先进的产品，只要是它们需要的产品都可以。我认为最先进的产品不一定是它们最需要的产品，最适合使用的才是最好的，对它们来说最物美价廉的产品才是最好的。在这方面，我们当然要尊重各方的意见，我们要做调查，这就是我们研究团队的作用。

在实施方面，我们会在中非经贸博览会上展示先进的产品，展示技术人员操作机器的方式，接下来我们会有人才培训，如技师培训。我们要做调查，如如何培训这些技师，才能让他们能够正常操作这些机器，怎样了解从中国进口的机器以及从非洲进口的产品。我们还可以进行农业的合作，尤其进行农场方面的合作，这是大有可为的。

另外，我已经跟我所在的学校领导谈过了，要建立培训机构，我们使用的是进行人才培训的资金。在博览会的其他方面，我们也会进行合作，让我们的项目切实发挥作用。

孙国强：我更希望大家能够对刚才各位专家提出的想法进行响应，而不是由我个人完成。

安金镝：感谢，我想发出两条评论：第一，中草药进口到非洲；第二，非洲的海洋经济。

首先，我们谈谈中草药。作为华裔，我对中草药引以为豪，但我并不认为中国现在推广中草药的方式在非洲国家可被接受。因为很多企业以一种居高临下的态度推广自己的中草药，非洲人民感觉是在教育他们，中草药多么了不起。所以，非洲医疗领域觉得，不应该大量地引进中草药。

2008年，我受到国家外专局的委派，谈论中草药以什么样的战略在非洲进行推广。在我的研究中，有一个非常有趣的发现，实际上中国的公司更加喜欢看它们的销售策略，比如通过销售网络促进销售，而不是一个中草药的系统。

所以，我认为这是中草药行业最大的短板。我的建议非常简单：任何接下来要进入非洲的中草药公司，都要把非洲定位在正确的地方，要充分尊重非洲。我们的中草药历史非常悠久，但是对在非洲推广的方式，作为一个中国人，我并不认同，因为非洲也有几千年使用草药的历史，他们的市场上就有一些有效的草药，他们互相之间会进行贸易往来。因为草药不仅仅是一种药物，也是一种文化符号。我们不能使非洲的草药文化历史有所损害。所以我认为中草药要走进非洲国家，除了不停地种植，还要建立中草药的研究机构，帮助非洲国家建立自己的草药系统。中国的草药专家要帮助非洲建立自己的现代化草药体系，在这个过程中逐步融入中草药及治疗方法，比如针灸、拔罐等，在非洲建立一个草药系统。在这个过程当中可以融入中医药的做法，可以做一些功能上的尝试。还可以把中草药和非洲的草药进行有效结合。所以，我们可以看到，在这样的过程中，通过中草药和非洲草药的结合，甚至能研发出新的方法、配方，这才是真正的协同效应，这才是真正的协力。

按照这种方式，我们可以节约大量的资源，也可以不用再大力地开发非洲的草药市场，因为我们有草药的协同力量了，不需要再费力做中草药产品的推广。如果我们只是关注在哪方面可以用到中草药的产品、中医的疗法，那就无法形成体系化的推广方式，所以我们还是要自上而下地做中草药、中医的推广。这是我对中草药走进非洲的建议。

接下来，我想讲讲海洋经济，这是我特别想提出来的。"一带一路"是一个非常伟大的倡议，也在不断地发展和演进，据我个人见解来看，对中国来讲，与非洲的合作中，海洋的发展潜力要远远大于陆地的发展潜力。在这个过程中，中国需要找到海外的海洋资源、海洋市场，合作进行深海开发。对于中国而言，我们并没有这么多这方面的资源，而非洲有非常丰富的海洋资源，不管是东非、南非，都拥有非常丰富的具有战略意义的海洋资源。

当然，我只是用南非举个例子，我们可能没有海洋经济集群，我们只是有叫作海事的集群，其实海洋经济集群还不是政府主导的，它是由一个行业主导的。其中包括伦敦、广东都有海外的办事处，希望能够从海洋运输、海产养殖等多方面发挥海洋经济集群的作用。我们现在希望的是，跟广东这样的省份紧密合作，山东、浙江也是未来我们考虑的重点省份，希望可以建立中国非洲海洋经济联盟机制，通过海洋经济联盟机制，进一步建立类似于智库联盟的机制，以便更好地探索海洋经济发展的规律。

不管我们推出什么样的举措、倡议，从国家中央政府的层面，它只能做这么多，其中最重要的主推者还是地方政府，还有智库这样的力量以及行业的力量。因为如果我们把这样的事情都交给中央政府做，进度会非常慢。所以我斗胆建议，如果我们能够一起启动中国非洲海洋经济联盟机制，这样的话可以一起借助这个联盟推动发挥中非海事集群的效应。

Naanmiap-Okwechime：谢谢主持人，我要特别表示谢意，感谢包括刘院长在内的嘉宾。大家都提到要与非洲务实地展开合作，并且本着共赢的态度合作，对此我表示谢意。

在我刚才讲话的时候，其实我也没有用"贸易平衡"的字眼，我们没有强调要实现贸易平衡。我认为，现在非洲在生产方面确实与其他国家存在一些差距，尤其是跟中国的制造业相比确实有差距。我们并不是追求所谓的平衡，我们只是希望能够多多少少扩大非洲向中国的出口。

我想，包括我们在内的非洲国家，可能还只是有一些自己的主打产业和产品，并不是在全球多类产品中都有优势，所以我们是想找到匹配资源，找到我们能够互补的领域去拓展出口。尤其像农业产品，包括中国的优势农产品也可以出口到非洲，同时，把非洲有特色的农产品也带到中国，所以在这个层面上，尤其是价值的增值方面，我们希望扩大出口。当然，我们非常支持即将在湖南开幕的中非经贸博览会，我觉得这是一个非常好的平台，可以让非洲国家充分利用。

Hussein：我非常感谢主办方，可以在这里跟大家分享。很高兴能够参加此次分论坛。我觉得合作不仅仅是中国与非洲国家的合作，还是中国文化和非洲文化的合作，不仅仅是国家层面的合作，还是多个国家文明的合作。我们还要把合作项目拓展到经济以外的领域，比如教育、文化、健康领域。不是说我不重视经济、工业、农业，我非常认可经济层面、农业层面、工业层面的合作是至关重要的，但是我们不要忘了非洲也是一个文化资源非常丰富的大洲。我们应该充分利用中国文明和非洲国家的文明促进文化教育层面的合作。

再者，我们不能把非洲看作一个国家，因为它是由多个不同的国家组成的，就算我们只是重点关注 20 个国家，也要知道其他的国家都有各自的国情、发展阶段和特点。所以，我们需要按照国别进行定制化合作，中国与不同的非洲国家合作的时候，合作的方式、计划、目标应该是不同的，因为这些国家的国情差异是比较大的。所以在这个过程中，不能一刀切地把非洲看成一个国家，我们要看具体的国家处在什么阶段，在这个阶段基于现在的能力能够达到什么目标，做基于国别的计划。

我们希望有一个大的框架，比如"一带一路"这样的框架，比如中非合作的大框架，但是具体合作的时候，还是要结合国别、国情进行具体的合作。谢谢！

刘昭：刚刚听了以上几位嘉宾的观点，我深受启发。我个人在非洲赞比亚做生意。在 2005 年的广交会上，我做贸易代理，跟非洲客商建立了贸易关系。当时代理销售广州、佛山的家具、建材、机器，这些都是 2005—2008 年在非洲比较热销的产品，也是非洲确实需要的产品。

在 2018 年中非合作论坛期间，我当时在北京参加莫桑比克总统推介会，我提了几个问题。因为我是做供应链管理的，我当时说，第一，想组建物流团队，当时陕汽集团在做从莫桑比克到津巴布韦、赞比亚的运输项目。第二，我们开发农产品，打造农业工业园。我在非洲生活了这么多年了，非洲也有很多水果，像杧果，特别好，价格又低，但是怎么样把中国的苹果运到非洲，让非洲人民也能吃到苹果？因为非洲很多地区的苹果特别贵，而且那些苹果都不好。既然搞农产品，我们想通过冷链运输，或者在当地建立冷库分享苹果，这也是一个生意。既然冷库建立了，我们就想把非洲的农产品进口到中国，正好也符合即将在上海举办的进博会的战略。目前我也在跟非洲谈木薯、咖啡等项目。最近赞比亚也跟中国刚签了关于向中国出口蜂蜜的意向书。

另外，今天应当关注非洲农业产业园的建设。因为我过去在非洲接触的农场主基本上都是原来的欧洲人，非洲都是一般加工做法，并没有技术含量。现在我关注如何把农业产业园在非洲落地。因为非洲有 54 个国家，每个国家的国情不一样，我关注的赞比亚想建农业综合产业园，这样比较接地气。毕竟他们缺乏研究农业的资金，他们不了解种子、化肥、技术。而且我也关注到江苏大学在赞比亚跟德元集团有相关的合作。当时我知道之后觉得非常好，也特别关注。从个人的角度，我想建立中非农业科技大学，这是私人的，做小一点，我希望可以叫中赞农业科学技术学院，我想把中国农业专业的教授联合起来做非洲的项目。因为我在非洲看到大家培训，一般都是培训 2～4 天，或者一个月。之前在非洲参加培训，参会的基本上都是省长、市长或者农业部的，但是底层的农民是真正从事农业的人，他们却学不到，也没有机会。

当时说的中国经验是主推农机，我们主要是从销售的渠道开始跟非洲对接。我希望可以更长远一些，看能不能与智库联盟做一些可切实落地且长远的项目，让非洲人民得到实惠。非洲有大量的土地资源，人员年轻化，特别需要农业技术，这也是他们的刚需。如果我们发挥"一带一路"非洲研究联盟和广外非洲研究院的领导作用，把我们的设备出口，落地后我们可以凭借技术与非洲当地人民长期合作。

目前，我跟中国西北农林科技大学沟通，大家更主张项目在当地落地，我关注的是项目落地后，在当地建立大学，培训当地人。我更关注的是传授职业技术，让非洲人民学习种植、收获和销售，他们可以实现技术转化，将产品包装好，出口到中国，就像现在的上海进博会一样。比如非洲的辣木籽，有降"三高"的作用，中国也有大面积的种植，他们可以按中国市场的要求包装，再出口到中国。还可以拓展跨境电商，目前有中国商人到坦桑尼亚买木薯，要学会如何与非洲合作经营。再比如做家具的机器，现在做家具的机器出口到非洲，只是生产板材，打孔，在非洲组装，就是把零部件出口过去，减少在非洲建厂，提高效率，提高定制化要求。我想，这也是非洲客户非常关注的。还有在日常生活方面，我们有很多非洲客户，所以我们也知道他们的个性需求，以前福州客户卖假发，现在有饮料厂、制作冰激凌的小型设备，这些都特别接地气，能满足当地人的需求。

所以，我还是希望大家在这里多提供农业产业园方面的经验，谢谢！

孙国强：非洲的朋友有没有想发言的呢？

Hyacinth Nnamdi Ndukanma：非常感谢各位同事和与会者，我叫海森，是来自尼日利亚驻香港领事馆的。昨天听了很多嘉宾的发言，他们发言的主题包括如何促进非洲与中国之间的经贸往来和经济合作，对于机器和商品已经谈了很多，包括中非商品流动、中草药等。有一些商业代表谈到了中国公司想在非洲进行系列投资的需求。中国公司的投资多了，非洲人民的就业率就可以上升。当然，也可以从生产环节学到很多技术。谈到我们的目标，我们相信我们将让非洲更加伟大，让中国也更加伟大，这对我们来说是一个合作共赢的机会。

另外，我也想说一下我们应该好好考虑的因素，这关系到我们的合作。从中国的方面来谈，当大家谈到商业便利化的时候，同时应该谈到人员的流动，因为人员才是进行经济活动的主体。我知道非洲某些国家已经出台了一些政策，这些政策都是对商品贸易友好的。在尼日利亚，我们有一个行政命令，通过这个行政命令，我们的政府可以向海外人员派发在这里进行商业活动的签证。所以，我们并不拒绝他们的签证。我在香港的时候就知道，我们让中国的商人来到非洲做生意，取得签证非常容易。

孙国强： 如果没有其他人发言的话，这个时间也差不多了。经过一个上午的激烈讨论，最终以给联盟秘书处提几点建议的方式结束今天上午的讨论。

根据上午的沟通互动，作为主持人，我整理了几个思路。第一，既然我们是联盟，建议联盟秘书处能够根据联盟成员单位的相应特点，把未来的研究方向大概分类。比如说，把人文交流列为一类，把经贸合作列为一类，把政治互信列为一类。我们不仅要研究已经出现的问题，而且要提出合理化的建议，不管是给政府还是给企业。同时我们要进一步搜集在实际合作过程中出现的问题，通过联盟的研究，给相关的决策机构提出合理化的建议。我希望秘书处做这样的工作。

第二，因为我本人长期从事的是经贸领域的工作，对人文、政治方面接触比较少，我也没有太多的发言权。我想，就经贸合作的研究，能不能锁定一个主要的方向？比如说，把如何提升非洲产品的出口能力作为主要的研究方向。不管是中方院校、智库还是来自非洲的院校、智库，都可以从这个方面研究。另外也欢迎企业家一起探讨怎样可以提升每一个非洲国家产品出口能力，不管对中国还是对其他国家。

在这个分论坛，我想提以上两点建议。最后，我想把话筒交给刘院长。

刘继森： 今天分会场的讨论时间已经到了，接下来有20分钟的茶歇时间，然后到大会场进行闭幕式的研讨。今天上午的分论坛到此结束，谢谢大家的参与！

"一带一路"非洲研究联盟成立大会暨首届学术研讨会

分论坛三：对中非合作新起点、新征程的展望

时　间：2018年10月28日上午　星期日（9：00—10：30）
地　点：广外国际交流中心　明德厅
主持人：北京大学非洲研究中心副秘书长许亮

主持人： 大家早上好！感谢大家参加我们分组的论坛。昨天我个人的收获挺大的,我现在在北京大学做老师,我们平时接触的东西就是偏理论、偏抽象、偏历史的,我来这里学到了当下比较热门的有关中非关系的很多东西,获益匪浅。我觉得是这样,我们参与的学者,包括企业家、社会人士比较多,我们就不做自我介绍了,发言的时候说两句你叫什么,来自哪里,我自己会做一些记录。为了便于大家展开讨论,希望大家紧扣我们分组的主题,叫"对中非合作新起点、新征程的展望"。我们可以围绕以下三个方面进行一些讨论。第一个,我觉得昨天很多讨论没有展开,如涉及三方合作的,中国、非洲、×可以是其他国家,也可以是其他国际组织。私营部门的三方合作已经在开展,我们跟欧美代表国家援助机构的合作不够,这方面有没有可能?第二个,涉及中国和非洲的合作,我觉得要考虑将来的走向,如有哪些我们没有涉的领域,或者已经涉及但投入不够。关于我们硬的方面的产业合作,刘老师和于泳捷老师有很多实践的经验,软的方面我们也可以展开讨论,讨论未来可以怎么做。我印象特别深的是昨天有一位评论员说,金砖国家合作机制下,能做的事情不多,主要集中在经贸、人文交流上。第三个,我们可以讨论"一带一路"非洲研究联盟能做什么。今天分组讨论有分工,我们就结合这个分组的主题"对中非合作新起点、新征程的展望",大家踊跃发言,特别是昨天发言意犹未尽的老师。

梁立俊:我是广外非洲研究院的,昨天我在讲我的题目的时候,谈到了中非关系未来可能有一个走向,就是中非经济匹配度的问题。为什么我谈这个话题?昨天意犹未尽,没有把我的想法完全说出来。为什么我说中非的经济关系有个匹配度的问题呢?昨天我说从中美贸易摩擦的角度看,在改革开放之初中美经济匹配得很好,美国也希望通过经济匹配来引起其他变化。

我们和非洲的经济匹配关系现在刚刚开始。我昨天说双方处于恋爱期,很火热的,双方能不能发展成为婚姻关系,能不能发展成一个永久的匹配关系,未来还有一些需要我们来思考的问题。为什么我说需要思考呢?因为我们观察到中国经济慢慢地会有点独立性,独立性就是说以后它相对独立于欧美的体系,现在我们和非洲匹配的话,非洲会选择一个什么样的体系?如果非洲选择一个体系,它向欧美趋近的话,我们独立了,我们和它的匹配会产生分歧。因为从非洲目前的政治发展来看,在近几年,应当说和前面有很大的不同，前面那种很复杂、很激烈的东西慢慢在消失，现在慢慢走向合作、比较宽容的道路，可能这个是要引起我们注意的问题。从这个角度来看中非经济合作，从匹配度上看合作，未来非洲如果和中国经济很好地匹配的话，那么我们就没有风险。但如果匹配得不好的话，以后一段时间的恋爱没有发展成为婚姻，或者进入婚姻阶段却离婚了，对我们来说是一个风险，这个风险可能会发生，也可能不会发生。从金融角度来讲，风险一旦发生了，那是一个很大的问题，因此我们现在研究中非关系会向哪个方向发展，会不会形成永久的匹配关系，如果出现风险，我们怎么样来防范。

另外我也感觉，我们国内的部分企业现在有一个问题，就是低端固化。到非洲去以后，一些企业把低端产业固化在非洲，通过跟非洲的合作来实现结构调整，或者升级，能不能升级呢？我们把低端产业固化在非洲，非洲固化了，那么我觉得非洲也可能会低端固化，他们也可能会通过改革来带动产业的升级，产业升级以后，我们就被遗弃了。我昨天没有讲得很清楚，我现在把我的观点稍微展开一下，虽然这个问题是比较长远的问题，但我们做研究还是要稍微关注一下。

李树波：昨天会议的环节设计得特别好，第一天大家先探讨一些游戏规则的问题，昨天大家都有发言的机会，让我们看到这是真正的产学研政融合的平台，今天大家有畅所欲言的机会。

我大学毕业后，第一份工作在广交会，在《经济日报》广东记者站。所以20世纪90年代的时候，我见证了广东民营企业早期崛起的过程，感觉到广东不愧是广东，它的经济活力可以说是朝气蓬勃，比如企业制度、商业文化、民间社团。广东和非洲较高的匹配度不但来源于产业，而且来源于商业文化氛围。我2003年第一次踏上非洲土地，在开罗开会，那时候感觉开罗像广州，有很多小型的、分散的商业企业，到处都是商店。它们在自发性、灵活性上很相似，还有一点特别重要，即在对传统规范的尊重上是有很多相同点的。

广东民间社团活跃，在这方面广东的商会真正起到了轴承的作用，就是上传下达，和政府保持一定的距离，在民间有非常广泛的基础。这就回到昨天我们说的问题上，怎么释放民间的力量？因为中非合作很大程度上是自上而下引导的，政府和政府之间的交流很多，有很多官方活动，有很多互访的计划。但民间怎么起来？这就是我昨天讲的内生的秩序，它是有机的，不但能与官方的合作形成互补，而且能消解很多东西。我们其实做非洲研究一直有个疑惑，即中非关系发展过程中有一种生长痛，就像青少年生长那样，骨节会痛，这也是成长中的一部分。但你到非洲的中国公司，它们在那边也很多年了，它们怎么觉得越来越痛？随着产业的扩大，跟社会的接触面、交际面扩大，跟媒体打交道的机会越来越多，它们会觉得不同的声音越来越多，有的时候我们太缺乏一种机制消解这些东西。它们开始会很抵触当地的机构，觉得它们想挑事，做不实报道，但后来发现这些当地机构也不完全是这样，它能够把被克制的声音散发出来。可能我们要重新认识非洲这方面。中国这方面，社会组织能起到什么样的作用？我们知道所有的商业机制都是需要管理的，这就跟非洲当地很多文化意识产生了冲突，现代工业社会和传统社会交接的时候一定会产生这些冲突，比较弱的一方一定会有挫败感，你怎么去消解这种挫败感？怎么让它用话语把这种挫败感表达出来？我认为要进行协商，因为协商永远是成本最低的交流。这就是我昨天没有说完的那些话。

我很高兴北大非洲研究中心能够承办下一次的会议，咱们可以在这次会议的基础上有更明确的研究课题分组，可以有不同的话题，包括经济、政治、人义，以及地理，咱们可以吸引更多的学者进入更深领域进行探讨。

主持人：谢谢李老师，我们在座的还有几位专家，昨天也听到非洲制造倡议想要做这个工作，就是让中国的具体省份和非洲国家进行对接。同时也提出疑问，即非洲产业会不会涉及低端固化的问题。

刘长安：针对刚才专家说的产业固化，我谈谈自己的看法。我把在尼日利亚这么多年通过自己的观察得到的感受说出来，专家再在更高层次，从理论上加以提炼。

咱们今天的话题是"对中非合作新起点、新征程的展望"。对于新起点，我非常有感悟。我到尼日利亚接近20年了，当时去的时候不会英文，只要你去了就能赚钱，那个起点简直不叫起点，我们那时候在那边赚钱就跟捡钱一样。20世纪50年代中国也没有开放，我的前老板是上海的，后来去了香港，尼日利亚刚刚独立的时候他去了。他去了，人家就白给他地，他就开始搞纺织厂，他自己当时都害怕。当地货币可以兑一个多美元，当地货币比美元还值钱。他开了纺织厂，他说织布就像印美元一样，自己害怕，又不能汇回来，专门有几个人每个星期拎着一箱美金往香港走。后来他开钢铁厂，钢铁厂像拉金条一样。我2000年去的时候，发一个货柜之后，不用卖，当地人就拿着钱等着你，我就给你现金的，当年赚钱太简单了。

但今天不一样了，世界的形势发生了变化，中国也发生了变化。现在开启对非合作的新起点，以前都是自己去折腾，现在我们已经开始有规模地往那儿去发展，去的层次也不一样了。有很多咨询公司找我们咨询，在2015年之前去的基本上都是个人，现在去的都是公司，找到我们问怎么能规范发展，怎么能发展得更好。现在去的个人或者单个小公司都已经毫无机会了。非洲的新起点的基础是什么？尼日利亚有大量的中国人了。以前我们出去见到中国人感到很亲切，现在你听到中国人说话还感到亲切说明你肯定是刚来的。中国人有个特点，你开酒店我也开酒店，你开加油站我也开加油站。确实我们已经发展到一个程度了，我们真的要开始往更高的层次走了。

以前公司去了非洲之后，发现非洲什么都能做，怎样做也能赚钱，但今天你再想做点什么赚钱就很难了。到什么山上，首先会唱什么歌，到非洲是做什么？很多人说，刘总，我来了，到这边能做什么生意？我说你这句话就错了，非洲什么生意都能做，你能干什么？你是干什么的？你在中国干过什么？你有团队没有？你有没有10年以上的经验？没有这些，你也不要来非洲了。今天的非洲不是20年前的非洲，我们已经开启一个新起点，你必须在中国做得比较成功，在中国有一定的成就之后，遇到瓶颈了，非洲恰恰是你的新起点。很多在中国发展遇到瓶颈的企业到了非洲都发展得很好，但是前提是它在中国也做得很好。目前在尼日利亚开的钢铁厂我看有20家了，这些钢铁厂把我的前老板的产业挤掉了。现在20多家钢铁厂，在国内都做得非常成功，只是在国内遇到瓶颈了，就到尼日利亚了。前几年真的赚了很多钱，当然之后又遇到一个新的瓶颈，但它们已经赚了很多钱。第一个陶瓷厂投资1亿多元，大概半年就赚回来了，现在也赚很多。这个新起点真的需要我们好好地研究，不能固守在以前的观点上，而是要站在更高的平台发展。

更多的公司，包括中地海外集团，现在建平台了，竞争太激烈了，做同一个行业的有大把中国公司去，怎么能做得更好？就需要一个新的能做服务行业的平台，像中地海外集团要做发展的平台，要帮助更多的企业去发展。他们准备和各个省合作，带动各个省在那边更好地开展工作，包括我们最近也在做，我们发现只是做自己的生意不行，我们还要营造更好的环境，环境好了，可能促进我们更多的企业更好地发展。这个可能是以后我们的重点，包括"一带一路"中非研究联盟，应该想办法营造更好的环境。我们是利益共同体，非洲需要我们，我们需要非洲，非洲是否真的欢迎我们？当然欢迎。

孙晓军：刘长安总裁非常接地气，我们做智库的听到了两种声音：一种是非常接地气的，来自第一线的声音；另一种听着高大上，实际是胡说八道。梁教授，您是东道主，我为广外站出来挑头做中非合作的事点赞。昨天大会上我也说了，我本人算是个新广州人，在广州住过几年，户口还在广州。我用自己的两点感受来支撑我对中非合作的看法，涉及广州在中非合作中的优势。

第一点，因为家庭的原因，我和非洲的联系比较多。我的朋友说中国大陆和非洲距离最近的城市就是广州，为什么？中国有所谓的三个经济圈：长三角、珠三角，还有环渤海经济圈。做小生意的中心在珠三角，做大生意的中心在上海。

第二点，习总书记在近几年强调开放，所以开放是很重要的。中国和非洲进行更广泛的合作，这需要以开放的心态做具体的事。广州是中国最开放的地区之一，外国人最多。不能算北京，因为北京有很多使领馆的人员，他们并不是真正在那里居住。

非洲嘉宾（女）：我是大学的教授，我觉得中非合作的主题是非常有意义的，我们也在积极地探讨中非合作。我首先想要强调的一点是中非之间的交流还是非常重要的，因为这能够减少双边合作当中的风险。但是我想要说的是大家在西非所做的研究是比较少的，对于企业在西非投资的案例研究得还不够。而且很多企业在非洲投资都是投资于非正式经济。说到中非合作我们要去看一下非洲这边的营商环境，想要达到共赢，我们要讨论很多的话题。昨天我们就讨论了中非合作中的一些问题，包括在非洲投资的企业会面临哪些问题。

杜娟娟：关于许老师提到的问题，我们有一些前方实践经验跟大家分享一下。在产业合作方面，从非洲来讲，非洲有54个国家，每个国家的地理位置不同，纬度不同，有的有海岸线，有的没有海岸线，每个国家的资源禀赋都是不一样的。我们希望在这些非洲国家打造快速成功案例，怎么样发展对这个国家最有利的产业呢？首先需要对这个国家有一定的研究，然后找出比较优势。

另外，从中国方面来看，中国有34个省级行政区，在过去30年的发展中，每个省级行政区的发展经验是不一样的，针对的重点也是不一样的。我们最近希望有一个这样的模式，即把两个能匹配到一起的省级行政区和国家推动到一起，在中国"一带一路"倡议下，企业能够明确往哪儿走，或者明确去哪儿能够真正对其产业发展有用处，既能挣钱，又对非洲国家有帮助。这是我们目前所倡导的方式，把资源、能够共同发展的省级行政区和企业匹配到一起，然后在政府的带领下，帮助企业去往对的地方。这样不管从中国的角度来讲，还是从非洲的角度来讲，都是最好的。

案例的话，比如我们在埃塞俄比亚有一个园区，就是湖南跟埃塞俄比亚一个从事机械制造的企业合作。非洲国家，像中国一样，每个地区的区域优势也不一样。中国各省区市不是说只做这一个产业，非洲也是一样，还是要基于有些基础的研究，然后找到对应的、有针对性的产业，这个是我们现在提倡的方式。

主持人：这块大家讨论得比较深入，我们谈了硬的产业这块，对软的人文交流，孙老师提到了民心相通，刘会长也有这方面的工作经验，请发表一下意见。

孙木林：对大家刚才谈到的问题，我确实觉得特别有感触，尤其李教授说到的生长痛、非洲的声音，我们现在听到的不完全是为中非合作唱好的声音，还有其他声音，我们在非洲从事传媒行业的企业对这种现象是非常有感触的。我们自己觉得大家也都看到了现在的非洲，实际上非洲现有的传播体系是在二战之后，在欧美国家的技术带动下扶持起来的，其实现在整体的舆论，还有我们接触到的他们的从业人员，大都是受到西方的媒体影响的。所以我觉得我们跟非洲有一个共同点，就是在世界范围内，我们的话语权、话语体系都是相对比较弱的。我们作为一个民营企业一直在思考，怎么在非洲加大中国的声音，同时也帮助非洲在世界上加大发展中国家的声音，我想这也应该是中非合作新征程里面需要去思考的一个点。

从中国的角度，我们看到有一个现实情况，就是我们在经营传媒企业的时候会走向非洲。从未来来说，我也特别认同李教授说的非洲人民对我们有一些不同的声音，就是在中非合作上，现在我们会面临质疑，比如说我们是文化入侵、我们是新殖民主义，其实这是一个误解，但需要我们更多地去发声。但这个声音如果只是口径式的，没有多种形式，不接地气，最终肯定是不行的。如何把我们的民营力量更好地纳入中国的对外传播体系中去，我觉得这个是非常值得研究的。

另外，在民心相通方面也有一个有意思的现象。我在文化部工作了12年，后来才到民营企业。在文化部12年，我发现在开展中非交流与合作的活动时，我们跟企业接触得特别少，几乎没有。一说到民心相通，我们下意识地就想到文化的交流，实际上真正的民心相通还有一部分与产业、经贸相关。我们文化企业好像更多地被看作产业合作里面的力量，但我们的力量又比不过经贸、房地产领域这些企业，就觉得文化产业的合作并没有被提升到中非合作计划如"八大行动"中，并没有独立的板块，而它的作用可能要大于其他措施，比如在"八大行动"中提出来的其他太过于具体的文化行动措施。怎么把扶持国内文化产业发展的政策和促进中外民心相通、文化交流与合作这部分的政策有机地结合起来，我觉得这是特别值得思考的。

李树波：这次很荣幸认识孙总监，在我们的研究课题里面，四达时代集团也是一个非常大的项目。

讲到在非洲的媒体，我们对此有所研究，正好跟大家分享一下，最突出的矛盾就是，在非洲的中国媒体承担了三个愿景，第一个是政府的愿景，希望它作为中国的"大使"；第二个是媒体机构的愿景，这跟第一个是有一些差异的，希望它成为非洲本地媒体，成为非洲的国际媒体；第三个是个人愿景。三个愿景都是好的，但工作中会产生分歧，核心就在于你把中国报道放在什么样的位置。当中会产生一些实际情况和期望不符，比如非洲的受众希望看到大量关于中国的报道，更深入了解中国，但媒体方面觉得自己是非洲媒体，就要放非洲人喜欢放的东西，就会跟其他的国际媒体趋同化。所以在这个过程当中，策略和定位非常重要。我写了一本书，在那本书中对这个问题做了阐述。

另外，开放不但体现在数字上，还体现在心态上。像我们在国外经常会被问道：你们中央电视台的春晚怎么会有这种节目，怎么会有这种广告，这不是种族主义吗？我们就只能说我们中国是不存在种族歧视的历史背景的，只是对文化不敏感，但这种东西不能一而再再而三地出现，我们必须反省。我们首先要清楚他们在什么样的情况下会产生这些误解，有什么样的策略能够帮助我们保持一种更开放的心态。前两天我看到一个宣传片，提醒大家看好包。游客到外国旅游，突然有一个人出现，把他的包抢走了，抢包的人又是一个黑皮肤的人，这个时候只有去找中国领事馆。广州各种外国朋友这么多，非洲朋友看到这种广告心里会是什么感受？在这种问题上，其实真的需要引导、探讨。

主持人：我补充一点，结合孙总监讲的，我也接触过这方面的研究，有个实验特别有意思，两个南非的学者，把中国国际电视台的新闻给非洲的人看，同时把半岛电视台的新闻也给他们看，把电视台的台标拿掉，问他们的感受。结果发现非洲人其实更喜欢看咱们的节目。一旦把 LOGO 放回去，他们就对中国的媒体报道提出批评性的看法。所以把国家和媒体联系起来的时候很容易产生负面评价，因而民营企业在这方面发展的空间特别大。

孙晓军：我早些年是很多主流媒体的记者，包括 BBC，坦赞铁路的新闻上了 BBC 的头条，那件事是很大的。实际我们在国外所面对的一个问题就是怎样讲好中国故事，而我们智库的国外研究员针锋相对给中国点出来的还是我们的软实力不够。怎样用外国的思维给外国人讲好中国故事？我的很多朋友在非洲，包括非洲媒体，我 2000 年到 2005 年在中东、在非洲做一线的战地记者，沟通很多。我想我们的问题还是认为主流应该放在欧美方向上，我们至今好像还没有找到更适合中国的方式方法来讲好中国故事。这是一个很大的话题，可以继续来探讨。

非洲嘉宾（男）：谢谢各位嘉宾。我对经济和文化都比较了解，但我最了解的还是医学。我对中国有一定的了解，因为我到中国已经有 10 年了，2007 年我第一次到中国，我也见证了中国的发展。谈到对非合作的新起点，我觉得有两点我们需要注意。

第一，我们有争端，我们有很多的合作项目，像基建项目等。我们知道很多的非洲国家之前是欧美国家的殖民地，中国企业到非洲必须有这方面的考量。同样地,非洲企业在接受中国投资的时候也做一些政治上的考量。很多欧洲企业到非洲的重点是政策,它们希望通过投资对非洲实施政治上的控制,比如说对商业伙伴进行限制。我的看法是中非合作有矛盾,也有利益可言,像欧美国家,它们会觉得非洲是一个可以随意投资的地方,所以我们需要找到一个解决方案,更好地实施我们的政策。我非常高兴,我们的总理于去年9月来到了中国,我也非常高兴地看到2013年中国提出了"一带一路"倡议。虽然当时我们的总理可能还有一点亲欧美,但他还是很乐意转变他的思维,接受"一带一路"倡议。西方国家很注重制定政策,因为它们觉得通过操控政治可以操控一切,包括人员之间的关系,比如说现在中非好像处于蜜月期,但通过制定政策还是可以撬开和非洲的合作的。我三个月前回了我的祖国索马里,我当时和中国驻索马里大使馆有很多交流,因为索马里对中国的印象是比较好的。因为我们有很多学生和商人在中国,通过这些人我们对中国有了更多的了解。我感觉中非之间在合作当中还是有一定的分歧的,因此我们需要制定相关的政策,规范双边的规则,毕竟我们有一个很好的关系。

第二,在我们真正投资之前还是要很认真地去评估,比如说在铁路、农业方面的基建,或者是建医院、建学校等方面。这些是很好的事情,但我们在建设之前还需要做详细的基础性研究、可行性研究,这样才能真正起到作用。很多非洲国家政府和社区只是看到有很多东西可以从中国带到非洲,但有哪些东西是可以从非洲带到中国的,我们也需要考虑。

主持人:他提到两点,第一点是增加政策影响力,特别通过协会进行研究。第二点讲到各个行业、各个产业的基础设施,我们今天有尹总,你可以介绍你们公司做的工作。

尹扬:首先我觉得刚才各位专家、各位领导都介绍得很清楚,包括国外的友人从很多角度介绍了非洲的情况。很多观点我就不重复了,我更多从我自己或者从我们公司的角度分享一下。我叫尹扬,来自中地海外集团,目前我在公司任战略投资副总监。我们这家企业有几个特点,第一,我们集团虽然在国内有10个分公司,但我们99%的业务是在非洲。第二,我们是一家较早进入非洲的中国企业,至今为止,我们总共有35年的历史。最开始以尼日利亚作为我们的大本营,到现在在非洲二十几个国家都有我们的分支机构，从事工程领域各项基础设施建设，包括贸易，包括投资，包括地产。我们要打造带领企业走进非洲的咨询服务平台，这是我们下一步要重点做的。

从我的角度，我本人在非洲工作了10年，大部分时间在尼日利亚。我说几点我自己的感受。第一，要处理好跟非洲的关系，做好中国与非洲的桥梁，最重要的一点是要从非洲人的视角看非洲。第二，要从非洲人的视角看中国。大家在一起讨论，我们讲对中国的优势产业来说，非洲是最好的承接者，但是我们企业关心的是非洲国家真正需要什么。我们在非洲35年，目前参与了非洲4个国家的五年和八年规划，我们去帮助他们做他们需要的东西。第三，我们希望所有的计划都是长效的、可持续的，而并不是说我给你建设一个东西之后，这个东西不能产生长期效应。我们是按照不同的规则、按照国家的属性给你打造这个服务。第四，我们集团是3个非洲国家官方的顾问。我们企业的领导原来在非洲的时候，有很多中资企业的高层领导总爱说我们怎么来帮你做什么事情，但我们领导更多的是站在他人的角度看问题。

另外，企业要真正"走出去"，真正做产业，必须做到一国一策，不同的国家，有不同的文化、不同的发展阶段，甚至不同的法律。比如我今天想去吃川菜，川菜馆有很多，真正符合我胃口的、真正想吃的可能只有那么一家，所以这个里面有很多合并项。你的产业需要什么样的基础，这个国家有什么样的资源，这个国家有什么样的优势，这都是我们要考虑的，最后选择横向和竖向交叉之后最合适的那个。这是我们在帮助中国企业"走出去"时量身打造的最好的服务，你要做这个东西告诉我，或者我知道非洲国家想要什么，我从这个角度考虑国内哪些地方需要这些服务。

此外，这次来广东，我们刚才介绍了我们集团跟湖南、四川、福建各个省份都有合作。因为中非合作三年来，整体的运营模式和今年北京峰会的模式，对未来非洲走向有很大的影响。如果把过去三年比作初中的话，很多企业实现了与中国当地政府之间的对接，政府方面的扶持取得不错的成绩的情况下，新的三年开始，初中已经毕业了，你开始上高中了，高中讲的东西完全不一样。比如关于政府之间的合作，这次习总书记更多是强调投建营一体化，结合非洲各方领域做市场化资源配备整合。从政府来讲，从企业来讲，有没有准备好？

最后我总结一个词，我之前跟一位非洲的朋友聊天，他用四个字总结非洲，非常精辟，叫水深有鱼。我觉得这句话非常能概括我们在非洲工作这么多年的感受。谢谢各位。

武捷安：我代表的是非洲的政府组织，组织的性质跟东盟、欧盟一样，中国每一任驻赞比亚的大使，拿着习近平主席签的国书，作为他兼任我们这个组织的特使的证明。这个组织有 20 多年的历史。我原来在福建省政府工作了 20 年，2013 年退休的时候，这个组织委任我并派驻华南。为什么会委任？因为我在福建省政府对接的是非洲各国领事馆，所以我跟非洲一直有联系。他们希望中国多帮助非洲一些，于是跟中国的各级政府、商协会、企业对接。我知道在联盟里面产学研非常重要，联盟成员中各个大学、研究机构、企业能够给我们多一些帮助。我们当然以经济为主，但文化传媒等也包括其中。我们可以做的是全方位的，但没有一个主权国家那么实际，可是协调能力还是不错的。比如总统四五年换下来了，经过我们的保障会有一些约束力，因为我们这个组织的秘书长联系着 21 个国家的总统。讲到体育，我们想搞一个足球队进入中国，可是中国一直没有人对接我们。

王宇晖：我是来自广东财经大学国际商学院的。这两天收获非常大，坐在我对面的是武特使，还有非洲制造倡议的于总，以及几家社会组织和企业负责人。如果我们不参加这个会议的话真的无缘相识，昨天我们跟这几家单位已经进行了初步的洽谈，联盟给我们提供了非常好的机会。这个题目，新起点就是要开始做、做实。我们回去会跟领导汇报，我们要给老师和学生提供各种各样的课题合作机会，还是武特使讲的，怎么样消除国内对非洲的理解上的误区。我觉得我们联盟首先要做的事情还是加大宣传力度，非洲的东西怎么样好，不是身处非洲的人是不知道的。这个联盟给我带来了最好的感觉，就是做实。这里给我们提供了合作的平台，这是联盟今后成功很重要的因素。

伍尚尚：我们公司主要是做汽车用品，包括汽车配件、汽车检测工具。我们所在的是越秀区汽车用品行业商会，我们商会很多企业产品也出口。我们对非洲不怎么了解。

周雅娜：大家好，我是武汉大学非洲研究中心的博士生。其实我是研究非洲法语文学的，可能不太接地气，大家聊的是比较实在的东西，但我关注的比较偏理论一点。我对明年在北京大学非洲研究中心举办的会议有一点小小的期待。因为我知道北京大学非洲研究中心的微信公众号办得特别好，如整个北大的行程安排，以及专家学者的交流，包括非洲课程的验证，北大在整个中国进行非洲研究的高校中处于领军的地位。我希望明年"一带一路"非洲研究联盟能够有一个板块给非洲语言、文学、文化，虽然文学不是那么接地气。我对非洲的了解非常有限，我只能通过非洲人写的文学作品来了解一个相对真实一点的非洲。我希望第二次的会议可以有这样的机会，通过文学语言，或者跨文化交流的模式多多了解非洲。

主持人：我们大会的时间到了，大家休息一下。

"一带一路"非洲研究联盟成立大会暨首届学术研讨会闭幕式

时　间：2018 年 10 月 28 日　星期日（10：30—11：30）

地　点：逸林假日酒店　国际会议厅

主持人：广东外语外贸大学非洲研究院执行院长刘继森

主持人：今天上午的三组分论坛结束了，我们也想了解一下其他分论坛的观点。我们有一本书，是埃塞俄比亚驻非盟大使写的。我们把这本书送到了出版社，虽然我们现在看不到那本书，但是我们能看到主要的内容，跟大家汇报一下。

接下来有请第一组主持人，请广东财经大学国际商学院院长黄庆安教授汇报，大家欢迎！

黄庆安：谢谢大家，第一组讨论的主题是"一带一路"框架下的中非合作机制与模式。这组讨论的成果非常丰硕，一共有 17 页的会议记录，马上就打印出来了，因为时间关系，我不可能把 17 页的内容一一向大家描述，但是我们在讨论中发现了很多很值得大家学习以及深思的观点。我们在讨论中发现，合作的体制机制是合作有效推进的保障。学人力资源的同学都知道，有一些东西是要写下来的，就像我的期望，如果心里期望跟对方不能达到一致，心理契约就会被打破，这个合作体制机制就会受损。在这种情况下，我们有两个发现，一个是硬的合作体制机制，还有一个是软的合作体制机制。硬的就像非洲研究院的计飞老师提出的合作体制，是一个很好的基础，是很明了、透明的东西。在软的方面，合作国家之间的论坛是非常必要的，每年按计划进行深度的讨论是对合作模式的补充。来自挪威的 Elling N. Tjonneland 教授提出了一个观点，到底是研究先行还是实践先行，用实践指导研究还是用研究指导实践，这是很值得探讨的问题。还有他提到非洲一个共性问题，即怎么样让非盟发挥作用，这是一个很重要的命题。

郑腊香老师也提出，欧洲对非洲的影响非常大，欧洲这些国家，因为之前的历史原因，对非洲的合作体制机制已经形成了。在新的"一带一路"的体制机制下，怎么样积极跟欧洲国家进行合作，共同把"一带一路"倡议落实好，这也是很有意义的问题。

从 Adam Yousif 的发言就知道，媒体方面也涉及一个很重要的体制机制，在媒体作用下，非洲的声音才能被世界听到。

另外，中地海外集团的梁珍女士根据自己在非洲的实际工作经验，提出双方合作体制机制、三方合作体制机制，以及多方合作体制机制，是非常重要的尝试、补充和沟通途径。参与"一带一路"建设的国家越来越多，进行管理是非常麻烦的事情，各说各话，各做一套，在不知道当地国家真正需求的情况下，怎么样落实合作，确实是一个令人深思的话题。

然后，Ahmadou 提出一个测量体制。对于怎么样把合作体制机制的作用体现出来，他提出一个非常有趣的观点，即大家把资源放在池子里面，这个池子由国际组织或者精心挑选的专家体制向诸如世界银行、OECD、WTO 等组织请求提供，让有公信力的精英组织进行协调。因为如果出资方和管理者不是一体的话，确实会有代理问题。经济学的代理理论也指出，如果出资方和管理者不是一体的话，确实会产生矛盾，如何理顺矛盾，涉及合作体制机制问题，这是需要讨论的问题。

接下来，我们从债务水平的角度对合作体制机制进行了讨论。从现在的债务水平以及合作的成效来看，如果不能持续发展，应有退出机制、选择机制，一个能灵活地适应市场环境的体制机制，确实非常重要，而且从共建"一带一路"国家合作所有资金、资源不至于打水漂这一点来看，这确实是一个很有效的思考。

另外一个议题就是一定要让世界知道非洲需要什么，在非洲的朋友们需要什么。千万不能像以前用"我要对你好"的态度制定政策，一定要在合作的机制下进行沟通，把"一带一路"倡议的作用发挥好。

还要做到民心相通和文化沟通，民间组织，特别是企业的作用是相当重要的。Ahmadou教授还提出，在"一带一路"的框架下，千万不要等当地国家制定出政策才把"一带一路"的倡议往前推进，不然的话，很多措施是达不到目的的，而且不是本地的民众想要得到的结果。因为不能"等、靠、要"，所以，要在这种情况下讨论怎么样建立提前部署的机制体制。

第一小组的具体内容就汇报到此，谢谢大家！

主持人：下面有请第二组主持人中地海外集团副总裁孙国强先生进行第二组论坛的汇报。

孙国强：大家早上好！

这次研讨会闭幕之际，我想说三点。第一，按照主办方的要求汇报第二组讨论的情况。借这个机会在第二组讨论的时候，我给大家介绍了中非合作论坛的补充机制，也是这次习主席在峰会上宣布要成立的中非经贸博览会，并且我们围绕博览会展开探讨。由于事先没有跟大家沟通，所以我个人认为讨论的效果并不是特别理想。但是没有关系，我以给联盟秘书处提建议的方式结束了这次探讨。我提了两点建议，第一个建议是希望联盟秘书处接下来能够分门别类地进行研究，或者为未来的研究提出几个方向。比如，在政治互信领域、经贸合作领域、人文合作领域，发挥联盟成员单位各自的优势和特长，划分几个领域共同研究。因为我本人长期从事中非经贸领域的合作，为此我也提出了个人的第二个建议：我们能不能把主要的研究方向放在如何提升非洲制造加工出口能力上，也就是提升非洲自身的竞争力？从这个角度研究，可能需要每一个成员单位散会后，在自己的国家联合政府、企业共同做课题研究，同时由联盟秘书处汇总，并且汇报反映给相关的主管单位。我相信我们在国内也有这样的渠道推动这样的成果落地。

第二，我想在这里呼吁一下，非常坦率地讲，主办方很热情，总体来说这次会议办得很成功、很周到，但是难免有一些细小的问题。比如在这个会场，前面有将近10分钟的时间解决设备方面的问题，可能会给部分朋友或者嘉宾造成不是特别好的印象。我想强调的是，请所有成员单位，一定要相信这是一个非常好的起点，我们要走的路还很远。我还是想在这里呼吁，还是希望大家能够全身心地投入进来，相信我们的研究一定会出成果，相信这个研究成果能够为政府提供参考，为企业服务，为中非合作助力。

第三，我想表达我的祝愿，用非洲的一句谚语：一个人走可以走得更快，但是大家一起走可以走得更远。什么意思呢？在座的有些成员单位，在刚才提到的领域可能已经研究得很深入，刚开始进行研究的成员单位与其相比有很大的差距，但是没有关系，我相信研究快的可以帮助我们，研究深的也可以等我们一下，我们一起走，希望可以走得更远。希望这个"一带一路"非洲研究联盟能够越办越好，谢谢大家！

主持人：下面有请第三组主持人北京大学非洲研究中心副秘书长许亮先生汇报。

许亮：我作为北大的代表，也作为参会的学者进行发言。我对大家表示充分的感谢，我研究的东西都是纸上谈兵的东西，我来这里学习的收获特别大。今天很荣幸作为第三组论坛的代表向大会作简要的汇报。

首先我代表第三组的讨论成员感谢东道主的接待，感谢会务工作人员热情的接待和所有的志愿者同学。

我们的主题是"对中非合作新起点、新征程的展望"，所以我们主要是以向前看、向未来看的视角探讨中非合作。我们讨论了三个方面的问题。第一，产业合作的未来。第二，民心相通的未来。第三，联盟未来能够做得更好。

第一，关于产业合作的未来，大家有三点看法。一是关于硬的产业未来的合作，我们与会的代表特别强调产业匹配的问题，很多专家提出中国和非洲的合作中，中低端的产业转移有可能产生低端固化的现象，对非洲的发展不利，也不利于中非合作的发展。二是重新审视中非合作的新起点。以前去非洲，傻子都能赚钱，现在非洲欢迎更优质的企业，特别是在中国有长时间经验积累的企业。你知道能做什么，会做什么，然后去非洲，才会有更大的发展机会。在这个背景下，我们要强调产业合作咨询服务平台的搭建也尤为重要，这也可以作为研究的方向。三是因为我们在广州开会，有一些与会代表提到了广州经验的重要性，广州是改革开放的前沿，希望可以将中国模式下的广州经验应用到中非合作中，这方面也是产业合作领域未来可以研究的命题。

第二，关于民心相通，有两点看法。一是加强对国内学校对非洲态度的引导，我们提出中国应该持有更开放的心态。中国要走上可持续发展的道路，对包括非洲人在内的外国人都应该持更加开放、包容和接纳的态度。二是对中国在非洲的叙事和媒体工作得到的反馈，我们要加强研究。我们要尽量优化或者避免宣传中的国家式的官方口径，要发挥以四达时代集团为代表的民营企业的力量。央视能做的事情，民营企业也能做，要加强对非洲当地的反馈的研究。内容播放了，节目播放了，大家是不是能看到我们的节目？对这一问题的研究是缺失的。

第三，这次联盟大会举办得非常成功，我们提出了两点建议。一是要增加具体的平行分论坛，就是经这次会议，我们可以看出很多主题是比较宽泛的，大家有意犹未尽的感觉，以后应更具体化、更专业化，把更多的学者和专家吸纳进来，与企业对话。二是我们当中有搞文化、文学研究的，可以增加文化的展示、媒体内容的板块。我觉得硬和软的结合，是论坛和联盟未来发展的方向。

最后，我是来自北大的，希望下一次能在北京见到大家，谢谢！

主持人：三组主持人的汇报都很精彩，谢谢。

接下来的环节是新书发布，有请广东外语外贸大学非洲研究院的高级研究员董俊武上台作新书发布的发言，有请！

董俊武：感谢刘院长，非常荣幸能够有机会代表广东外语外贸大学非洲研究院的工作小组向大家汇报近期做的一项工作。

昨天下午的讲座中，梁教授提到 1990 年后中非关系取得重大发展，同样，经贸关系也是如此，因为 1990 年中国政府提出"走出去"的战略后，非洲就成为中国企业"走出去"关注的焦点之一。在十八大后，中非关系进一步升温。在这个过程中，也出现了异议，比如有人认为中国去非洲是为了获得自然资源，是对非洲推行新殖民主义。随着西方媒体对这个话题的大肆报道，不仅西方媒体、西方人，相信非洲朋友可能也会对这个话题存有疑惑。不仅非洲朋友，甚至中国人民也对这个问题开始产生怀疑。

在这种情况下，这是一个很重要的问题，埃塞俄比亚驻非盟的大使在美国拿博士学位的时候，写了一篇博士论文，就是研究中非之间的关系到底是新殖民关系还是新型的伙伴关系。我们掌握这个信息后，刘继森院长认为这个研究非常重要，我们需要尽快把它推介给中国的朋友。因为这个研究不是西方人说的，也不是中国人说的。这是一个非洲人站在非洲的立场做的研究，我们来听非洲人说。

刚才刘院长已经对这本书做了介绍。我们来看一下这本书研究的主要内容，整本书从中非关系的视角，以埃塞俄比亚与中国的关系作为案例进行研究，全书从这两个视角入手分成两个方面的内容。

在关于中非关系的总体思想中，米歇尔博士提出了6条最基本的判断。第一，中非关系的友谊来源于反殖反帝斗争中的患难。从60年代开始，中国的支持对非洲的民族解放运动起到了非常重要的作用。第二，非洲目前的发展现状主要的损失来源是奴隶贸易和殖民统治。第三，接受国际货币基金组织和世界银行的结构调整计划，以及其中的附加条件，还有新自由主义的全球化，对非洲薄弱的经济和发展基础造成了进一步的破坏。第四，非洲的发展及伙伴关系，尤其是非盟的成立，有助于提出专属于非洲的发展议程，增加了非洲对伙伴讨价还价的资本，有利于和平、安全与发展。第五，中国的"走出去"战略使得非洲成为中国"走出去"最主要的目的地之一，使中国更多地参与到非洲的发展中。第六，为什么非洲会被中国认为是有全球影响力的伙伴呢？因为非洲能够为中国提供资源，有潜力巨大的非洲市场、可以利用的廉价劳动力并可支持中国成就全球影响力。

第二大部分，根据埃塞俄比亚与中国的关系，作者认为：第一，埃塞俄比亚是传统的农业经济国家，并没有石油或者战略性的矿物资源，这也否定了中国在非洲的主要动机是寻求石油等自然资源的结论；第二，与施加附加条件的西方援助相比，中国提供的合作模式对埃塞俄比亚更具有吸引力，包括提供贷款、出口的零关税待遇、实施制造业振兴措施、进行基础设施建设、进行人力资源开发以及提供其他形式的支持。

最后，案例研究结果是中国对埃塞俄比亚发展的贡献主要体现在两个大的方面。第一，来自中国的高科技和专有技术，使埃塞俄比亚就业增加，生产规模扩大，基础设施逐步完善。第二，中国为埃塞俄比亚提供了可借鉴的中国模式。因为作者认为对非洲而言，比缺少资金更重大的挑战是如何通过重点和战略性的发展规划推动非洲的发展。通过对中非关系的整体研究和个案研究，作者的结论呼之欲出。

在这里，我也说一下自己肤浅的想法，对于很多信仰上帝的非洲人民来说，这一切都是上帝的安排。但是对深受儒家文化影响的中国人来说，"有朋自远方来，不亦乐乎？"中国人认为非洲是中国的朋友。在儒家的观念中大家应互帮互助和互利互惠，这是无私的互帮互助和互利互惠。判断无私和自私的标准不是方向，而是主观意愿和其中的时间导向。所以，这是儒家的观念中非常重要的方面。

因此，我建议非洲的朋友们，不仅需要更宽广的胸怀吸纳中国的资源，想方设法帮助中国的企业在非洲实现盈利，还要帮助中国的企业把它们的盈利用于回馈非洲人民以及母国，这也是中国改革开放40年来吸引外资的一条非常重要的经验。

最后，正是本书的结论，与前一段时间习主席在中非合作论坛上提出的对中非发展的期望非常契合，中国与非洲之间实际上已经建立了新型伙伴关系。所以我个人希望中非能够携手共筑更紧密的中非命运共同体，树立全球共同体的典范，谢谢大家！

主持人：这本书马上就要出版了，遗憾今天没有拿到现场，出版后，我们会给每个联盟成员单位快递过去。

接下来请新当选的首任轮值理事长单位代表、北京大学非洲研究中心副秘书长程莹致辞，大家欢迎！

程莹：各位尊敬的与会代表，大家上午好！

我是北京大学亚非语言文化系助理教授程莹。很荣幸能够代表北京大学非洲研究中心主任李安山教授、秘书长刘海方教授进行联盟首届学术研讨会的闭幕致辞。

首先请允许我代表北京大学非洲研究中心的全体同人向本次会议的主办方广东外语外贸大学，以及"一带一路"非洲研究联盟的理事长单位和发起单位广外非洲研究院，就联盟的成立和会议的成功举办致以诚挚的祝贺。

在过去的两天时间中，与会各方进行了成果卓著的研讨。相信各位与会专家和业界精英都已经达成了共识，广外非洲研究院正是发起联盟和召开本次会议再合适不过的东道主。作为对非经贸合作与交往的枢纽，这里汇集了扎根非洲的企业与个体。这次盛会在某种程度上是日益密集的中非交往的缩影。

我们在会议中，深切地体会到从国家到个体层面，中非之间都具备坚实的合作基础,中国与非洲各国共享共同的历史和现实经验,能够为全球发展中国家的知识生产和合作模式提供新的思路与启发。

与此同时,我们更加深刻地意识到,作为进行中非问题研究的学术机构,此次会议上,我们认识到学界和业界对话的必要性、可能性以及知识落地工作的重要性。特别感谢联盟为我们搭建了如此宝贵的平台,这次会议讨论,提醒专家学者、研究者们走出象牙塔,进行有包容性和建设性的研究活动,创造活的知识,并进一步促进知识生产成果的转化。

北京大学非洲研究中心是中国第一个在高校成立的综合性和跨学科的非洲问题研究中心,我们也非常荣幸能够成为首任轮值理事长单位。在未来的工作中,我们愿意继续发挥中心在学术研究、教育资源和地缘政治等方面的优势,助力联盟工作的推进。中心依托北京大学图书馆的大量文献档案资料,以及中心已经拥有的一批国际政治、历史、经济、语言、文化等领域的研究人才和团队,愿意在各方面,比如非洲研究课题的资料搜集和积累方面,推动本土非洲研究机构和非洲学者的交流,同时愿意搭建政界、商界、学界互动平台等,为联盟各成员单位提供力所能及的帮助。

最后,我谨代表北京大学非洲研究中心的全体同人,真诚地欢迎各位与会代表常来北大的未名湖畔、博雅塔下共商中非合作的新议题。谢谢大家!

主持人:"一带一路"非洲研究联盟成立大会暨"一带一路"中非合作新征程的学术研讨会,到今天即将结束。

在结束之前,我想说几句。第一,表示感谢,感谢所有来自全球各地从事非洲研究的同人。正是你们的到来才使得联盟成立成为现实,这也是我的心愿,这是我特别欣慰的事情。第二,这次会议的所有志愿者,请上台接受大家的感谢。他们是广外非常棒的志愿者,这是我们跟大学的团委合作的成果。谢谢大家,大家一起合影!也有承办方,非洲广东总商会的Alan。正是有志愿者的参与才使得这两天的活动顺利开展,他们这两天也特别辛苦,小伙子那天为布场忙了一个晚上。

接下来我想说的是,我想对大家表示歉意。刚才孙总代表发言的时候,说到几个问题。我们也在反思,举办这样的会议难度在哪里。我给大家讲几件小事情。

第一，议题的设置。大家看到，议题是"一带一路"中非合作新征程，这是一个非常宽泛的主题，还有三个分议题。非洲研究院独自设计的议题肯定不够完美，这就是成立联盟的目的。以后如果有问题的话，大家一起想办法解决。我们希望下一次开会，关于应该设置什么样的主题，大家共同商量，比一家思考的结果会更加完满。

第二，就是与非洲国家智库高校的沟通会存在一些困难，比如加纳的学者、肯尼亚的学者原来都说要过来。这是我们的认知或者习惯上的差异，比如说最后没有来的这两位教授告诉我，你们没有确认。我对这件事情没有理解，到底要如何确认才去办签证呢？他们说已经收到了邮件，我们第一号公告、第二号公告都是通过邮件发给对方的。关于没有确认的问题，我到时候也会请教非洲的朋友，在学术会议、国际会议上，需要怎么做才算是确认。所以我们看到很多名单上说要来的，但是最后没有来，当然也有一些签证的问题，比如他们需要带条码的邀请函，而非洲研究院还没有在广东省政府外事办公室备案，备案之后才有带条码的邀请函。

第三，就是接待工作。接待工作确实存在一些瑕疵，比如聘书的事情，副理事长的聘书翻译出现错误，所以我提示大家，今天会议结束后，到后面领取正确的证书，再填写一下自己的航班信息，如什么时候离开，会务组会安排车辆送大家去机场。这个会议是一个不大不小的论坛，广东外语外贸大学的接待能力和办会能力有限，所以如果有接待不周的地方，希望大家包容，我在这里向大家表示歉意。

最后，我想说的是，一个人可以走得更快，但大家一起走可以走得更远。我觉得这个建议，包括大家提出的未来联盟应该做的事，这些建议都非常好。秘书处设在广外，这是我们的光荣，也是我们的责任，因为还有太多的事情要做，这响应了今天的主题："一带一路"中非合作新征程。我们是"一带一路"非洲研究联盟，从昨天联盟成立到今天，是一个新的起点，广外不可能一家走，应该把所有的联盟单位加在一起，这是大家的联盟。所以，我希望在未来的工作中，大家一定要支持秘书处的工作，我们可能会麻烦大家发邮件，需要很多的资料、信息，还有研究项目，比如怎么样解决非洲农产品的加工问题，提高附加值。如果我们把这个课题设计成联盟合作研究的课题，可能需要中方、非方提供意见，形成一个有价值的报告，不仅汇集非洲国家的意见，也可以汇集中国政府的决策信息。

这是我的请求，希望在这个联盟的平台上做很多的事情。最后我们会把工作设想做成文件与大家分享，每一个单位都会在这里展示自己的风采，共享研究成果。

我宣布，"一带一路"非洲研究联盟成立大会暨首届学术研讨会到此闭幕，谢谢大家！

图书在版编目（CIP）数据

中非合作·广东在行动：全三册. 人文交流篇／傅
朗，刘继森主编；刘继森，吴易明分册主编. -- 北京：
社会科学文献出版社，2020.7
ISBN 978 - 7 - 5201 - 6199 - 2

Ⅰ.①中…　Ⅱ.①傅…②刘…③吴…　Ⅲ.①国际合
作 - 研究 - 中国、非洲②中外关系 - 文化交流 - 研究 - 广
东、非洲　Ⅳ.①D822.24②G125③G140.5

中国版本图书馆 CIP 数据核字（2020）第 026294 号

中非合作·广东在行动（全三册）

人文交流篇

主　　编／傅　朗　刘继森
分册主编／刘继森　吴易明

出 版 人／谢寿光
责任编辑／恽　薇　王楠楠
文稿编辑／杨云芳

出　　版／社会科学文献出版社·经济与管理分社（010）59367226
　　　　　　地址：北京市北三环中路甲 29 号院华龙大厦　邮编：100029
　　　　　　网址：www.ssap.com.cn
发　　行／市场营销中心（010）59367081　59367083
印　　装／三河市尚艺印装有限公司

规　　格／开　本：787mm × 1092mm　1/16
　　　　　　本册印张：16.75　本册字数：275 千字
版　　次／2020 年 7 月第 1 版　2020 年 7 月第 1 次印刷
书　　号／ISBN 978 - 7 - 5201 - 6199 - 2
定　　价／258.00 元（全三册）